Το Αιώνιο Μονοπάτι

Το Αιώνιο Μονοπάτι

Ένας οδηγός για κάθε στάδιο της πνευματικής
εξέλιξης

Σουάμι Ραμακρισνάναντα Πουρί

Mata Amritanandamayi Center, San Ramon
Καλιφόρνια, Ηνωμένες Πολιτείες

Το Αιώνιο Μονοπάτι
Ένας οδηγός για κάθε στάδιο της πνευματικής εξέλιξης
Σουάμι Ραμακρισνάναντα Πουρί

Εκδόθηκε από το:
Mata Amritanandamayi Center
P.O. Box 613
San Ramon, CA 94583
Ηνωμένες Πολιτείες

———————— *The Timeless Path (Greek)* ————————

Πρώτη Ελληνική έκδοση του Κέντρου ΜΑ: Απρίλιος 2016

Σχετικές ιστοσελίδες στα ελληνικά:
www.amma-greece.org
https://ammahellas.wordpress.com/

Ιστοσελίδες στην Ινδία:
www.amritapuri.org
www.embracingtheworld.org

Ηλεκτρονική Διεύθυνση:
inform@amritapuri.org

Αφιέρωση

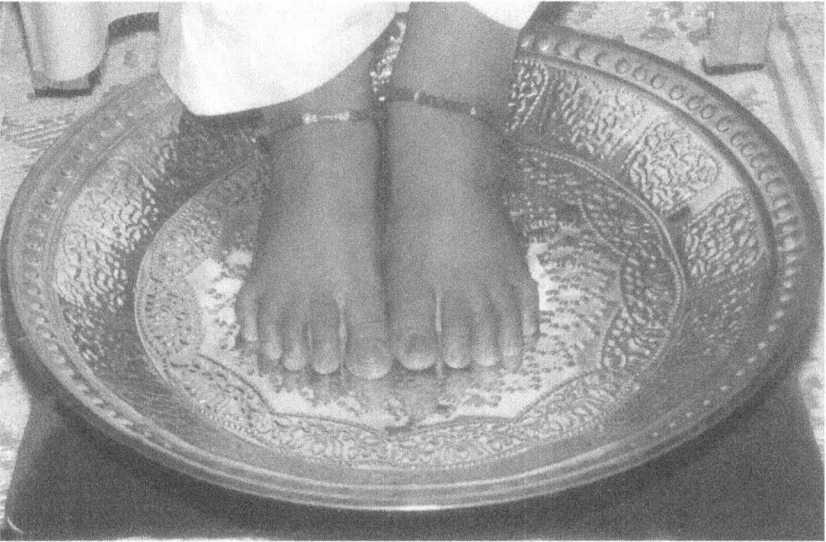

Προσφέρω ταπεινά το βιβλίο αυτό στα λώτινα πόδια της Σατγκούρου μου, Σρι Μάτα Αμριτάνανταμαΐ Ντέβι

Πίνακας περιεχομένων

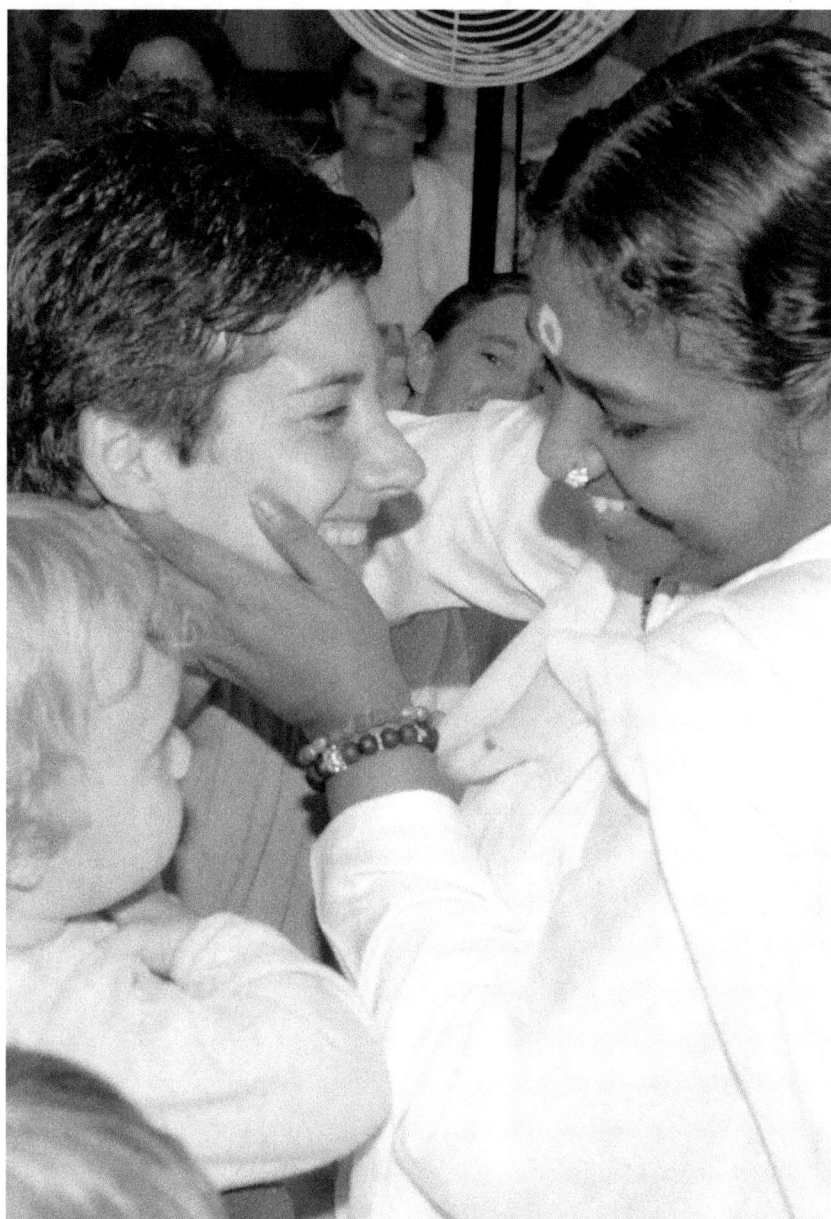

Πρόλογος: Το αιώνιο μονοπάτι

Ω Θεά, οδήγησέ με, σε παρακαλώ,
στο αιώνιο μονοπάτι,
για να ζω πάντοτε στην παρουσία σου,
Μαγεύτρα του σύμπαντος,
σε ικετεύω να με οδηγείς πάντοτε.
Ω ενσάρκωση της συνειδητότητας,
της ύπαρξης και της ευδαιμονίας,
με τις παλάμες ενωμένες,
υποκλίνομαι μπροστά σου.

Στίχοι από λατρευτικό ύμνο που συνέθεσε η Άμμα

Η πνευματική αναζήτηση παρομοιάζεται συχνά με δρόμο, ή μονοπάτι. Από πού όμως πραγματικά αρχίζει και πού τελειώνει το μονοπάτι αυτό; Πού μας οδηγεί; Επιπλέον, ποιος είναι εκείνος που το καθορίζει; Είναι άραγε ο ίδιος ο αναζητητής που το χαράζει, όπως ο εξερευνητής που ανοίγει ένα μονοπάτι μες τη ζούγκλα με την ματσέτα του; Ή, αντίθετα, το χαράζουν για μας οι δάσκαλοι του παρελθόντος; Υπάρχουν πολλά διαφορετικά μονοπάτια, ή είναι μονάχα ένα; Και ποιο είναι για εμάς, τα παιδιά της Άμμα, το μονοπάτι που ανοίγεται μπροστά μας; Αν η πνευματική ζωή είναι πραγματικά ένα ταξίδι, τότε τα ερωτήματα αυτά είναι πολύ σημαντικά.

Στους παραπάνω στίχους, η Άμμα προσεύχεται στη Ντέβι (τη Θεϊκή Μητέρα του Σύμπαντος) να την καθοδηγεί στο «σάσβατα μάργκα». Σάσβατα σημαίνει «αιώνιο» και μάργκα «μονοπάτι». Δεν πρέπει όμως να νομίζουμε ότι «αιώνιο» σημαίνει πως το μονοπάτι δεν έχει τέλος. Αυτό που η Άμμα εννοεί, είναι ότι το πνευματικό μονοπάτι είναι άχρονο, παραμένει δηλαδή το ίδιο για κάθε γενιά και σε κάθε κύκλο της Δημιουργίας.

Ο Ινδουισμός είναι επίσης γνωστός με το όνομα «Σανάτανα Ντάρμα» – ο Αιώνιος Τρόπος Ζωής – διότι οι Βέδες (οι αρχαίες ινδικές γραφές) λέγεται ότι είναι «ανάντι» (χωρίς αρχή) και «ανάντα» (αιώνιες). Οι Βέδες δεν είναι ανθρώπινο δημιούργημα, αλλά αποτελούν αναπόσπαστο μέρος του σύμπαντος – ή όπως πολλοί αναφέρουν με ποιητικό τρόπο, είναι η «ανάσα του Θεού». Σε κάθε κύκλο της δημιουργίας, δεν δημιουργούνται εκ νέου, αλλά «ανατέλλουν» στο νου αγίων και σοφών – ανδρών και γυναικών, ο νους των οποίων είναι τόσο αγνός, που τα Βεδικά μάντρα[1] και οι πνευματικές αλήθειες αναδύονται αυθόρμητα, όπως το φύσημα του ανέμου. Είναι αυτοί οι άνδρες και οι γυναίκες που μεταδίδουν τις Βέδες στους πρώτους μαθητές. Έτσι λοιπόν, αυτές μεταφέρονται από γενιά σε γενιά, σε μια ατέλειωτη γενεαλογία δασκάλων και μαθητών.

Στο παρόν βιβλίο θα εξερευνήσουμε αυτό το αιώνιο μονοπάτι, εξετάζοντας προσεκτικά τις στροφές και τα δύσβατα σημεία του. Θα δούμε επίσης ότι, παρά το γεγονός ότι η Άμμα ποτέ δεν μελέτησε τις γραφές, το μονοπάτι που εκείνη υποδεικνύει, είναι το ίδιο με αυτό που παρουσιάζεται στις Βέδες και σε μεταγενέστερες παραδοσιακές γραφές, όπως η Μπαγκαβάτ Γκιτά[2]. Κάποτε, όταν ένας δημοσιογράφος ρώτησε την Άμμα ποια είναι η διδασκαλία της, εκείνη απάντησε: «Το μονοπάτι μου είναι το μονοπάτι του Σρι Κρίσνα[3], δεν έχει κάτι το διαφορετικό».

---

[1] Τα μάντρα είναι ιερές φράσεις στα σανσκριτικά, η συνεχής επανάληψη των οποίων αφυπνίζει την πνευματική δύναμη του ανθρώπου.

[2] Η διδασκαλία που έδωσε ο Κρίσνα, ο οποίος ήταν Θεϊκή ενσάρκωση, στον μαθητή του Αρτζούνα, στο πεδίο της μάχης Κουρουκσέτρα, στην αρχή του έπους της Μαχαμπαράτα. Η Μπαγκαβάτ Γκιτά, που σημαίνει «το τραγούδι του Κυρίου», περιλαμβάνει 700 στίχους σε μορφή διαλόγου ανάμεσα στον Κρίσνα και τον Αρτζούνα. Θεωρείται ένα από τα τρία θεμελιώδη κείμενα του Ινδουισμού.

[3] Ο Κρίσνα ήταν ενσάρκωση του Θεού σε ανθρώπινη μορφή και έζησε στη Βόρειο Ινδία πριν από 5000 χρόνια περίπου. «Το μονοπάτι του Κρίσνα», όπως παρουσιάζεται στην Μπαγκαβάτ Γκιτά, είναι μια σύνοψη των διδασκαλιών που παρουσιάζονται στις Βέδες.

Σ' αυτό το βιβλίο, θα δούμε ότι τα μονοπάτια που πολλοί θεωρούν ότι είναι διαφορετικά – κάρμα γιόγκα, διαλογισμός, γκυάνα γιόγκα και άλλα – είναι στην πραγματικότητα διαφορετικές όψεις του ενός μονοπατιού. Όπως λέει συχνά η Άμμα: «Κάρμα (δράση), γκυάνα (γνώση) και μπάκτι (αφοσίωση, πίστη), όλα είναι σημαντικά. Αν τα δυο φτερά ενός πουλιού είναι η αφοσίωση και η δράση, τότε η γνώση είναι η ουρά του. Μόνο με τη βοήθεια και των τριών, μπορεί το πουλί να πετά ψηλά στον ουρανό». Η κάρμα γιόγκα και πρακτικές όπως ο διαλογισμός, βοηθούν τους πνευματικούς αναζητητές να προχωρούν μπροστά, ενώ η σοφία των πνευματικών δασκάλων τους δίνει τη σωστή κατεύθυνση.

Όπως κάθε σοφός που διαθέτει πραγματική πνευματική γνώση, έτσι και η Άμμα δέχεται όλες τις θρησκείες. Θεωρεί ότι οι πρακτικές που χρησιμοποιεί καθεμιά απ' αυτές, εντάσσονται στο ευρύτερο πλαίσιο του ενός πνευματικού μονοπατιού. Όπως εξήγησε η Άμμα στη Γενική Συνέλευση των Ηνωμένων Εθνών, στη Νέα Υόρκη το έτος 2000: «Ο σκοπός όλων των θρησκειών είναι ένας, ο εξαγνισμός του ανθρώπινου νου».

Οι ινδουιστές έχουν το δικό τους σύστημα για τον εξαγνισμό του νου, το ίδιο και οι βουδιστές, οι χριστιανοί, οι εβραίοι, οι τζαϊνιστές και οι μουσουλμάνοι. Το Σανάτανα Ντάρμα τα δέχεται όλα. Στο τέλος όμως, όταν ο νους εξαγνιστεί πλήρως, ο πνευματικός αναζητητής πρέπει να υπερβεί όλες τις πρακτικές και να κατανοήσει την πραγματική του φύση. Μόνο έτσι θα φθάσει στο τέλος του αιώνιου μονοπατιού. Γιατί και η πνευματική άγνοια, ακριβώς όπως και το μονοπάτι που παρουσιάζεται στις Βέδες, είναι χωρίς αρχή. Σε αντίθεση όμως με τις Βέδες, η άγνοια έχει πραγματικά ένα τέλος. Το τέλος αυτό έρχεται με την κατανόηση ότι πραγματικά αιώνιος είναι μονάχα, σε τελική ανάλυση, ο ίδιος μας ο Εαυτός.

Σουάμι Ραμακρισνάναντα Πουρί
Αμριταπουρί, Μάρτιος 2009

Σρι Μάτα Αμριτάνανταμαΐ

«Όσο αυτά τα χέρια έχουν τη δύναμη ν' απλώνονται προς εκείνους που έρχονται κοντά της, ν' ακουμπούν στον ώμο ενός ανθρώπου που κλαίει, η Άμμα θα συνεχίσει να δίνει ντάρσαν . Η επιθυμία της Άμμα είναι να συνεχίσει να χαϊδεύει τους ανθρώπους με αγάπη, να τους παρηγορεί και να σκουπίζει τα δάκρυά τους μέχρι το τέλος αυτού του θνητού σώματος».

– Άμμα

Μέσω των εξαιρετικών της πράξεων αγάπης και αυτοθυσίας, η Σρι Μάτα Αμριτάνανταμαΐ, ευρέως γνωστή ως «Άμμα» (Μητέρα), έχει αγγίξει τις καρδιές εκατομμυρίων ανθρώπων σε όλο τον κόσμο. Χαϊδεύοντας με τρυφερότητα όλους όσους πηγαίνουν να την συναντήσουν, κρατώντας τους στην αγκαλιά της, κοντά στην καρδιά της, η Άμμα μοιράζεται την απεριόριστη αγάπη της με όλους – ανεξάρτητα από τις πεποιθήσεις τους, την κοινωνική τους θέση, ή τους λόγους για τους οποίους πήγαν κοντά της. Μ' αυτό τον απλό, αλλά ισχυρό τρόπο, η Άμμα μεταμορφώνει τις ζωές αμέτρητων ανθρώπων, βοηθώντας τις καρδιές τους ν' ανθίσουν με κάθε αγκαλιά της. Τα τελευταία 37 χρόνια, η Άμμα έχει αγκαλιάσει περισσότερους από 29 εκατομμύρια ανθρώπους απ' όλες τις γωνιές της γης.

Οι ακούραστες προσπάθειές της για την εξύψωση των ανθρώπων, έχει εμπνεύσει τη δημιουργία ενός ευρύτατου δικτύου ανθρωπιστικών δραστηριοτήτων, μέσω του οποίου οι εθελοντές ανακαλύπτουν τη βαθιά αίσθηση γαλήνης και εσωτερικής ολοκλήρωσης, που χαρίζει η ανιδιοτελής υπηρεσία προς την ανθρωπότητα. Η Άμμα διδάσκει ότι ο Θεός βρίσκεται παντού, σε έμβια όντα και άψυχα αντικείμενα. Η συνειδητοποίηση αυτής της αλήθειας αποτελεί την πεμπτουσία της πνευματικότητας και οδηγεί στο τέλος του πόνου και της θλίψης.

Οι διδασκαλίες της Άμμα είναι παγκόσμιες. Όποτε της τίθεται το ερώτημα ποια είναι η θρησκεία της, η Άμμα απαντά ότι θρησκεία της είναι η αγάπη. Δεν ζητά από κανέναν να πιστέψει στο Θεό, ή να αλλάξει την πίστη του, αλλά μόνο παρακινεί τους ανθρώπους να αναρωτηθούν ποια είναι η αληθινή τους φύση και να πιστέψουν στον εαυτό τους.

Κεφάλαιο πρώτο:

Γιατί οι άνθρωποι έρχονται στην Άμμα;

«Όπως το σώμα μας χρειάζεται τροφή για να συντηρηθεί και να αναπτυχθεί, έτσι και η ψυχή μας χρειάζεται αγάπη για ν' ανθίσει. Η δύναμη που μπορεί να δώσει η αγάπη στην ψυχή μας, είναι μεγαλύτερη κι από την θρεπτική δύναμη που έχει το γάλα της μητέρας για το μωρό της».

– Άμμα

Αν παρακολουθήσετε κάποια από τις εκδηλώσεις της Άμμα, ένα από τα πρώτα πράγματα που θα προσέξετε είναι ότι έρχονται να την συναντήσουν άνθρωποι απ' όλες τις γωνιές του πλανήτη, απ' όλες τις θρησκείες κι απ' όλες τις κοινωνικές τάξεις. Κάποιοι απ' αυτούς βαδίζουν ήδη στο πνευματικό μονοπάτι για δεκαετίες, ενώ άλλοι δεν έχουν ανοίξει ποτέ στη ζωή τους κάποιο πνευματικό βιβλίο. Μερικοί έρχονται γιατί υποφέρουν ψυχικά, ή σωματικά και ελπίζουν ότι η Άμμα θα τους βοηθήσει. Άλλοι έρχονται απλά από περιέργεια. Ίσως διάβασαν για την Άμμα σε κάποια εφημερίδα, ή την είδαν στην τηλεόραση και θέλουν να δουν από κοντά ποια είναι αυτή η «αγία που αγκαλιάζει τον κόσμο». Έρχονται επίσης και πνευματικοί αναζητητές, αρχάριοι και προχωρημένοι. Αυτοί πιστεύουν ότι η Άμμα, όντας μια φωτισμένη πνευματική δασκάλα, μπορεί να τους οδηγήσει στον υπέρτατο στόχο της ανθρώπινης ζωής – την αυτοπραγμάτωση.

Οι περισσότεροι άνθρωποι έρχονται να συναντήσουν την Άμμα γιατί έχουν κάποιο πρόβλημα και ελπίζουν ότι εκείνη θα τους το λύσει. Στην Μπαγκαβάτ Γκιτά, ο Κρίσνα αποκαλεί «*άρτα*» τους ανθρώπους που καταφεύγουν στο Θεό, ή σε κάποιο Μαχάτμα (μεγάλη ψυχή, φωτισμένο δάσκαλο), για να βρουν λύση στα προβλήματά τους. Η Άμμα, σε πολλές από τις δημόσιες ομιλίες της, αναφέρεται σε αυτούς τους ανθρώπους λέγοντας: «Η Άμμα γνωρίζει ότι το 90 τοις εκατό των ανθρώπων εδώ υποφέρουν ψυχικά ή σωματικά. Μερικοί είναι άνεργοι. Άλλοι έχουν δουλειά, αλλά χρειάζονται αύξηση στο μισθό τους. Άλλοι δεν βρίσκουν τον κατάλληλο γαμπρό για τις θυγατέρες τους. Μερικοί έχουν εμπλακεί σε δικαστικές διαμάχες. Κάποιοι δεν βρίσκουν χρήματα να αγοράσουν σπίτι. Άλλοι, έχουν σπίτι αλλά δεν μπορούν να το πουλήσουν. Κάποιοι πάσχουν από ανίατες ασθένειες…». Η Άμμα λέει σε όλους αυτούς τους ανθρώπους ότι δεν έχει νόημα να ανησυχούν συνεχώς για τα προβλήματά τους. Το να ανησυχεί κάποιος για ένα πρόβλημα, είναι το ίδιο μάταιο με το να έχει μια πληγή στο σώμα του και να κάθεται να την κοιτάει κλαίγοντας. Τους λέει επίσης, ότι ανησυχώντας το μόνο που καταφέρνουν είναι να επιδεινώνουν την κατάσταση, αντί να κάνουν κάτι για να την βελτιώσουν. Τους συμβουλεύει να κάνουν ό,τι καλύτερο μπορούν και να παραδοθούν στο Θέλημα του Θεού, αφήνοντας σε Εκείνον το βάρος των προβλημάτων τους.

Πράγματι, πολλοί απ' αυτούς τους ανθρώπους διαπιστώνουν ότι, ακολουθώντας τη συμβουλή της, εμφανίζεται κάποια λύση στα προβλήματά τους. Γυναίκες που δεν μπορούσαν να κάνουν παιδί, μένουν ξαφνικά έγκυες. Άνθρωποι που είχαν εμπλακεί σε δικαστικές διαμάχες, βρίσκουν ευνοϊκή διέξοδο. Η οικονομική κατάσταση άλλων βελτιώνεται. Υπάρχουν επίσης περιπτώσεις, στις οποίες οι αρρώστιες είτε υποχωρούν, είτε εξαφανίζονται εντελώς. Η Άμμα, ποτέ δεν δέχεται ότι τα περιστατικά αυτά οφείλονται στην ίδια, αλλά τα αποδίδει στη δύναμη του Θεού και στη δύναμη της πίστης των ανθρώπων.

Υπάρχει, επίσης, η κατηγορία των ανθρώπων που ο Κρίσνα ονομάζει «*αρτάρτι*». Αυτοί δεν ζητούν στην Άμμα καταφύγιο από τις δυσκολίες και τους κινδύνους που αντιμετωπίζουν, αλλά βοήθεια για να ικανοποιήσουν τις υλικές τους επιθυμίες. «Άμμα, βοήθησε με να πετύχω στο πανεπιστήμιο!». «Άμμα, βοήθησέ την επιχείρησή μου να πάει καλά!» «Άμμα, βοήθησέ με να εκδώσω το βιβλίο μου!» Οι αρτάρτι θεωρούν την Άμμα φορέα της θείας χάρης και πάντα μοιράζονται μαζί της τις επιθυμίες τους. Και σ' αυτές τις περιπτώσεις, βλέπουμε συχνά τους ανθρώπους να έρχονται ξανά μετά από μια βδομάδα, μήνα ή χρόνο, με χαμόγελο στα χείλη, για να ευχαριστήσουν την Άμμα που ανταποκρίθηκε στις προσευχές τους.

Πώς γίνονται όλα αυτά; Ακόμα και στις Βέδες συνιστάται με έμφαση να προστρέχουμε στους Μαχάτμα, για να ικανοποιηθούν οι επιθυμίες μας.

«Ο άνθρωπος με αγνό νου εκδηλώνει άμεσα ό,τι συλλαμβάνει νοητικά, καθώς και τα αντικείμενα που επιθυμεί. Επομένως, όποιος αναζητά την ευημερία πρέπει να λατρεύει τον γνώστη του Εαυτού».

Μουντάκα Ουπανισάδα, 3.1.10

Η ιδέα που αναπτύσσεται στο χωρίο αυτό, είναι ότι ένας Μαχάτμα μπορεί να πετύχει οτιδήποτε «επιθυμεί» μέσω της δύναμης της *σανκάλπα* του (της θέλησής του). Εντούτοις, όταν οι γραφές αναφέρονται στην «αγνότητα του νου», εννοούν ένα νου που είναι ολοκληρωτικά απαλλαγμένος από επιθυμίες. Επομένως, καθώς ένας Μαχάτμα δεν έχει δικές του επιθυμίες, δέχεται με χαρά τις επιθυμίες εκείνων που προστρέχουν σ' αυτόν και τους δίνει την ευλογία του για να τις ικανοποιήσουν.

Αυτό δεν σημαίνει βέβαια ότι ικανοποιούνται όλες οι επιθυμίες όλων των ανθρώπων. Το κάρμα παίζει, σε κάποιο βαθμό, το ρόλο του στη διαδικασία αυτή. Η Άμμα όμως είναι μητέρα, και ποια μητέρα δεν θέλει τα παιδιά της να είναι ευτυχισμένα; Αν της ζητήσετε κάτι που επιθυμείτε, με την προϋπόθεση βέβαια ότι δεν βλάπτει κανέναν άλλον και είναι σύμφωνο με το ντάρμα[1],

---

[1] Ο ηθικός κώδικας που λαμβάνει υπόψη την αρμονία του κόσμου, της κοινωνίας και του ατόμου.

17

σίγουρα θα κάνει ό,τι μπορεί να σας βοηθήσει – είτε μέσω των ανθρωπιστικών της δραστηριοτήτων, είτε μέσω της συμβουλής της, είτε μέσω της δύναμης της θέλησής της.

Μερικοί άνθρωποι ίσως σκέφτονται ότι δεν είναι σωστό να ζητήσουν από την Άμμα να τους ικανοποιήσει εγκόσμιες επιθυμίες. Στην Μπαγκαβάτ Γκιτά όμως, ο Κρίσνα χαρακτηρίζει και τους *άρτα* και τους *αρτάρτι* «ευγενείς», λέγοντας ότι το γεγονός ότι στρέφονται στο Θεό για βοήθεια και υλική ευημερία, σημαίνει ότι έχουν εκτελέσει πολλές καλές πράξεις σ' αυτή τη ζωή, ή σε προηγούμενες ζωές. Εντούτοις, αυτού του είδους η αφοσίωση έχει τους περιορισμούς της. Οι γραφές μας διδάσκουν ότι, ενώ είναι φυσιολογικό να ξεκινάμε τη ζωή μας με αυτή τη νοοτροπία, θα πρέπει κάποια στιγμή να προχωρήσουμε παραπέρα. Η αφοσίωση που στηρίζεται σε υλικές επιδιώξεις δεν είναι πολύ σταθερή. Όταν οι προσευχές αυτών των ανθρώπων δεν εισακούονται, σπάνια έρχονται ξανά. Αλλά ακόμα κι όταν πάρουν αυτό που επιθυμούν, επιστρέφουν συχνά στη συνηθισμένη ζωή τους ξεχνώντας την Άμμα (μέχρι να εμφανιστεί το επόμενο πρόβλημα). Πρέπει να προσπαθούμε να εξελισσόμαστε – να ζητούμε από την Άμμα τους πολυτιμότερους θησαυρούς που έχει να μας προσφέρει.

Έτσι φτάνουμε στην επόμενη κατηγορία ανθρώπων που έρχονται να συναντήσουν την Άμμα, τους «*τζιγκιάσου*», δηλαδή τους αναζητητές της γνώσης. Ο τζιγκιάσου είναι ένας πιστός που έχει διαφορετική νοοτροπία. Καταλαβαίνει ότι ακόμα κι αν λυθούν όλα τα προβλήματά του, θα εμφανιστούν σε λίγο καιρό νέα. Επιπλέον, κατανοεί τους περιορισμούς των υλικών του επιδιώξεων. Βλέπει την Άμμα ως έναν σατγκούρου, έναν φωτισμένο δάσκαλο δηλαδή που μπορεί τον οδηγήσει σε μια διαρκή κατάσταση γαλήνης και ευτυχίας, πέρα από τις εφήμερες απολαύσεις των αισθήσεων.

Πράγματι, οι γραφές αναφέρουν ότι η αφοσίωση όλων των ανθρώπων ξεκινά από το επίπεδο του άρτα, μετά εξελίσσεται σε εκείνο του αρτάρτι και στο τέλος φτάνει στο επίπεδο του τζιγκιάσου[2]. Αυτά τα στάδια αντιπροσωπεύουν την εξέλιξη στην κατανόηση και τους στόχους του πιστού. Μερικοί άνθρωποι έχουν εξελιχθεί αρκετά σε προηγούμενες ζωές και ξεκινούν τη σχέση τους με την Άμμα ως αναζητητές της Αλήθειας. Άλλοι, περνούν απ' αυτό το στάδιο εξέλιξης σ' αυτή εδώ τη ζωή, ενώ άλλοι θα φτάσουν στο μέλλον.

Αν παρατηρήσουμε τους ανθρώπους που συναντούν την Άμμα, θα διαπιστώσουμε ότι ορισμένοι, ενώ έρχονται για να ικανοποιήσουν κάποιες υλικές επιδιώξεις, από την πρώτη κιόλας συνάντηση μαζί της, αποφασίζουν να στραφούν στην πνευματική αναζήτηση. Αυτό οφείλεται σε κάποιο *σαμσκάρα*[3] – κάποια τάση προς την πνευματική ζωή, την οποία κληρονόμησαν από προηγούμενες ζωές. Αυτό το σαμσκάρα υπήρχε ανεκδήλωτο κάτω από την επιφάνεια του συνειδητού νου, περιμένοντας το άγγιγμα, τα λόγια, ή τη ματιά ενός Μαχάτμα για να αφυπνιστεί. Μπορεί αυτό να φαίνεται ότι ανήκει στο χώρο του υπερφυσικού, αλλά μπορούμε να παρατηρήσουμε το ίδιο φαινόμενο σε πολλούς τομείς της ζωής μας, όχι μόνο στην πνευματικότητα.

Πολλοί μεγάλοι συγγραφείς, μουσικοί, αθλητές και επιστήμονες, δεν έδειχναν αρχικά κάποια ιδιαίτερη ικανότητα στο πεδίο της δραστηριότητάς τους, μέχρι να γεννηθεί ξαφνικά μέσα τους το δημιουργικό πάθος με αφορμή κάποιο τυχαίο ερέθισμα. Μετά απ' αυτό, κανείς δεν μπορούσε να τους σταματήσει.

Όταν ήρθα για πρώτη φορά στην Άμμα, δεν ενδιαφερόμουν για την πνευματικότητα. Καθώς είχα μεγαλώσει σε μια κοινότητα παραδοσιακών βραχμάνων, ήμουν θρήσκος. Εκτελούσα διάφορες παραδοσιακές ινδουιστικές τελετουργίες. Θεωρούσα όμως αυτές τις πρακτικές, ως μέσο για να ικανοποιήσω τις υλικές μου

---

[2] Λέγεται ότι είναι προτιμότερο να είναι κάποιος ένας αρτάρτι, παρά ένας άρτα, γιατί ο αρτάρτι αναζητά το Θεό όποτε επιθυμεί κάτι, δηλαδή αρκετά συχνά, ενώ ένας άρτα σκέφτεται το Θεό μόνο όταν βρίσκεται αντιμέτωπος με σοβαρά προβλήματα.

[3] Νοητικές τάσεις, θετικές ή αρνητικές, που είναι έμφυτες στον άνθρωπο από τη γέννησή του. Οι τάσεις αυτές προέρχονται από προηγούμενες ζωές.

επιθυμίες. Το όνειρό μου ήταν να γίνω γιατρός, αλλά απέτυχα στις εισακτήριες εξετάσεις για λίγες μονάδες. Όταν εγκατέλειψα το όνειρο αυτό, προσλήφθηκα σε μια τράπεζα και αμέσως με τοποθέτησαν στο υποκατάστημα μιας μικρής πόλης που λέγεται Χαριπάντ. Ήμουν πολύ απογοητευμένος, γιατί όχι μόνο δεν μπόρεσα να φοιτήσω στην ιατρική σχολή, αλλά βρέθηκα και να δουλεύω σε μια επαρχιακή πόλη που δεν είχε καν εστιατόρια της προκοπής!

Αυτό που επιθυμούσα πάνω απ' όλα, ήταν να μετατεθώ σε άλλο υποκατάστημα της τράπεζας σε κάποια μεγάλη πόλη. Όταν άκουσα για την Άμμα (το άσραμ της οποίας βρίσκεται 16 μίλια νότια του Χαριπάντ), σκέφτηκα ότι θα μπορούσε ίσως να κάνει κάποιο απ' τα θαύματά της για να πάρω τη μετάθεση. Έτσι λοιπόν, πήρα μια μέρα το λεωφορείο για το Παραγιακάνταβου προκειμένου να συναντήσω την Άμμα.

Όταν έφτασα, η Άμμα βρισκόταν σε Κρίσνα μπάβα[4]. Δεχόταν τους πιστούς μέσα στον οικογενειακό ναό δίπλα στο στάβλο του σπιτιού. Βλέποντας την Άμμα ντυμένη με την ενδυμασία του Κρίσνα, σάστισα. Παρόλα αυτά, ένιωσα μεγάλη γαλήνη. Όταν την πλησίασα, προτού προλάβω να πω οτιδήποτε, εκείνη μου είπε: «Α, εσύ έχεις κάποιο πρόβλημα με τη δουλειά σου». Μου έδωσε τότε μια μεγάλη χούφτα μικρά κόκκινα άνθη και μου είπε να προσφέρω 48 απ' αυτά στο κεφάλι της Ντέβι, όταν θα γινόταν το Ντέβι μπάβα[5] αργότερα εκείνο το βράδυ. (Όταν μέτρησα τα άνθη που μου έδωσε η Άμμα, διαπίστωσα έκπληκτος ότι ήταν ακριβώς 48).

Εκείνο τον καιρό, η Άμμα συνήθιζε να χορεύει μπροστά στο ναό προτού ξεκινήσει το Ντέβι μπάβα. Έτσι λοιπόν, καθώς χόρευε, της πρόσφερα τα λουλούδια όπως μου είχε πει. Όταν τελείωσε ο χορός, μπήκα στην ουρά για το ντάρσαν. Όταν έφτασε

---

[4] Μια ειδική κατηγορία ντάρσαν (συνάντησης της Άμμα με τους πιστούς και τους επισκέπτες), κατά την οποία η Άμμα φορά την ενδυμασία του Κρίσνα.

[5] Ντάρσαν κατά το οποίο η Άμμα ενσαρκώνει τη Θεϊκή Μητέρα και φορά τη φορεσιά με την οποία αυτή απεικονίζεται παραδοσιακά.

η σειρά μου και η Άμμα με κράτησε στην αγκαλιά της, άρχισα να κλαίω. Συγκινήθηκα πολύ από την αγάπη, τη συμπόνια και την ευγένειά της. Η Άμμα μου είπε να καθίσω δίπλα στην καρέκλα της και μου έδωσε μύηση σε ένα μάντρα. Λίγο μετά, η Άμμα μου ζήτησε να διαλογιστώ για λίγη ώρα. Της είπα τότε, ότι ποτέ δεν είχα ασκηθεί στο διαλογισμό. Μου απάντησε ότι θα αρκούσε να κρατήσω κλειστά τα μάτια μου. Έτσι αποφάσισα να δοκιμάσω.

Μετά από ώρα, νομίζοντας ότι είχαν περάσει 10 λεπτά περίπου, άνοιξα τα μάτια μου με τη σκέψη ότι κι άλλοι άνθρωποι θα ήθελαν να καθίσουν δίπλα στην Άμμα. Τότε, διαπίστωσα ότι όλοι οι άνθρωποι που βρίσκονταν πριν εκεί, είχαν φύγει. Κοίταξα το ρολόι μου και διαπίστωσα έκπληκτος ότι είχαν περάσει δύο ώρες! Δεν μπορούσα να το πιστέψω και σκέφτηκα ότι το ρολόι θα είχε μάλλον χαλάσει. Ρώτησα λοιπόν έναν άνδρα που καθόταν δίπλα μου, τί ώρα ήταν κι εκείνος επιβεβαίωσε την ώρα που έδειχνε το ρολόι μου. Είχα διαλογιστεί πράγματι για δυο ώρες. Μέσα σε κατάσταση σύγχυσης σηκώθηκα, υποκλίθηκα μπροστά στην Άμμα, και πήρα το δρόμο της επιστροφής για το Χαριπάντ.

Την επόμενη μέρα, μου ήταν αδύνατο να πάω στη δουλειά. Ένιωθα συνεπαρμένος, σαν να πετούσα σε σύννεφα γαλήνης και ευτυχίας. Φοβόμουν ότι αν πήγαινα στη δουλειά – όπου το κύριο καθήκον μου ήταν να μετράω χρήματα – οι συνέπειες θα ήταν καταστροφικές. Έτσι λοιπόν, ειδοποίησα ότι ήμουν άρρωστος και δεν βγήκα καθόλου από το σπίτι. Οι σκέψεις μου περιστρέφονταν μόνο γύρω από την Άμμα και τη γαλήνη που ένιωσα στο ντάρσαν της. Την επόμενη μέρα, ειδοποίησα ξανά ότι δεν θα πήγαινα στη δουλειά. Την τρίτη μέρα αποφάσισα ότι έπρεπε να πάω ξανά να συναντήσω την Άμμα. Δήλωσα λοιπόν ασθένεια για όλη την εβδομάδα και πέρασα όσο περισσότερο χρόνο μπορούσα με την Άμμα. Οι προτεραιότητές μου είχαν αλλάξει ολοκληρωτικά. Η Άμμα είχε αφυπνίσει μέσα μου την κλίση για την πνευματική αναζήτηση. Αυτό δεν συνέβη μόνο με μένα. Πολλοί από τους μαθητές της Άμμα, οι οποίοι είναι τώρα σουάμι (μοναχοί), είχαν αρχικά συναντήσει την Άμμα τρέφοντας υλιστικές επιθυμίες. Πολύ γρήγορα όμως στράφηκαν στην αναζήτηση του Θεού.

Μερικές φορές η μεταστροφή αυτή γίνεται γρήγορα, άλλες πάλι χρειάζεται χρόνο. Για μερικούς ανθρώπους, η κλίση αυτή μπορεί να μην είναι τόσο έντονη. Εντούτοις, η ζεστασιά, η φροντίδα και η αγάπη που εκπέμπει η παρουσία της Άμμα, τους κρατούν κοντά της. Αυτοί οι άνθρωποι έρχονται όποτε μπορούν να συναντήσουν την Άμμα και η σχέση τους μαζί της βαθαίνει ολοένα και περισσότερο. Σταδιακά, προσπαθούν να εφαρμόσουν τις διδασκαλίες της Άμμα στη ζωή τους. Ορισμένοι απ' αυτούς μυούνται από την Άμμα σε κάποιο μάντρα, ή ενθαρρύνονται να συμμετέχουν σε κάποιο από τα φιλανθρωπικά προγράμματα που οργανώνονται από το άσραμ. Καθώς ο νους τους εξαγνίζεται ολοένα και περισσότερο και η κατανόηση τους για τα πνευματικά θέματα βαθαίνει, οι προτεραιότητες που βάζουν στη ζωή τους μεταβάλλονται κι αυτές αναλόγως. Με το πέρασμα του χρόνου, ενδιαφέρονται περισσότερο για τους πνευματικούς στόχους παρά για την ικανοποίηση υλιστικών επιθυμιών.

Μερικές φορές, αυτή η αλλαγή στις προτεραιότητες συντελείται αφού οι άνθρωποι έχουν δεχθεί προηγουμένως τις ευλογίες της Άμμα στο υλικό επίπεδο. Κάποτε, ένας πιστός από την Αμερική είχε γράψει ένα μυθιστόρημα και επιθυμούσε διακαώς να το δημοσιεύσει. Έφερε λοιπόν το χειρόγραφο στην Άμμα. Εκείνη του χαμογέλασε και το ακούμπησε με σεβασμό στο μέτωπό της. Λίγες βδομάδες αργότερα, ένας μεγάλος εκδοτικός οίκος προσφέρθηκε να εκδώσει το βιβλίο. Ο άνθρωπος αυτός πετούσε στα σύννεφα. Σύντομα, το βιβλίο του βρισκόταν στα ράφια των βιβλιοπωλείων σε όλη τη χώρα. Αργότερα όμως συνειδητοποίησε ότι, παρόλο που έγινε γνωστός συγγραφέας, δεν ένιωθε ακόμα εσωτερική ικανοποίηση και πληρότητα. Αφού στοχάστηκε πάνω σ' αυτό, κατάλαβε ότι ακόμα κι αν η Άμμα εκπλήρωνε όλες τις επιθυμίες του, αυτή η αίσθηση του εσωτερικού κενού θα παρέμενε. Συνειδητοποίησε ξεκάθαρα ότι, μόνο μέσω της πραγμάτωσης του Εαυτού θα ένιωθε την γαλήνη και την εσωτερική ικανοποίηση που τόσο πολύ λαχταρούσε.

Η ίδια η Άμμα είναι η μεγαλύτερη έμπνευση για να ακολουθήσει κάποιος το πνευματικό μονοπάτι. Όταν την παρατηρούμε, μας συνεπαίρνει η ειρήνη, η ευτυχία και η εσωτερική ικανοποίηση που τόσο έντονα αποπνέει η προσωπικότητά της. Έχουμε μπροστά μας κάποια που εργάζεται 24 ώρες το 24ωρο χωρίς πληρωμή, που δεν κατέχει υλικά αγαθά, που φορά απλά ρούχα και η οποία είναι απείρως πιο ευτυχισμένη από οποιονδήποτε άλλον άνθρωπο, όσο δημιουργικός, πλούσιος, όμορφος ή υγιής κι αν είναι. Παρατηρώντας την Άμμα, γρήγορα συνειδητοποιούμε ότι πρέπει να γνωρίζει ένα μυστικό σχετικά με την ευτυχία, το οποίο εμείς ακόμη αγνοούμε. Μπροστά σ' αυτή τη συνειδητοποίηση, γρήγορα ενδιαφερόμαστε περισσότερο να μάθουμε αυτό το μυστικό, παρά να πασχίζουμε για τα εφήμερα πράγματα του κόσμου.

Στην Μπρανταρανυάκα Ουπανισάδα, υπάρχει μια ενδιαφέρουσα ιστορία για τη σύζυγο ενός ρίσι (σοφού της αρχαιότητας), που συνειδητοποιεί ότι ο σύζυγός της κατέχει αυτή τη γνώση και θέλει να γίνει μαθήτρια του. Το όνομα του ρίσι είναι Γιαγκναβάλκυα και της συζύγου του Μαϊτρέι. Ο Γιαγκναβάλκυα έχει και μια δεύτερη σύζυγο, την Κατυαγιάνι. Ενώ η Ματρέι έχει κλίση για την πνευματική αναζήτηση, η Κατυαγιάνι ενδιαφέρεται μονάχα για τα υλικά πράγματα. Μια μέρα, ο Γιαγκναβάλκυα ανακοινώνει στη Μαϊτρέι ότι πρόκειται να γίνει σαννυάσιν (περιπλανώμενος μοναχός) και ότι θα διακόψει τη σχέση του μαζί της και με την Κατυαγιάνι. Όταν αρχίζει να της εξηγεί πώς θα μοιράσει την περιουσία του στις δύο συζύγους του, εκείνη ξαφνικά τον διακόπτει και ρωτά: «Κύριε, αν είχα όλα τα χρήματα του κόσμου, θα γινόμουν αθάνατη;» Ο Γιαγκναβάλκυα της απαντά αρνητικά. Η Μαϊτρέι του λέει τότε με θάρρος, ότι αν η περιουσία του δεν την κάνει αθάνατη δεν ενδιαφέρεται καθόλου γι' αυτήν. Γνωρίζοντας ότι ο σύζυγός της κατέχει μεγάλη πνευματική σοφία, προσθέτει: «Ενδιαφέρομαι μόνο για τη γνώση σου. Δίδαξε με αυτά

23

που γνωρίζεις». Η Μαϊτρέι διέθετε αληθινή *τζιγκιάσα* (δίψα για γνώση). Κατάλαβε την αληθινή αξία ενός *σατγκούρου* (αληθινού δασκάλου) και δεν ήθελε να αφήσει να πάει χαμένη η σπάνια ευκαιρία που είχε να μαθητεύσει κοντά σε αυτόν.

Μερικοί από τους ανθρώπους που έρχονται να συναντήσουν την Άμμα, διψούσαν για την αυτογνωσία ακόμα και πριν ακούσουν γι' αυτήν. Γνωρίζοντας ότι ένας *σατγκούρου* είναι απαραίτητος σε κάθε σοβαρό πνευματικό αναζητητή, έρχονται στην Άμμα με σκοπό να ζητήσουν την καθοδήγησή της. Για τέτοιους ανθρώπους, το άσραμ της Άμμα είναι μια πραγματική πνευματική όαση. Κοντά της έχουν την ευκαιρία να ασκηθούν στην ανιδιοτελή υπηρεσία προς την ανθρωπότητα, να μάθουν τεχνικές διαλογισμού, να μυηθούν σε *μάντρα* και να καλλιεργήσουν έναν βαθύ δεσμό με μια ζωντανή πνευματική δασκάλα, η οποία δεν απορρίπτει κανέναν, όποιο κι αν είναι το επίπεδο της πνευματικής του εξέλιξης. Επιπλέον, η Άμμα, μέσω των ομιλιών και των βιβλίων της, στρώνει το μονοπάτι που οδηγεί στον υπέρτατο στόχο της ζωής. Διαλύει τις τόσες πολλές παρανοήσεις που υπάρχουν σχετικά με την πνευματικότητα στη σύγχρονη εποχή της πληροφορίας. Αυτοί οι άνθρωποι, όταν συναντούν την Άμμα για πρώτη φορά, αισθάνονται ότι κέρδισαν τον «πρώτο λαχνό» στον τομέα της πνευματικότητας.

Πολλοί απ' αυτούς τους αναζητητές είναι σχετικά νέοι στην πνευματική ζωή, αλλά υπάρχουν και άλλοι που βαδίζουν στο πνευματικό μονοπάτι για δεκαετίες – σαννυάσιν, βουδιστές, χριστιανοί μοναχοί, κλπ. Αυτοί έρχονται στην Άμμα με την ελπίδα ότι θα λάβουν την ευλογία της για να εμβαθύνουν περισσότερο στην κατανόησή τους για τις πνευματικές αλήθειες. Πράγματι, κοντά στην Άμμα – χάρη στις ισχυρές, αγνές, πνευματικές δονήσεις που δημιουργεί η παρουσία της – βιώνουν καταστάσεις μεγαλύτερης πνευματικής διαύγειας. Επιπλέον, η Άμμα τους χαρίζει τεράστια έμπνευση, γιατί αναγνωρίζουν σ' αυτήν έναν άνθρωπο που έχει αναμφισβήτητα επιτύχει το στόχο στον οποίο έχουν αφιερώσει τη ζωή τους. Συνεχίζουν λοιπόν να βαδίζουν στο μονοπάτι που διάλεξαν με μεγαλύτερο ενθουσιασμό και ζήλο.

Πολλά χρόνια πριν, ένας ηλικιωμένος σαννυάσιν, από μια πολύ γνωστή πνευματική παράδοση, ήρθε να επισκεφθεί το άσραμ της Άμμα. Θυμάμαι ότι τον παρακολουθούσα προτού μπει στην αίθουσα όπου βρισκόταν η Άμμα. Διέκρινα σε αυτόν, καλώς ή κακώς, μια υπεροψία. Όταν όμως τον είδα ξανά την ώρα που έφευγε, είχε ίχνη από δάκρυα στα μάτια του. Τον ρώτησα πώς πήγε η συνάντησή του με την Άμμα και εκείνος απάντησε: «Σήμερα, μετά από μια ολόκληρη ζωή πνευματικής αναζήτησης, αισθάνομαι ότι άνοιξα επιτέλους τα φτερά μου».

Τέλος, υπάρχει και μια άλλη κατηγορία ανθρώπων που έρχονται να συναντήσουν την Άμμα, οι σκεπτικιστές. Αυτοί οι άνθρωποι σκέφτονται συνήθως ως εξής: «Κάτι ύποπτο συμβαίνει εδώ! Δεν μπορεί αυτή η γυναίκα να είναι πραγματικά τόσο ανιδιοτελής και συμπονετική! Θα πάω εκεί να ξεσκεπάσω την απάτη!» Πάντα υπάρχουν τέτοιοι άνθρωποι ανάμεσα σ' αυτούς που επισκέπτονται την Άμμα. Αν η καρδιά τους είναι τελείως κλειστή, στέκονται για λίγο, κοιτούν γύρω τους καχύποπτα και μετά φεύγουν. Αν όμως υπάρχει έστω και μια χαραμάδα ανοιχτή μέσα τους, η Άμμα θα τη βρει και θα φυτέψει ένα σπόρο που σύντομα θα βλαστήσει. Αυτό συνέβη και με έναν από τους πιο παλιούς μπραχματσάρι[6] της Άμμα. Φοιτούσε σε μια φημισμένη σχολή κινηματογράφου στην Πούνα. Όταν ακόμα πήγαινε στο σχολείο, είχε φιλικές σχέσεις με μια κομμουνιστική ομάδα νεολαίας και ήταν τελείως αδιάφορος για οτιδήποτε αφορούσε τη θρησκεία, την πνευματικότητα και ιδιαίτερα τους «ζωντανούς αγίους». Όταν η οικογένειά του τον παρότρυνε να επισκεφθεί το άσραμ της Άμμα, εκείνος δέχτηκε πρόθυμα. Πίστευε ότι θα είχε την ευκαιρία να κάνει επιτόπου μια έρευνα, προκειμένου να γυρίσει ένα ντοκιμαντέρ με θέμα τους «δήθεν αγίους». Εντούτοις, καθώς στεκόταν και παρατηρούσε την Άμμα με το βλέμμα του

---

[6] Άγαμος μαθητής ή δόκιμος μοναχός που ζει κοντά σε κάποιον πνευματικό δάσκαλο.

«σκηνοθέτη», κάποια στιγμή η ματιά της Άμμα έπεσε πάνω του. Δεν μπορούσε παρά να αναγνωρίσει ότι η Άμμα θυσίαζε την ξεκούρασή και την άνεσή της για να φέρει το φως και την αγάπη στις ζωές των άλλων. Σύντομα έγινε μαθητής της.

Μολονότι επιφανειακά μοιάζει ότι αυτές οι ομάδες των ανθρώπων έρχονται για διαφορετικούς λόγους, η Άμμα λέει ότι, στην πραγματικότητα, όλοι οι άνθρωποι – όχι μόνο αυτοί που έρχονται να την συναντήσουν, αλλά όλοι ανεξαιρέτως οι άνθρωποι στον κόσμο – αναζητούν το ίδιο πράγμα: να βιώσουν την πληρότητα του Εαυτού. Η Άμμα λέει ότι αυτή η λαχτάρα για ολοκλήρωση είναι η κινητήριος δύναμη στη ζωή μας. Πίσω από τις φιλίες μας, τους γάμους, τα διαζύγια, τη δημιουργία οικογένειας, τους επαγγελματικούς στόχους, τις αγορές σπιτιών ή αυτοκινήτων, την παρακολούθηση ταινιών στον κινηματογράφο, πίσω απ' όλα, κρύβεται αυτή η αναζήτηση. Όλοι πασχίζουν για το ίδιο πράγμα. Αλλά αυτή η ολοκλήρωση που ψάχνουμε – και οι πνευματικοί αναζητητές και οι υλιστές – δεν είναι κάτι το πεπερασμένο. Είναι άπειρη, διευρύνεται τόσο όσο και ολόκληρο το σύμπαν. Κανείς δεν μπορεί να φτάσει το άπειρο φτιάχνοντας μια λίστα από περιορισμένους στόχους που θέλει να πετύχει. Ακόμα κι αν πολλαπλασιάσουμε 20 τρισεκατομμύρια επί 20 τρισεκατομμύρια, το αποτέλεσμα θα είναι πάλι ένας πεπερασμένος αριθμός. Όσο αναζητούμε την ευτυχία μέσα στον υλικό κόσμο, δεν θα πετύχουμε ποτέ την ολοκλήρωση που αναζητάμε.

Εφόσον διαβάζετε αυτό το βιβλίο, διαθέτετε πιθανότατα κάποιο επίπεδο τζιγκιάσα (δίψα για πνευματική γνώση), διαφορετικά θα διαβάζατε κάτι άλλο. Όλοι μας, όμως, πρέπει να αναλογιστούμε σε ποιο βαθμό είμαστε πραγματικοί τζιγκιάσου (αναζητητές της Αλήθειας). Αν κάνουμε έναν εσωτερικό απολογισμό, θα διαπιστώσουμε ότι ταλαντευόμαστε ανάμεσα στους τρεις τύπους αφοσίωσης που αναφέρθηκαν σ' αυτό το κεφάλαιο. Μερικές φορές είμαστε ειλικρινείς αναζητητές και άλλες η προσοχή μας κατευθύνεται περισσότερο σε υλιστικούς στόχους. Όσο περισσότερο συντονιζόμαστε με την Άμμα, τόσο συνειδητοποιούμε ότι η πνευματική αναζήτηση γίνεται η κύρια προτεραιότητα στη ζωή μας. Όποιο κι αν είναι το επίπεδο της αφοσίωσής μας, η Άμμα μας δέχεται άνευ όρων. Αυτό είναι μέρος του μεγαλείου της. Γνωρίζοντας ότι στους περισσότερους από εμάς, δεν έχει ακόμα αφυπνιστεί πλήρως η τζιγκιάσα, η Άμμα μας ενθαρρύνει να μοιραστούμε τους φόβους και τις επιθυμίες μας μαζί της – να πάμε κοντά της όποιο κι αν είναι το επίπεδο της αφοσίωσης μας στο Θεό. Κατ' αυτό τον τρόπο, μπορεί να εισχωρήσει σε κάθε όψη της ζωής μας, και να βοηθήσει με τον πιο αποτελεσματικό τρόπο την πνευματική μας εξέλιξη. Με τη δική μας προσπάθεια και τη χάρη της Άμμα, η αφοσίωσή μας μπορεί να υπερβεί ακόμα και το επίπεδο της τζιγκιάσα και να φτάσει στο ανώτατο στάδιο, την «γκυάνα», τη γνώση δηλαδή ότι τα πάντα, μέσα και έξω από εμάς, είναι Θεϊκά.

Κεφάλαιο δεύτερο:

Ο δεσμός που καταστρέφει όλα τα δεσμά

«Η σχέση ανάμεσα σε έναν σατγκούρου και έναν μαθητή είναι μοναδική – τίποτα δεν της μοιάζει. Η επιρροή της στον μαθητή είναι μόνιμη. Όταν υπάρχει μια τέτοια σχέση, τίποτα δεν μπορεί να βλάψει τον μαθητή».

– Άμμα

Η σχέση που αναπτύσσει ο πνευματικός αναζητητής με έναν σατγκούρου, ένα φωτισμένο πνευματικό δάσκαλο, δεν μοιάζει με καμιά άλλη. Κι αυτό γιατί είναι η μοναδική σχέση όπου το ένα άτομο δίνει τα πάντα και το άλλο μονάχα λαμβάνει. Ίσως η σχέση μητέρας και παιδιού είναι αυτή που την πλησιάζει περισσότερο.

Ένα περιστατικό που συνέβη πρόσφατα στο Αμριταπουρί[1] είναι διαφωτιστικό ως προς το χαρακτήρα της σχέσης αυτής. Η Άμμα έδινε ντάρσαν σε ένα τεράστιο πλήθος. Όλη η εβδομάδα είχε κυλήσει με τον ίδιο τρόπο. Τα ντάρσαν διαρκούσαν μέχρι τις πρώτες πρωινές ώρες και λίγες ώρες μετά ξεκινούσαν ξανά. Παρατηρώντας τη διαδικασία αυτή, ένας ινδός πιστός που ζούσε στην Αμερική πλησίασε την Άμμα και της είπε: «Άμμα, γιατί δεν κάνεις κι εσύ λίγες μέρες διακοπές; Θα μπορούσες ίσως να πας στη Χαβάη και να χαλαρώσεις λίγο στην παραλία. Εμείς οι πιστοί σου θα πληρώσουμε τα έξοδα για να μπορέσεις να ξεκουράσεις το σώμα σου για καμιά βδομάδα».

---

[1] Το μέρος στο οποίο βρίσκεται το κυρίως άσραμ (πνευματικό κέντρο) της Άμμα, στην επαρχία Κόλαμ της πολιτείας Κεράλα της νότιας Ινδίας.

Η Άμμα γέλασε ακούγοντας την πρόταση του άνδρα αυτού και του απάντησε κοιτάζοντάς τον με συμπόνια: «Εσύ, δεν έχεις ένα γιο; Αν ήταν άρρωστος, ή σε είχε ανάγκη, θα μπορούσες να πας διακοπές στην παραλία; Σίγουρα όχι. Θα έμενες μαζί του, θα τον παρηγορούσες και θα τον βοηθούσες να νιώσει καλύτερα. Έτσι νιώθει και η Άμμα. Όλοι οι άνθρωποι είναι παιδιά μου και δεν μπορώ να τους αφήσω για να πάω διακοπές».

Ένας σατγκούρου λοιπόν, όπως η Άμμα, είναι ένας πραγματικός γονιός στη σχέση του με τους μαθητές. Τέτοια είναι η αγάπη και η συμπόνια που τρέφει γι' αυτούς. Υπάρχει όμως μια διαφορά, γιατί ενώ η βιολογική μητέρα παίρνει μεγάλη χαρά από το παιδί της και την εμπειρία της ως μητέρα, ο σατγκούρου είναι πλήρης και ολοκληρωμένος, είτε έχει μαθητές είτε όχι. Επιπλέον, ο μαθητής μπορεί να έχει απόλυτη πίστη και εμπιστοσύνη σε έναν σατγκούρου, διότι αυτός όχι μόνο τον αγαπά χωρίς όρους, αλλά και η κατανόηση του σχετικά με το παρελθόν, το παρόν και το μέλλον του μαθητή είναι τόσο πλήρης που μπορεί να τον καθοδηγεί με τον καλύτερο δυνατό τρόπο. Η βιολογική μας μητέρα σίγουρα μας αγαπά, αλλά η κρίση της είναι περιορισμένη και οι συμβουλές της συχνά επηρεάζονται από την υπερβολική προσκόλλησή της σε εμάς.

Αυτούς τους περιορισμούς τους συναντάμε επίσης και στη σχέση των ανθρώπων με θεραπευτές ή ψυχολόγους. Ένας νεαρός πιστός της Άμμα από την Αμερική είναι ένθερμος οπαδός της μουσικής χέβι μέταλ. Πριν λίγα χρόνια, κατά τη διάρκεια μιας περιοδείας της Άμμα, μου είπε για ένα ντοκιμαντέρ που είχε δει σχετικά με ένα από τα αγαπημένα του συγκροτήματα του χέβι μέταλ. Φαίνεται λοιπόν, ότι κάποια στιγμή οι σχέσεις μεταξύ των μελών του συγκροτήματος ήταν τόσο άσχημες, που αποφάσισαν να προσλάβουν ένα ψυχολόγο για να τους βοηθήσει. Η δημιουργικότητά τους στον καλλιτεχνικό τομέα ήταν επίσης στάσιμη. Το ντοκιμαντέρ παρουσίαζε ορισμένες συνεδρίες των μελών του συγκροτήματος με τον ψυχολόγο. Ο νεαρός μου εξήγησε ότι, καθώς παρακολουθούσε το ντοκιμαντέρ, συνειδητοποίησε ξαφνικά τη μεγάλη διαφορά που υπήρχε ανάμεσα στη θεραπεία του ψυχολόγου και τη βοήθεια που προσφέρει η Άμμα στους ανθρώπους. Στο τέλος λοιπόν του ντοκιμαντέρ, τα μέλη του συγκροτήματος ανακοίνωσαν στον ψυχολόγο ότι δεν χρειάζονταν πλέον τις υπηρεσίες του. Η αντίδραση του ψυχολόγου, η αμοιβή του οποίου ήταν 40.000 δολάρια το μήνα, ήταν απροσδόκητη. Ο ψυχολόγος είχε γίνει πλήρως εξαρτημένος από το συγκρότημα – από την υψηλή αμοιβή του και από τη φήμη που απέκτησε χάρη στη συναναστροφή του μαζί τους. Το συγκρότημα δεν χρειαζόταν πια τον ψυχολόγο, αλλά τώρα ο ψυχολόγος χρειαζόταν το συγκρότημα.

Ο δεσμός που αναπτύσσουμε με την Άμμα δεν μοιάζει καθόλου με τη σχέση αυτή. Είναι ένας δεσμός που μας απελευθερώνει απ' όλα τα δεσμά. Είναι μια «εξάρτηση» που μας οδηγεί σε πλήρη ανεξαρτησία. Σε ότι με αφορά, μπορώ ανεπιφύλακτα να πω ότι ο δεσμός μου με την Άμμα με κράτησε, περισσότερο από οτιδήποτε άλλο, εστιασμένο στην πνευματική ζωή. Η σχέση δασκάλου μαθητή, είναι αληθινή πηγή υποστήριξης και δύναμης για έναν αναζητητή.

Από την πρώτη κιόλας συνάντησή μου μαζί της, η Άμμα έγινε το επίκεντρο της προσοχής μου. Αμέσως θέλησα να παραιτηθώ από τη θέση μου στην τράπεζα. Όμως, η Άμμα με προέτρεψε να συνεχίσω να εργάζομαι για μερικά χρόνια ακόμα. Με συμβούλεψε να αντιμετωπίζω όλους τους ανθρώπους που έρχονταν στην τράπεζα σαν να τους έστελνε εκείνη σε εμένα. Κατ' αυτόν τον τρόπο, η ίδια η δουλειά μου έγινε ένα είδος πνευματικής άσκησης. Εκτός αυτού, η Άμμα δεν μου ζήτησε να κάνω κανενός άλλου είδους πρακτική. Πήγαινα στο άσραμ τα βράδια και περνούσα τα σαββατοκύριακα μου εκεί επίσης. Εκείνο τον καιρό, το πρόγραμμα ήταν πολύ χαλαρό. Εκτός από τα μπάβα ντάρσαν που γίνονταν Κυριακές, Τρίτες και Πέμπτες, δεν υπήρχε σταθερό ωράριο για να δει κάποιος την Άμμα. Οι επισκέπτες απλά έρχονταν όποτε ήθελαν να την συναντήσουν. Εγώ και οι άλλοι νέοι που τελικά γίναμε οι πρώτοι μαθητές-μοναχοί της, περνούσαμε όλο το χρόνο μας κοντά της. Δεν ήταν τόσο η πνευματική ζωή που μας είχε ελκύσει, αλλά η προσωπικότητα της Άμμα, η μητρική αγάπη και η στοργή της. Και η ίδια δεν φαινόταν διατεθειμένη να μας επιβάλλει κάποια σκληρή πειθαρχία. Η Άμμα είχε δώσει σε όλους μας μάντρα και μας είχε διδάξει πώς να διαλογιζόμαστε. Έτσι λοιπόν, ασκούμασταν σε αυτές τις πρακτικές για λίγη ώρα καθημερινά. Δεν υπήρχε όμως αυστηρό πρόγραμμα. Πέρα απ' αυτά, απλά κάναμε ό,τι έκανε και η Άμμα. Αν καθόταν για διαλογισμό, προσπαθούσαμε κι εμείς να διαλογιστούμε μαζί της. Όταν τραγουδούσε μπάτζαν (λατρευτικά τραγούδια) – κάτι το οποίο γινόταν τουλάχιστον μια φορά την μέρα, όταν έδυε ο ήλιος – τραγουδούσαμε κι εμείς μαζί της. Αυτό ήταν όλο.

Η Άμμα συνήθιζε, επίσης, να παίζει παιχνίδια με τα παιδιά του χωριού. Εμείς καθόμασταν και παρακολουθούσαμε, γελώντας και απολαμβάνοντας την ομορφιά και την αγνότητα της επικοινωνίας της Άμμα με τα παιδιά. Περιστασιακά, της κάναμε ερωτήσεις για πνευματικά θέματα, αλλά για να είμαι ειλικρινής, εκείνο τον καιρό οι περισσότεροι από εμάς δεν δείχναμε ιδιαίτερο ενδιαφέρον για τέτοια πράγματα. Η Άμμα μας διηγούνταν τι είχε κάνει την προηγούμενη μέρα, τι είχε συμβεί στο χωριό, ή περιστατικά από την επίσκεψή της σε σπίτια πιστών της περιοχής. Η σχέση μας μαζί της δεν ήταν η σχέση δασκάλου με μαθητές. Έμοιαζε περισσότερο με φιλική σχέση, ή με τη σχέση μιας μητέρας με τα παιδιά της. Κουβεντιάζαμε ελεύθερα με την Άμμα, μερικές φορές φτάναμε στο σημείο να διαφωνούμε μαζί της. Δεν είχαμε ιδέα για το σωστό τρόπο συμπεριφοράς απέναντι σε έναν πνευματικό δάσκαλο. Όποτε η Άμμα έκανε δουλειές, την βοηθούσαμε. Όταν μαγείρευε, μαγειρεύαμε κι εμείς μαζί της. Όταν οι πιστοί έρχονταν να της μιλήσουν, καθόμασταν και παρακολουθούσαμε τις συζητήσεις τους.

Εκείνο τον καιρό δεν συνειδητοποιούσαμε τι συνέβαινε. Απλά κάναμε ό,τι μας ευχαριστούσε. Η Άμμα όμως, όπως πάντα, δρούσε στο ανώτατο επίπεδο κατανόησης και επίγνωσης. Η Άμμα

32

μας αγαπά, αλλά η αγάπη της διαθέτει υψηλή ευφυΐα. Αν μας είχε πειθαρχήσει από την αρχή, πολλοί θα είχαν φύγει. Αυτό που έκανε η Άμμα, ήταν να δυναμώνει αθόρυβα τη σχέση μας μαζί της, δημιουργώντας άρρηκτους δεσμούς μέσω της αγάπης της.

Πολλοί πιστοί συγκινούνται όταν μας ακούν να διηγούμαστε ιστορίες της νιότης μας από την ζωή μας κοντά στην Άμμα. Ήταν πράγματι μια χρυσή και μαγική εποχή. Αν ισχυριζόμουν κάτι άλλο, θα ήταν ψέμα. Εντούτοις, δεν υπάρχει λόγος να αισθάνεται κανείς θλίψη με τη σκέψη ότι όλα αυτά ανήκουν στο παρελθόν. Είναι γεγονός ότι ο αριθμός των ανθρώπων που επισκέπτονται σήμερα την Άμμα είναι κατά πολύ μεγαλύτερος. Αν όμως παρατηρήσετε την Άμμα κατά τη διάρκεια των εκδηλώσεών της, θα διαπιστώσετε ότι κάνει ακριβώς τα ίδια πράγματα που έκανε και τότε με μας. Όπως καθόμασταν και την παρακολουθούσαμε να παίζει με τα παιδιά, έτσι και οι πιστοί σήμερα την βλέπουν να κρατά τα παιδιά που φέρνουν οι γονείς τους κατά τη διάρκεια του ντάρσαν. Τους τσιμπάει τα μαγουλάκια και γαργαλάει τις πατούσες τους. Όπως κουβεντιάζαμε μαζί της για διάφορα πεζά θέματα της καθημερινότητας, το ίδιο εξακολουθεί να γίνεται με τους ανθρώπους που πηγαίνουν κοντά της κατά τη διάρκεια του ντάρσαν. Τους διηγείται ίσως ιστορίες για τα μέρη που επισκέπτεται και περιστατικά που συνέβησαν εκεί. Και τι γίνεται κατά τη διάρκεια των εκδηλώσεων της Άμμα; Τι κάνουν οι άνθρωποι που βρίσκονται εκεί; Όταν η Άμμα διαλογίζεται, διαλογίζονται κι εκείνοι. Όταν η Άμμα τραγουδά μπάτζαν, τραγουδούν κι εκείνοι. Και όταν η Άμμα, μερικές φορές, συμμετέχει στις εργασίες καθαριότητας των χώρων, όλοι τρέχουν να βοηθήσουν, όπως κάναμε κι εμείς τότε. Επομένως, τίποτα δεν έχει αλλάξει πραγματικά, εκτός από τον αριθμό των επισκεπτών. Επιπλέον, μολονότι η δυνατότητα προσωπικής επαφής μαζί της έχει περιοριστεί, η *σανκάλπα* (θέληση) της Άμμα κατά κάποιο τρόπο αντισταθμίζει την έλλειψη αυτή. Αν είμαστε ανοιχτοί, ο δεσμός μας μαζί της θα γίνει το ίδιο ισχυρός όσο θα ήταν αν η Άμμα είχε περισσότερο χρόνο να περνά με τον καθένα μας σε προσωπικό επίπεδο.

Ο ρόλος του ντάρσαν της Άμμα είναι αναμφισβήτητα πολύ σημαντικός για την ενδυνάμωση του δεσμού μας μαζί της. Στα χέρια της αισθανόμαστε πλήρως απελευθερωμένοι. Στην ειρήνη της αγκαλιάς της μας κατακλύζει η αίσθηση της ενότητας μαζί της. Στην πραγματικότητα, το ντάρσαν της Άμμα έχει τόσο μεγάλη επίδραση στους ανθρώπους, γιατί τους δίνει μια γεύση του Θεού, μια γεύση του Αληθινού Εαυτού τους. Για πολλούς είναι μια πρωτόγνωρη εμπειρία, που ανοίγει νέους ορίζοντες μπροστά τους και τους εμπνέει ν' αλλάξουν τις προτεραιότητες στη ζωή τους.

Εκ πρώτης όψεως, μοιάζει περίεργο να αφήνει κάποιος έναν ξένο να τον αγκαλιάζει. Κανείς όμως δεν διστάζει από ντροπή ή αμηχανία όταν πλησιάζει την Άμμα για το πρώτο του ντάρσαν. Οι άνθρωποι νιώθουν ότι αγκαλιάζουν τη μητέρα τους, η ακόμα και τον ίδιο τους τον Εαυτό. Μετά, φεύγουν με την αίσθηση ότι γνώριζαν την Άμμα όλη τους τη ζωή. Αυτό συμβαίνει διότι το πρώτο ντάρσαν είναι το ξεκίνημα μιας σχέσης δίχως αρχή.

Ο χρόνος που περνάμε παρατηρώντας την Άμμα, ποτέ δεν πάει χαμένος. Μπορούμε να λάβουμε πολλές πνευματικές διδαχές μέσα από την παρατήρηση των πράξεών της και το στοχασμό πάνω σ' αυτές. Είναι γεγονός ότι μαθαίνουμε πολλά περισσότερα μέσα από το παράδειγμα που δίνει κάποιος με τη ζωή του, παρά μέσα από τα λόγια του. Αν ένας πατέρας πει στο γιο του να μην καπνίζει, αλλά καπνίζει ο ίδιος, τότε τα λόγια του δεν θα έχουν κανένα αποτέλεσμα. Οι πράξεις του έχουν μεγαλύτερο βάρος από τα λόγια του. Έτσι λοιπόν, καθώς κοιτάμε την Άμμα να αλληλεπιδρά με τους ανθρώπους, αφομοιώνουμε σιγά σιγά μερικές από τις αρετές της, στο εσωτερικό ή στο εξωτερικό επίπεδο. Όπως λέει η Άμμα «αν επισκεφθείτε ένα αρωματοπωλείο, το άρωμα θα κολλήσει στο δέρμα σας».

Εξάλλου, σ' αυτήν την αρχή βασίζεται μια γνωστή τεχνική διαλογισμού, κατά την οποία ο ασκούμενος συγκεντρώνει την προσοχή του σε κάποια μορφή του Θεού. Όταν γίνεται αυτό, ο διαλογιζόμενος αρχίζει να αφομοιώνει με φυσικό τρόπο τις αρετές της μορφής αυτής. Για παράδειγμα, όταν διαλογιζόμαστε στη Θεϊκή Μητέρα ο νους μας γεμίζει με σκέψεις αγάπης και συμπόνιας. Αν διαλογιστούμε στη μορφή του Χάνουμαν², θα κερδίσουμε νοητική δύναμη και θάρρος. Ο διαλογισμός στη μορφή του Κυρίου Σίβα, την προσωποποίηση της απόσπασης από τα εγκόσμια και της πνευματικής πειθαρχίας, θα μας βοηθήσει να δυναμώσουμε την αποστασιοποίησή μας από τα υλικά αντικείμενα και να σταθεροποιηθούμε στην πνευματική μας άσκηση.

Σ' αυτή τη διαδικασία δεν υπάρχει τίποτα το υπερφυσικό. Το ίδιο συμβαίνει συνεχώς στη καθημερινή μας ζωή. Ας πάρουμε το παράδειγμα των θαυμαστών κάποιου κινηματογραφικού αστέρα, ή κάποιου διάσημου μουσικού. Συχνά τους μιμούνται σε τέτοιο βαθμό, ώστε να περπατούν, να ντύνονται και να μιλούν όπως εκείνοι. Έτσι δεν είναι; Το 2001, θυμάμαι ότι έβλεπα πολλά νεαρά αγόρια να κυκλοφορούν με φαβορίτες και ένα μικρό μουσάκι πάνω από το σαγόνι. Η μόδα αυτή φαινόταν σαν να ξεπήδησε από το πουθενά. Πολλά από τα αγόρια δεν ήταν καν αρκετά μεγάλα για να φυτρώσουν τα γένια τους, αλλά παρόλα αυτά έκαναν ό,τι μπορούσαν. Όταν ρώτησα για το φαινόμενο αυτό, πληροφορήθηκα ότι η μόδα προερχόταν από τη μίμηση του πρωταγωνιστή μιας ταινίας του Μπόλυγουντ που είχε μεγάλη επιτυχία. Αν η παρακολούθηση μιας ταινίας μια δυο φορές μπορεί να δημιουργήσει τόσο ισχυρές τάσεις ταύτισης, φανταστείτε τη μεταμόρφωση του χαρακτήρα που μπορεί να προκύψει μέσω μιας πρακτικής διαλογισμού που εκτελείται καθημερινά σε τακτική βάση. Το να παρακολουθεί κάποιος την Άμμα να δίνει ντάρσαν, να τραγουδά μπάτζαν ή να μιλά, είναι κι αυτό μια μορφή διαλογισμού με ανοιχτά μάτια. Όπως ένας ασκούμενος αφομοιώνει τα χαρακτηριστικά και τις αρετές της αγαπημένης του θεότητας μέσω του διαλογισμού με κλειστά μάτια, έτσι μπορεί κάποιος ν' αρχίσει να αφομοιώνει τις αρετές της Άμμα επικεντρώνοντας

---

² Κεντρικός ήρωας του έπους της Ραμαγιάνα, πλήρως αφοσιωμένος στον Κύριο Ράμα, ο οποίος ήταν Θεϊκή ενσάρκωση. Ο Χάνουμαν λατρεύεται από πολλούς σαν ξεχωριστή θεότητα.

την προσοχή του επάνω της. Όταν παρατηρούμε τη συμπόνια της Άμμα, είναι φυσικό να θέλουμε να γίνουμε κι εμείς συμπονετικοί. Βλέποντας την υπομονή και την απλότητά της, προσπαθούμε να γίνουμε κι εμείς πιο υπομονετικοί και απλοί επίσης.

Όπως λέει η Άμμα: «Μπορούμε να καταλάβουμε τι είναι η αλήθεια, το ντάρμα, η ανιδιοτέλεια και η αγάπη, γιατί ο δάσκαλος ζει με αυτές τις αρετές. Ο δάσκαλος είναι η ζωή αυτών των αρετών. Υπακούοντας σε έναν σατγκούρου και προσπαθώντας να του μοιάσουμε, καλλιεργούμε τις αρετές αυτές στον εαυτό μας».

Στο σημείο αυτό θα σας δώσω ένα παράδειγμα ταύτισης με την Άμμα. Στο Αμριταπουρί, η Άμμα έρχεται κάθε βράδυ (εκτός αν ακόμα δίνει ντάρσαν) πριν τις επτά στην αίθουσα των μπάτζαν για να καθοδηγήσει τους λατρευτικούς ύμνους. Όταν φτάνει στη θέση της, υπάρχουν συνήθως αρκετά παιδάκια που προσπαθούν να καθίσουν όσο πιο κοντά της γίνεται. Αυτό είναι ένα προσφιλές θέαμα για τους κατοίκους του άσραμ και τους επισκέπτες. Τον Αύγουστο του 2008, βρισκόταν στο άσραμ ένα τρίχρονο αγοράκι μιας ινδικής οικογένειας που ζούσε στην Αμερική. Ένα βράδυ, το αγοράκι αυτό στεκόταν πίσω από την θέση της Άμμα μαζί με τα άλλα παιδιά, προσπαθώντας να πιάσει μια καλή θέση. Καθώς λοιπόν ερχόταν η Άμμα, το αγοράκι ανέβηκε απλά πάνω στο κάθισμά της. Τα μάτια όλων φυσικά έπεσαν πάνω του. Το αγοράκι ένωσε τις παλάμες πάνω από το κεφάλι του, υποκλίθηκε στο κοινό – όπως συνηθίζει να κάνει η Άμμα – και μετά κάθισε στη θέση της με τα πόδια σταυρωμένα, ακριβώς όπως η Άμμα. Μετά άρπαξε τη βέργα που κρατάει η Άμμα για να δίνει το ρυθμό όταν τραγουδάει τα μπάτζαν και άρχισε να την χτυπάει στο αναλόγιο, όπως κάνει κι εκείνη. Όταν η Άμμα είδε το παιδί να κάθεται εκεί, αμέσως έβαλε τα γέλια. Κάποιος τελικά τράβηξε το παιδί, αλλά όταν η Άμμα κάθισε στη θέση της, το φώναξε να καθίσει δίπλα της και του έδωσε το μικρόφωνο. Αμέσως το αγοράκι προσπάθησε να απαγγείλει στα σανσκριτικά τη φράση «*πρέμα σβαρούπικαλουμ άτμα σβαρούπι καλουμάγια ελάρβακουμ ναμασκάραμ*» – υποκλίνομαι μπροστά σε όλους

36

εσάς που η φύση σας είναι η Θεϊκή Αγάπη και ο Εαυτός – με την οποία η Άμμα ξεκινά πάντα τις δημόσιες ομιλίες της. Μετά, το αγοράκι ξεκίνησε να τραγουδά ένα μπάτζαν αφιερωμένο στον Γκανέσα[3], όπως και η Άμμα συνηθίζει να κάνει. Ήταν ένα πολύ χαριτωμένο θέαμα. Η προφορά του παιδιού δεν ήταν καθαρή, κάτι φυσιολογικό για την ηλικία του, αλλά το συναίσθημα που μετέδιδε ήταν «καθαρή Άμμα». Όλοι οι πιστοί κρατούσαν το ρυθμό για το παιδί καθώς τραγουδούσε. Θα μπορούσε κάποιος να πει ότι όλα αυτά ήταν παιδικά καμώματα, αλλά στην πραγματικότητα το περιστατικό αυτό είναι ένα τέλειο παράδειγμα για το πώς αφομοιώνουμε τις συμπεριφορές, τις πράξεις και τις αρετές της Άμμα. Όλα αυτά γίνονται δικές μας συνήθειες, και οι συνήθειες με τη σειρά τους συγκροτούν τον χαρακτήρα μας. Καθώς ωριμάζουμε ολοένα και περισσότερο, οι αρετές της Άμμα – η αγάπη, η συμπόνια και η ανιδιοτέλεια που χαρακτηρίζουν κάθε λέξη και πράξη της – αρχίζουν να εντυπώνονται μέσα μας σε βαθύτερο επίπεδο.

Ενώ λοιπόν, αυτή η φάση της απλής παρατήρησης της Άμμα είναι φαινομενικά κάτι το ασήμαντο, στην πραγματικότητα έχει πολύ σημαντικό ρόλο για την ενδυνάμωση του δεσμού μας μαζί της. Μόνο όταν ο δεσμός αυτός με τον δάσκαλο γίνεται βαθύς και σταθερός, θα έχουμε την πίστη και την εμπιστοσύνη που απαιτούνται για να ακολουθούμε σωστά τις οδηγίες, τις συμβουλές και τις διδαχές του.

Αν διαβάσουμε το έπος της Μαχαμπαράτα[4], θα δούμε ότι η σχέση του Αρτζούνα με τον Κρίσνα ήταν αρχικά σχέση φίλου με φίλο, όπως συμβαίνει και με την Άμμα. Μόνο στο δεύτερο μισό της ιστορίας, ο Αρτζούνα γίνεται μαθητής του Κρίσνα. Στο

---

[3] Θεότητα του Ινδουϊσμού που απεικονίζεται με κεφάλι ελέφαντα και συμβολίζει τη Θεϊκή ενέργεια που απομακρύνει τα εμπόδια από τον πνευματικό δρόμο.

[4] Το ένα από τα δύο μεγάλα έπη της Ινδίας, το οποίο γράφτηκε από τον μεγάλο σοφό της αρχαιότητας Βέντα Βυάσα. Η Μπαγκαβάτ Γκιτά περιλαμβάνεται μέσα στην Μαχαμπαράτα.

τέταρτο κεφάλαιο της Μπαγκαβάτ Γκιτά, ο Κρίσνα απευθύνεται στον Αρτζούνα αποκαλώντας τον «φίλο». Η εμπιστοσύνη και το αίσθημα της οικειότητας που χαρακτηρίζουν μια αληθινή φιλία, είναι προϋπόθεση για τη δημιουργία μιας εποικοδομητικής σχέσης δασκάλου-μαθητή.

Στις γραφές, η προσκόλληση αναφέρεται ως ένα σοβαρό εμπόδιο για την πρόοδο στο πνευματικό μονοπάτι. Η Άμμα αναφέρει συχνά πόσο σημαντικό είναι να υπερβούμε τις αρέσκειες, τις αποστροφές και τις εξαρτήσεις μας. Κατά συνέπεια, όταν διαπιστώσουμε ότι προσκολλούμαστε στην ίδια την Άμμα, είναι φυσικό να νιώσουμε σύγχυση. Σε σχέση με αυτό, θυμάμαι ένα περιστατικό που συνέβη στα μέσα της δεκαετίας του 1980. Εκείνη την εποχή, η Άμμα παρακολουθούσε σχεδόν πάντα τον πρωινό μας διαλογισμό. Όταν τελειώναμε, απαντούσε στις ερωτήσεις που της κάναμε. Ένα τέτοιο πρωινό, ένας από τους μπραχματσάρι – που ονομάζεται τώρα σουάμι Αναντατσιτανάντα – είχε αυτόν τον προβληματισμό σχετικά με την προσκόλληση. Δεν τον ανέφερε στην Άμμα, αλλά την ώρα του διαλογισμού τον βασάνιζαν οι παρακάτω σκέψεις: «Ήρθα εδώ για να υπερβώ όλες τις προσκολλήσεις μου, αλλά αισθάνομαι τόσο μεγάλη προσκόλληση στην Άμμα! Δεν δημιουργεί κι αυτή η προσκόλληση νέα δεσμά; Μήπως περνώ από τη μια μορφή της *μάγια*[5] σε μια άλλη;»

Ξαφνικά, η Άμμα γύρισε το βλέμμα της πάνω του και είπε: «Η προσκόλληση στο δάσκαλο και στο άσραμ του δεν είναι σκλαβιά ή μάγια. Όλες οι άλλες προσκολλήσεις όμως είναι. Ένα αγκάθι μπορεί να χρησιμοποιηθεί για να αφαιρέσουμε άλλα αγκάθια από το σώμα μας. Έτσι και η προσκόλληση στο δάσκαλο οδηγεί το μαθητή στην απελευθέρωση».

Σε ένα παρόμοιο περιστατικό, πριν λίγα χρόνια, ένας νεαρός μπραχματσάρι στεκόταν κοντά στην Άμμα όταν εκείνη έδινε ντάρσαν. Ξαφνικά η Άμμα τον κοίταξε με ένα χαμόγελο γεμάτο αγάπη. Τον φώναξε δίπλα της και τον ρώτησε τι σκεφτόταν.

---

[5] Μάγια στα σανσκριτικά σημαίνει ψευδαίσθηση. Ο όρος αναφέρεται σε ό,τι έχει προσωρινή ύπαρξη, είναι εφήμερο και μεταβάλλεται συνεχώς.

Εκείνος απάντησε: «Προσκολλούμαι τόσο πολύ στην Άμμα που ανησυχώ ότι στο τέλος η προσκόλληση αυτή θα μου προκαλέσει πόνο». Η Άμμα του είπε τότε: «Αυτή η προσκόλληση θα καταστρέψει όλες τις άλλες προσκολλήσεις. Ακόμα κι αν σου προκαλέσει πόνο, ο πόνος αυτός θα εξαγνίσει το νου σου και θα σε οδηγήσει στο Θεό».

Η Άμμα είναι το πιο προσιτό άτομο στον κόσμο. Για να την δει κάποιος, το μόνο που χρειάζεται είναι να έρθει και να περιμένει στην ουρά. Δεν υπάρχουν εμπόδια. Η Άμμα απλώνει συνεχώς το χέρι της προς την πλευρά μας για να μας τραβήξει προς το μέρος της. Χρειάζεται όμως κι εμείς να πιάσουμε το χέρι της Άμμα. Όταν το κάνουμε, εκείνη θα μας κρατά σφιχτά μέχρι να είμαστε σε θέση να προχωρήσουμε μόνοι μας. Αυτό δεν σημαίνει ότι ο δεσμός που αναπτύσσουμε με την Άμμα χρησιμεύει μόνο στους αρχάριους. Ο δεσμός αυτός ωριμάζει και βαθαίνει σε όλη μας τη ζωή. Καθώς εξελισσόμαστε, αποκτά ολοένα και μεγαλύτερη σημασία. Γίνεται ένα βασικό στοιχείο της ύπαρξής μας. Το τελικό στάδιο είναι η γνώση ότι ο δάσκαλος και ο μαθητής ήταν πάντοτε ένα – αυτός είναι ο υπέρτατος δεσμός που τους ενώνει. Στην αρχή όμως επικεντρωνόμαστε στην εξωτερική σχέση με το δάσκαλο. Αυτή η σχέση και οι πολύτιμες εμπειρίες που αποκομίζουμε από την επαφή με την Άμμα, θα μας βοηθούν στις δυσκολίες της ζωής που όλοι μας κάποια στιγμή βιώνουμε. Την κατάλληλη στιγμή, η σχέση μας με την Άμμα αλλάζει χαρακτήρα και η πειθαρχία γίνεται βασικό στοιχείο της. Για εμάς, τους πρώτους μπραχματσάρι που πήγαμε κοντά της, αυτή η αλλαγή συνέβη μετά από δυο τρία χρόνια. Κάποια μέρα, ο ρόλος της μητέρας παραχωρεί τη θέση του σε εκείνον της πνευματικής δασκάλας.

Κεφάλαιο τρίτο:

Η σημασία του πνευματικού Δασκάλου

«Το φως της χάρης του Δασκάλου μας βοηθά
να διακρίνουμε και να απομακρύνουμε τα
εμπόδια στο πνευματικό μονοπάτι».

– Άμμα

Η Άμμα έχει πει ότι ο δάσκαλος εμφανίζεται μονάχα όταν υπάρχει μαθητής. Αυτό σημαίνει ότι όσο ακόμη δεν είμαστε έτοιμοι, η Άμμα δεν θα αναλάβει το ρόλο της πνευματικής δασκάλας για εμάς. Την κατάλληλη στιγμή όμως, όταν θα έχουμε αποκτήσει την απαιτούμενη ωριμότητα, θα βρίσκεται εκεί και θα μας περιμένει. Την ιδέα αυτή τη βρίσκουμε και στη Μαχαμπαράτα. Στο πρώτο μισό του έπους, ο Κρίσνα ποτέ δεν συμπεριφέρεται σαν δάσκαλος απέναντι στον Αρτζούνα. Αυτό συμβαίνει γιατί ο Αρτζούνα δεν έχει γίνει ακόμα μαθητής. Όταν όμως παραδέχεται την αδυναμία του να λύσει μόνος τα προβλήματά του και παραδίνεται άνευ όρων στον Κρίσνα ικετεύοντάς τον για καθοδήγηση, ο Κρίσνα, ως δάσκαλος, του λέει: «Θρηνείς για εκείνους που δεν θα έπρεπε να θρηνείς». Σε αυτό το σημείο αρχίζει πραγματικά να εκτυλίσσεται η διδασκαλία της Μπαγκαβάτ Γκιτά.

Αναφερόμαστε στο ρόλο της Άμμα ως πνευματικής δασκάλας, αλλά στην πραγματικότητα η Άμμα αναλαμβάνει πολλούς διαφορετικούς ρόλους. Σε αντίθεση όμως με εμάς, τους κοινούς ανθρώπους, δεν ταυτίζεται με κανέναν απ' αυτούς. Εμείς μπορεί να προσδιορίζουμε τον εαυτό μας ως «καθηγητή», «μαθητή», «επιχειρηματία», «καλλιτέχνη», κλπ., αλλά η μοναδική ταυτότητα

της Άμμα είναι ο Αληθινός Εαυτός, η γεμάτη ευδαιμονία συνει-
δητότητα που αποτελεί το θεμέλιο για ολόκληρο το νοητικό και
υλικό σύμπαν. Επομένως, η Άμμα δεν αυτοπροσδιορίζεται ως
«σατγκούρου», ή «μητέρα», ή «πνευματική ηγέτιδα». Γνωρίζει
ότι η φύση της είναι η αιώνια συνειδητότητα και ευδαιμονία.

Χάρη στη συμπόνια της για εμάς, η Άμμα αναλαμβάνει τους
ρόλους της μητέρας, της φίλης, της πνευματικής δασκάλας, ή
οποιονδήποτε άλλο ρόλο χρειάζεται. Το παιδί που έχει ανάγκη
από αγάπη και στοργή, καλεί την μητέρα. Οι φτωχοί που υποφέ-
ρουν αναζητούν τον φιλάνθρωπο ευεργέτη που θα ανακουφίσει
τον πόνο τους. Ο άνθρωπος που νιώθει μοναξιά καλεί τον φίλο
που θα δείξει κατανόηση. Ο πιστός καλεί το Θεό. Ο μαθητής
καλεί τον δάσκαλο. (Μόνο όταν το καταλάβουμε αυτό, διακρί-
νουμε το νόημα των φαινομενικά ακατανόητων δηλώσεων που
κάνει η Άμμα κατά καιρούς, όπως για παράδειγμα: «Με φωνά-
ζουν «Μητέρα» και γι' αυτό τους αποκαλώ κι εγώ «παιδιά μου».
Η Άμμα δεν γνωρίζει τίποτα περισσότερο απ' αυτό».) Σε τελική
ανάλυση, όλες αυτές οι διαφοροποιήσεις οφείλονται στην άγνοια.
Στο απόγειο της πνευματικής σοφίας, στο οποίο βρίσκεται η
Άμμα, υπάρχει μονάχα ενότητα. Μαθητής και δάσκαλος, πιστός
και Θεός, παιδί και μητέρα… όλα είναι ένα στην αιωνιότητα. Γι'
αυτό η Άμμα λέει: «Για να εμφανιστεί ένας δάσκαλος, πρέπει
πρώτα να υπάρχει μαθητής».

Λίγα χρόνια πριν, η Άμμα παραχώρησε μια συνέντευξη
για ένα ντοκιμαντέρ της αμερικανικής τηλεόρασης, το οποίο
παρουσίαζε τις απόψεις ορισμένων επιφανών πνευματικών ηγε-
τών από τις κυριότερες θρησκείες του κόσμου. Η Άμμα ήταν
η μοναδική εκπρόσωπος του Ινδουισμού. Στο τέλος της δίωρης
συνέντευξης, οι παραγωγοί του ντοκιμαντέρ ζήτησαν από την
Άμμα να παρουσιάσει τον εαυτό της. Της εξήγησαν ότι ήθελαν
να κοιτάξει απλά στην κάμερα και να πει κάτι όπως: «Γεια σας,
με λένε Σρι Μάτα Αρμιτάνανταμαΐ Ντέβι, είμαι εκπρόσωπος
του Ινδουϊσμού και διευθύνω ανθρωπιστικά προγράμματα στην
Κεράλα της νότιας Ινδίας». Αφού της εξηγήσαμε τι ζητούσαν οι

παραγωγοί, εγώ και οι υπόλοιποι σουάμι αναρωτιόμασταν τι θα έκανε η Άμμα, δεδομένου ότι ποτέ δεν εκφραζόταν κατ' αυτόν τον τρόπο. Τα τελευταία 30 χρόνια δεν την είχα ακούσει ποτέ να κάνει παρόμοια δήλωση. Έτσι λοιπόν, όλοι περιμέναμε να δούμε ποιά θα ήταν η αντίδρασή της. Η Άμμα αμέσως χαμογέλασε και απάντησε αρνητικά. Νομίσαμε ότι το θέμα θα έκλεινε εκεί, αλλά οι παραγωγοί επέμειναν λέγοντας: «Έλα τώρα Άμμα, οι υπόλοιποι δάσκαλοι το έκαναν». Αλλά και η Άμμα δεν φαινόταν διατεθειμένη να υποχωρήσει. Κάτι που την χαρακτηρίζει πάντοτε, είναι ότι η συμπεριφορά της είναι φυσική και αυθόρμητη. Για παράδειγμα, ποτέ δεν θα ποζάρει για να βγει μια φωτογραφία. Μια τέτοια δήλωση από μέρους της λοιπόν, θα ήταν αφύσικη. Παρόλα αυτά, λόγω της συμπόνιας της δεν ήθελε να απογοητεύσει τους παραγωγούς του ντοκιμαντέρ. Ενώ λοιπόν νομίζαμε ότι το θέμα είχε λήξει, η Άμμα ξαφνικά έκανε την παρακάτω δήλωση: «Ο κόσμος αποκαλεί αυτή τη μορφή «Άμμα» ή «Μάτα Αρμιτάναντάμαϊ Ντέβι», αλλά ο Εαυτός που κατοικεί μέσα της δεν έχει όνομα ή διεύθυνση, είναι πανταχού παρών». Από τη δήλωση αυτή καταλαβαίνουμε ότι η Άμμα αναλαμβάνει το ρόλο του πνευματικού δασκάλου, μόνο όταν το επιθυμεί ο μαθητής. Ανταποκρίνεται δηλαδή σε μια ανάγκη που έχει ωριμάσει. Η αληθινή φύση της Άμμα όμως δεν έχει όνομα, ή τόπο διαμονής. Υπερβαίνει τα πάντα.

Ο ρόλος της Άμμα ως πνευματικής δασκάλας έχει δύο κύριες όψεις: τη γνώση και την πειθαρχία. Σε ό,τι αφορά την πνευματική γνώση, αρκετοί άνθρωποι πιστεύουν ότι είναι αρκετό να ακολουθούν τις γραφές και ότι δεν είναι απαραίτητη η παρουσία ενός πνευματικού δασκάλου. Εντούτοις, οι ίδιες οι γραφές αναφέρουν κατ' επανάληψη ότι ο δάσκαλος είναι απαραίτητος για να φθάσει κάποιος στον υπέρτατο στόχο. Ο Άντι Σανκαρατσάρυα[1] γράφει

---

[1] Ινδός άγιος που έζησε τον 8ο αιώνα μ.χ. και εδραίωσε το φιλοσοφικό ρεύμα της Αντβάιτα Βεδάντα (μη δυϊσμός). Ανάμεσα στις σημαντικότερες συνεισφορές του είναι τα σχόλιά του πάνω στις 10 Ουπανισάδες, τη Μπαγκαβάτ Γκιτά και τα Μπράχμα Σούτρα.

43

στα σχόλια του πάνω στην Μουντάκα Ουπανισάδα, ότι ακόμα κι αν κάποιος είναι γνώστης των σανσκριτικών, της λογικής και άλλων συναφών επιστημών, δεν θα πρέπει να προσπαθήσει να αποκτήσει αυτογνωσία χωρίς τη βοήθεια ενός δασκάλου.

Γιατί λοιπόν ο ρόλος του δασκάλου είναι τόσο σημαντικός; Η Άμμα έχει δώσει την εξής απάντηση σ' αυτό το ερώτημα: «Οι άνθρωποι που ξεκινούν ένα ταξίδι έχοντας στα χέρια τους μονάχα ένα χάρτη, μπορεί να χάσουν το δρόμο και να περιφέρονται άσκοπα. Επιπλέον, ο χάρτης δεν θα τους προειδοποιήσει για την παρουσία ληστών ή άγριων θηρίων. Μόνο αν έχουν μαζί τους έναν έμπειρο οδηγό, που γνωρίζει καλά το δρόμο, θα ταξιδέψουν με άνεση και ασφάλεια».

Η εκπαίδευση στις επιστήμες, στις τέχνες και στα διάφορα επαγγέλματα, βασίζεται στη γνώση που μεταδίδουν οι δάσκαλοι. Το ίδιο συμβαίνει και με την πνευματικότητα, η οποία είναι το πιο εκλεπτυσμένο πεδίο γνώσης, γιατί το αντικείμενο είναι ο ίδιος ο Εαυτός μας. Στη βιολογία, ο «επιστήμονας» χρησιμοποιεί ένα μικροσκόπιο για να μελετήσει τους μικροοργανισμούς. Στη χημεία, το αντικείμενο είναι οι χημικές ενώσεις. Στην πνευματικότητα, ο ίδιος ο επιστήμονας είναι το αντικείμενο της έρευνας. Επομένως, το αντικείμενο αυτό βρίσκεται έξω από την εμβέλεια των κύριων μέσων που διαθέτουμε για να αποκτήσουμε γνώση, τις αισθήσεις δηλαδή και τη διάνοια. Καθώς το αντικείμενο της έρευνας έχει αυτή την ιδιαιτερότητα, ο ρόλος του δασκάλου είναι ακόμα πιο σημαντικός. Όπως λέει η Άμμα: «Ακόμα και να μάθει κάποιος να δένει τα κορδόνια του παπουτσιού του χρειάζεται δάσκαλο!». Ένας σατγκούρου όπως η Άμμα, όχι μόνο μας εξηγεί το πνευματικό μονοπάτι και διαλύει τις αμφιβολίες μας, αλλά επίσης μας βοηθά να υπερβούμε τα εμπόδια που ορθώνονται στο δρόμο μας, διότι γνωρίζει πολύ καλά το χαρακτήρα και την ιδιοσυγκρασία μας.

Στην πραγματικότητα, η Άμμα μας μεταδίδει συνεχώς γνώση – είτε αυτή αφορά το ντάρμα, την κάρμα γιόγκα, το διαλογισμό, ή την υπέρτατη αλήθεια. Από τα χείλη της πηγάζει ένας αστείρευτος ποταμός γνώσης. Η Άμμα είναι πάντα έτοιμη να καθοδηγεί τους ανθρώπους σε πιο αρμονικούς και εξελιγμένους τρόπους ζωής και σκέψης. Στο Αμριταπουρί απαντά στις ερωτήσεις των κατοίκων του άσραμ και των επισκεπτών δυο φορές την εβδομάδα και το ίδιο κάνει και στις περιοδείες της ανά τον κόσμο. Για να επωφεληθούμε από την παρουσία της Άμμα ως δασκάλας, αρκεί μόνο να δείξουμε το ανάλογο ενδιαφέρον[2]. Αυτό δείχνει ότι η φράση «ο δάσκαλος εμφανίζεται μονάχα όταν υπάρχει μαθητής», αναφέρεται κυρίως στην όψη της πειθαρχίας που περιλαμβάνει ο ρόλος του δασκάλου.

Ο στόχος της πνευματικής ζωής είναι θεωρητικά πολύ απλός: να συνειδητοποιήσουμε πλήρως ότι δεν είμαστε ούτε το σώμα, ούτε τα συναισθήματα, ούτε ο νους, και ότι η αληθινή φύση μας είναι η αιώνια, πανταχού παρούσα, ευδαιμονική συνειδητότητα. Όταν ξυπνάμε το πρωί, δεν χρειάζεται ν' ανοίξουμε τα μάτια μας και να κοιτάξουμε στον καθρέφτη για να καταλάβουμε ποιοι είμαστε. Δεν υπάρχει αμφιβολία για ερωτήματα όπως αυτά: «Ποιος είμαι; Είμαι άνδρας; Είμαι γυναίκα; Είμαι άνθρωπος ή ζώο; Είμαι Ινδός; Αμερικάνος; Γιαπωνέζος;» Όλα αυτά απλά τα γνωρίζουμε. Κατά τον ίδιο τρόπο, η πνευματική γνώση πρέπει να αφομοιωθεί έτσι ώστε η πεποίθησή μας για την αληθινή μας ταυτότητα να είναι το ίδιο ισχυρή. Υπάρχει πράγματι εδώ ένα παράδοξο: μέσω του νου πρέπει να κατανοήσουμε ότι δεν είμαστε ο νους. Ο νους είναι η πηγή της άγνοιας, αλλά ταυτόχρονα είναι και το μέσο που μας οδηγεί στην απελευθέρωση. Ο Σανκαρατσάρυα περιγράφει το παράδοξο αυτό ως εξής:

«Τα σύννεφα μεταφέρονται από τον άνεμο και απομακρύνονται πάλι απ' αυτόν. Παρομοίως, και η σκλαβιά του ανθρώπου αλλά και η απελευθέρωσή του από τα δεσμά προέρχονται από το νου του».

Βιβεκατσουνταμανί, στίχος 172

---

[2] Όσο πιο γνήσιο είναι το ενδιαφέρον μας, τόσο περισσότερο βάθος έχουν και οι απαντήσεις της Άμμα.

Η διανοητική κατανόηση της ιδέας ότι η φύση μας είναι συνειδητότητα δεν είναι ιδιαίτερα δύσκολη. Εντούτοις, για αμέτρητες ζωές έχουμε συνηθίσει να πιστεύουμε το ακριβώς αντίθετο και να ταυτιζόμαστε πλήρως με το σώμα, τα συναισθήματα, τις σκέψεις, καθώς και να συνδέουμε την ευτυχία μας αποκλειστικά με την ικανοποίηση των επιθυμιών μας. Αυτός ο τρόπος σκέψης έχει εδραιωθεί μέσα μας σε τέτοιο βαθμό που δεν είναι τόσο εύκολο να τον αντιστρέψουμε. Για να εξηγήσει αυτό το φαινόμενο, η Άμμα συνηθίζει να αναφέρει το παράδειγμα ενός άνδρα, ο οποίος για χρόνια έβαζε το πορτοφόλι του στην τσέπη του παντελονιού του και ξαφνικά αποφασίζει να το βάζει στην τσέπη του σακακιού του. Αν τον ρωτήσετε πού βάζει το πορτοφόλι του κάποια στιγμή που είναι χαλαρός και έχει χρόνο να σκεφτεί, τότε θα σας πει: «Α, τώρα το βάζω στην τσέπη του σακακιού μου». Αν όμως βιάζεται να πληρώσει τον καφέ του, βάζει ασυναίσθητα το χέρι του στην τσέπη του παντελονιού. Βλέπουμε λοιπόν σ' αυτό το παράδειγμα, ότι αυτό που κάνει είναι διαμετρικά αντίθετο απ' αυτό που ξέρει.

Κάποτε, ζούσε ένας φτωχός που δεν είχε ούτε δουλειά, ούτε κάποιο μέρος να μείνει. Επιβίωνε τρώγοντας μονάχα ό,τι έβρισκε στα σκουπίδια. Μια μέρα τον πλησίασε ένας φιλάνθρωπος που βοηθούσε τους αστέγους να ενταχθούν ξανά στη κοινωνία. Του προσέφερε στέγη, τροφή και χρήματα για να σπουδάσει ξανά. Ο φτωχός ενθουσιάστηκε από τη συμπόνια του ευεργέτη του, τον ευχαρίστησε από καρδιάς και γράφτηκε ξανά στο σχολείο. Κατάφερε μάλιστα να αλλάξει πλήρως τη ζωή του και δέκα χρόνια αργότερα είχε αποκτήσει διδακτορικό δίπλωμα και είχε ιδρύσει μια από τις πιο επιτυχημένες επιχειρήσεις της χώρας. Μια μέρα, καθόταν αναπαυτικά στο πίσω κάθισμα της λιμουζίνας του καπνίζοντας ένα κουβανέζικο πούρο και παρακολουθούσε την κίνηση στην πόλη μέσα από τα φιμέ τζάμια του αυτοκινήτου. Ξαφνικά, άρχισε να φωνάζει στον οδηγό:

«Σταμάτα! Για όνομα του Θεού σταμάτα! Τρελός είσαι, δεν βλέπεις;»

Σαστισμένος ο οδηγός φρενάρισε απότομα λέγοντας: «Τι έγινε, τι έγινε κύριε;»

Ο πρώην άστεγος και νυν εκατομμυριούχος απάντησε τότε: «Δεν το είδες; Εκείνος ο άνδρας στη γωνία μόλις πέταξε ένα ολόκληρο κομμάτι πίτσα!»

Ο άνδρας αυτός είχε πλέον τα χρήματα να αγοράσει όσες πίτσες ήθελε, αλλά το γεγονός αυτό δεν είχε ικανοποιήσει πλήρως τον υποσυνείδητο νου του. Βλέποντας το κομμάτι πίτσας που κάποιος πέταξε στα σκουπίδια, ξέχασε τα πλούτη που είχε αποκτήσει και ο παλιός τρόπος σκέψης του βγήκε στο προσκήνιο.

Όλοι σχεδόν μπορούν να παρακολουθήσουν κάποιο σεμινάριο «φιλοσοφίας ανατολικών θρησκειών» και να πάρουν μια γενική εικόνα της φιλοσοφίας της Βεδάντα. Αυτό δεν σημαίνει βέβαια ότι όσοι το κάνουν θα φθάσουν και στη φώτιση. Αυτό συμβαίνει γιατί ο νους τους δεν έχει εξαγνιστεί αρκετά για να αφομοιώσει αυτή τη γνώση. Ο νους μας συνήθως δεν διαθέτει αρκετή διάκριση, επίγνωση, υπομονή και συγκέντρωση. Είναι επίσης γεμάτος εγωισμό και κατευθύνεται από αρέσκειες και αποστροφές. Για να αφομοιώσει κάποιος πραγματικά την πνευματική γνώση πρέπει να απαλλαγεί απ' αυτές τις νοητικές ακαθαρσίες. Από πολλές απόψεις, ο εξαγνισμός του νου είναι πολύ δυσκολότερος από την απόκτηση της γνώσης. Λέγεται μάλιστα, ότι μόλις ο νους εξαγνιστεί, η απελευθέρωση θα ακολουθήσει με φυσικό τρόπο. Ο δάσκαλος υποβάλλει λοιπόν το μαθητή σε πειθαρχία για να τον βοηθήσει να εξαγνίσει το νου του.

«Όσο δεν έχεις γίνει κύριος του νου σου, πρέπει να υπακούς σε ορισμένους κανόνες και περιορισμούς σύμφωνα με τις οδηγίες του δασκάλου», λέει η Άμμα. «Όταν κατακτήσεις το νου σου, δεν έχεις πια τίποτα να φοβηθείς».

Οι τέσσερις προϋποθέσεις

Οι γραφές αναφέρουν ορισμένους τομείς στους οποίους πρέπει να πειθαρχήσουμε και να εξαγνίσουμε το νου, προκειμένου να αφομοιώσουμε πραγματικά την πνευματική γνώση. Στα σανσκριτικά οι τομείς αυτοί είναι γνωστοί ως οι τέσσερις προϋποθέσεις[3] και είναι οι εξής: *βιβέκα, βαϊράγκια, μουμουκσούτβαμ και σαμάντι σάτκα σαμπάτι,* δηλαδή διάκριση, απόσπαση, δίψα για απελευθέρωση και η εξάπτυχη πειθαρχία που ξεκινά με τον έλεγχο του νου.

Έναν σατγκούρου σαν την Άμμα, μπορούμε κατά κάποιο τρόπο να τον παρομοιάσουμε με προπονητή αθλητικής ομάδας. Όχι μόνο μας διδάσκει τους κανόνες της ζωής, αλλά μας προετοιμάζει κατάλληλα ώστε να είμαστε έτοιμοι να παίξουμε το «παιχνίδι της ζωής». Σαν ένας καλός προπονητής, η Άμμα γνωρίζει τα προτερήματα και τις αδυναμίες όλων των «παικτών» της. Γνωρίζει επίσης τον καταλληλότερο τρόπο για να τους βοηθήσει να υπερβούν αυτές τις αδυναμίες. Η Άμμα παρέχει προσωπικές συμβουλές στο μαθητή, τον οδηγεί στις κατάλληλες γι' αυτόν δοκιμασίες, διορθώνει τα σφάλματά του και τον βοηθά να συνειδητοποιήσει μόνος τις αδυναμίες του. Έτσι, του επιτρέπει να δυναμώσει και να εκλεπτύνει το νου του μέχρι να γίνει ικανός να αφομοιώσει την υπέρτατη Αλήθεια. Λέγεται μάλιστα, ότι αν ένας μαθητής έχει εξαγνίσει πλήρως το νου του, θα αφομοιώσει την Αλήθεια αμέσως μόλις την διδαχθεί από τον δάσκαλο. Αυτή είναι η λεγόμενη «στιγμιαία φώτιση».

Βιβέκα, βαϊράγκια και μουμουκσούτβαμ

Η πρώτη προϋπόθεση για τον εξαγνισμό του νου είναι η *βιβέκα,* η διάκριση. Στο τελικό της στάδιο, βιβέκα είναι η ικανότητα να διακρίνουμε ανάμεσα στον Εαυτό και τον μη Εαυτό. Είτε παρατηρούμε τον εσωτερικό είτε τον εξωτερικό κόσμο, θα πρέπει

---

[3] Τις ονομάζουμε «προϋποθέσεις» γιατί πρέπει να τις έχουμε αναπτύξει για να είμαστε σε θέση να φθάσουμε στην αυτογνωσία. Αν έχουμε ελλείψεις σε κάποια απ' αυτές, σημαίνει ότι πρέπει να καταβάλλουμε μεγαλύτερη προσπάθεια για να την αναπτύξουμε και όχι ότι δεν είμαστε κατάλληλοι για την πνευματική ζωή.

να είμαστε ικανοί να διακρίνουμε την πραγματικότητα από την πλάνη, να διαχωρίζουμε «το στάρι από την ήρα» για να το πούμε με άλλα λόγια. Η ανάγκη να βρισκόμαστε συνεχώς σε εγρήγορση για να κάνουμε τη διάκριση της αλήθειας από την πλάνη, είναι ένας από τους λόγους για τους οποίους λέγεται ότι όταν κάποιος βρίσκεται στο πνευματικό μονοπάτι είναι σαν να βαδίζει στην κόψη του ξυραφιού[4]. Η διάκριση εφαρμόζεται όμως και σε θέματα της καθημερινότητας. Σε τελική ανάλυση, η ζωή είναι μια σειρά από αποφάσεις. Κάθε στιγμή, σε κάθε περίσταση, σε κάθε αναπνοή, έχουμε την επιλογή να μιλήσουμε, να πράξουμε και να σκεφτούμε, με τέτοιο τρόπο που να είναι σύμφωνος με το στόχο μας, ή αντίθετος με αυτόν. Βιβέκα λοιπόν, σημαίνει ότι ενεργούμε έχοντας την ακλόνητη πεποίθηση ότι ο στόχος της ανθρώπινης ζωής, η αιώνια ευδαιμονία, δεν επιτυγχάνεται μέσα από τα εφήμερα αντικείμενα των αισθήσεων, αλλά μόνο μέσα από εκείνο που είναι αιώνιο.

Όταν κατανοήσουμε τη διαφορά ανάμεσα σ' αυτό που προκαλεί την προσωρινή ευτυχία και σ' εκείνο που χαρίζει την αιώνια ευδαιμονία, τότε, αυθόρμητα, θ' αρχίσουμε να στρέφουμε την προσοχή μας από το πρώτο προς το δεύτερο. Η παρόρμηση να απομακρυνθούμε από την εφήμερη ευτυχία ονομάζεται *βαϊράγκια* (απόσπαση) και η παρόρμηση να αναζητήσουμε την αιώνια ευδαιμονία αποκαλείται *μουμουκσούτβαμ*. Κατ' αυτό τον τρόπο συνδέονται άμεσα και τα τρία: βαϊράγκια, μουμουκσούτβαμ και βιβέκα.

Η *μουμουκσούτβαμ*, η δίψα για απελευθέρωση, είναι στην πραγματικότητα έμφυτη στον άνθρωπο. Όλοι επιθυμούν την ελευθερία. Κανείς δεν θέλει όρια στην ευτυχία του. Η απογοήτευση που νιώθουμε από τους περιορισμούς μας, είναι μια αντανάκλαση της έμφυτης δίψας μας για απελευθέρωση. Οι περισσότεροι άνθρωποι όμως, δεν μπορούν να καταλάβουν ότι η απογοήτευση είναι αναπόφευκτη όταν ενδιαφερόμαστε για

---

[4] Κάτχα Ουπανισάδα, 1.3.14.

πράγματα που από τη φύση τους είναι περιορισμένα, όπως οι απολαύσεις των αισθήσεων, οι σχέσεις, τα υλικά επιτεύγματα κλπ. Επιπλέον, οι λίγοι άνθρωποι που κατορθώνουν να ανακαλύψουν αυτή την αλήθεια, πολύ σπάνια μαθαίνουν ότι υπάρχει κάτι που είναι απεριόριστο – ο Εαυτός – και το οποίο πρέπει να προσπαθήσουν να φτάσουν. Έτσι λοιπόν, οι περισσότεροι από εμάς, προσπαθούμε να αντλήσουμε όσο περισσότερη ευχαρίστηση μπορούμε από τα εφήμερα υλικά αντικείμενα που καταφέρνουμε να αποκτήσουμε. Μόνο όταν, με τη χάρη του Θεού, καταλάβουμε ότι υπάρχει η δυνατότητα να υπερβούμε τους περιορισμούς μέσω της συνειδητοποίησης του Εαυτού, η έμφυτη δίψα μας για την απελευθέρωση αποκτά τη δύναμη να μας βοηθήσει. Εξάλλου, μόνο σ' αυτό το σημείο θα συνειδητοποιήσουμε αν επιθυμούμε πραγματικά να φτάσουμε στην απελευθέρωση ή όχι. Αν λοιπόν η επιθυμία μας για απελευθέρωση είναι αρκετά ισχυρή, θα αρχίσουμε να καλλιεργούμε τη βιβέκα (διάκριση) και τη βαϊράγκια (απόσπαση). Διαφορετικά, θα συνεχίσουμε να αναζητάμε την ευτυχία μέσα στον εφήμερο υλικό κόσμο.

Σε γενικές γραμμές, αυτές οι τρεις αρετές καλλιεργούνται μέσω της κάρμα γιόγκα. Η κάρμα γιόγκα δεν είναι κάποια συγκεκριμένη δραστηριότητα, αλλά μια νοητική στάση που μπορεί να εφαρμοστεί σε οποιαδήποτε πράξη. Όταν υιοθετούμε αυτή τη στάση, εκτελούμε όλες τις πράξεις μας με απόλυτη προσοχή και συγκέντρωση, και αποδεχόμαστε πλήρως τα αποτελέσματά τους χωρίς προσδοκίες (η κάρμα γιόγκα θα συζητηθεί λεπτομερώς στο πέμπτο κεφάλαιο). Αυτό μπορεί να ακούγεται εύκολο, αλλά όταν προσπαθούμε να το εφαρμόσουμε διαπιστώνουμε ότι δεν είναι και τόσο απλό, κυρίως όταν τα κίνητρα πίσω από τις πράξεις μας έχουν σχέση με κάποιο προσωπικό όφελος, όπως χρήμα, όνομα, φήμη κλπ. Επομένως, είναι πολύ ευκολότερο να υιοθετήσουμε τη στάση της κάρμα γιόγκα, όταν η εργασία που εκτελούμε δεν σχετίζεται με την ικανοποίηση των επιθυμιών μας, αλλά μας έχει ανατεθεί από τον πνευματικό μας δάσκαλο. Αυτός είναι από τους λόγους για τους οποίους η Άμμα, μετά από λίγο καιρό, συνήθως μας συμβουλεύει να προσφέρουμε κάποιο είδος εργασίας. Αυτό θα μπορούσε να είναι η καθαριότητα στην κουζίνα ή σε άλλους χώρους, η φροντίδα των αγελάδων, η ενασχόληση με τις δραστηριότητες των τοπικών ομάδων της Άμμα, η εργασία στο πανεπιστήμιο ή στο νοσοκομείο της Άμμα κλπ. Μερικές φορές μπορεί να είναι ακόμα και άμεση υπηρεσία προς την ίδια την Άμμα. Χάρη σε αυτές τις δραστηριότητες, αρχίζουμε να μαθαίνουμε πώς να εκτελούμε την εργασία μας ως κάρμα γιόγκα. Μπορεί να είναι μια εργασία που διαρκεί 60 ώρες την εβδομάδα, ή απλά μια-δυο ώρες τα σαββατοκύριακα. Ό,τι είδους εργασία κι αν είναι, αναπτύσσουμε σταδιακά την ικανότητα να χρησιμοποιούμε τη στάση αυτή της κάρμα γιόγκα σε όλες τις πλευρές της ζωής μας, είτε πρόκειται για κάποια αμειβόμενη εργασία σε κάποια πολυεθνική εταιρεία, είτε για τις δουλειές του σπιτιού.

Η *γκούρου σέβα,* δηλαδή η ανιδιοτελής υπηρεσία που μας αναθέτει ο πνευματικός δάσκαλος, δεν είναι μια μορφή σκλαβιάς. Ούτε κάτι που κάνουμε ως αντάλλαγμα για τη διδασκαλία και τη στοργή της Άμμα. Ένας πνευματικός δάσκαλος όπως η Άμμα, έχει συνειδητοποιήσει τη θεϊκή αλήθεια που διέπει το σύμπαν. Κατά συνέπεια, η Άμμα δεν μας χρειάζεται για να πλένουμε πιάτα, ή να μαγειρεύουμε κατά τη διάρκεια των εκδηλώσεών της. Ούτε επίσης χρειάζεται τη βοήθειά μας στα προγράμματα ανθρωπιστικής βοήθειας που οργανώνονται στο άσραμ. Στην πραγματικότητα, η Άμμα δεν χρειάζεται καμιά βοήθεια από εμάς. Είναι πλήρης ούτως ή άλλως. Μας δίνει όμως την ευκαιρία να προσφέρουμε τέτοιες υπηρεσίες, γιατί ξέρει πόσο πολύ θα ωφεληθούμε αν το κάνουμε με αγάπη, φροντίδα και ειλικρίνεια. Γνωρίζει τη δύναμη που έχουν να εξαγνίζουν το νου μας από τις αρέσκειες και τις αποστροφές του, να καλλιεργούν την απόσπαση από τις εφήμερες απολαύσεις των αισθήσεων και να αφυπνίζουν το πάθος μας να γνωρίσουμε την αιώνια ευδαιμονία του Εαυτού. Όλα αυτά είναι απαραίτητα προκειμένου να φθάσουμε στην πραγματική ελευθερία.

Επιπλέον, υπάρχει ένας ακόμα μοναδικός τρόπος με τον οποίο η Άμμα μας βοηθά όλους να δυναμώσουμε τη δίψα μας για απελευθέρωση και την απόσπασή μας από τις επιθυμίες, κι αυτός είναι το ντάρσαν της. Στην τρυφερότητα της αγκαλιάς της, ο νους μας ξαφνικά ησυχάζει, αφήνοντας την γαλήνη και την ευδαιμονία του πραγματικού Εαυτού μας να ακτινοβολήσει. Για πολλούς ανθρώπους, η εμπειρία αυτή είναι πρωτόγνωρη και λυτρωτική. Όπως αναφέραμε και προηγουμένως, είναι μια εμπειρία που μεταμορφώνει τη σκέψη μας και ιεραρχεί ξανά τους στόχους μας. Το ντάρσαν της Άμμα μας βοηθά να βιώσουμε μια βαθιά ειρήνη που δεν συνδέεται με τα αντικείμενα των αισθήσεων, μια ειρήνη που έρχεται από μέσα μας. Για τον πνευματικό αναζητητή, η μνήμη αυτής της εμπειρίας λειτουργεί καταλυτικά και του δίνει τη δύναμη να προχωρήσει μπροστά. Όπως είπε κάποτε ένας σαννυάσιν που επισκέφτηκε το άσραμ: «Το ντάρσαν της Άμμα είναι μια εμπειρία μετά την οποία το μόνο πράγμα που επιθυμεί κάποιος είναι να την βιώσει ξανά».

Μια πιστή της Άμμα εξήγησε κάποτε την επίδραση του ντάρσαν χρησιμοποιώντας κάποιες αναμνήσεις από την παιδική της ηλικία. Είπε λοιπόν ότι όταν ήταν μικρή, οι γονείς της δεν ήθελαν να τρώει καθόλου σοκολάτα και της έδιναν χαρούπια, λέγοντάς της ότι αυτό είναι η σοκολάτα. Για χρόνια λοιπόν, συνέχιζε να τρώει χαρούπια νομίζοντας ότι είναι σοκολάτα. Ήταν αναπόφευκτο όμως κάποια μέρα να φάει πραγματική σοκολάτα. Από τότε και μετά, ποτέ δεν την ικανοποίησαν ξανά τα χαρούπια. Με το ντάρσαν της Άμμα έζησε την ίδια εμπειρία. Η Άμμα λέει ότι όταν οι άνθρωποι λαμβάνουν το ντάρσαν της είναι σαν να πίνουν ξαφνικά κρυστάλλινο νερό της πηγής, ενώ ολόκληρη τη ζωή τους προσπαθούσαν να ξεδιψάσουν με βρώμικο νερό του υπονόμου. Κατ' αυτό τον τρόπο η Άμμα μας βοηθά, από την πρώτη συνάντησή μας μαζί της, να εκλεπτύνουμε το νου μας και τον τρόπο σκέψης μας.

Η τελευταία προϋπόθεση για τον εξαγνισμό του νου ονομάζεται *σαμάντι σάτκα σαμπάτι* και περιλαμβάνει έξι επιμέρους ικανότητες[5]: *σάμα, ντάμα, ουπαράνα, τιτίκσα, σράντα* και *σαμαντχάνα*, η πρώτη εκ των οποίων είναι ο έλεγχος του νου.

Ντάμα

Θα ξεκινήσουμε με την *ντάμα*, τον έλεγχο πάνω στις αισθήσεις. Στα πρώτα στάδια της πνευματικής ζωής, ο νους μας είναι αδύναμος και διαταράσσεται εύκολα από τα πολυάριθμα αντικείμενα των αισθήσεων. Ως πνευματικοί αναζητητές προσπαθούμε να ζούμε σύμφωνα με την αλήθεια ότι μέσα μας βρίσκεται η πηγή της ευδαιμονίας. Στην πράξη όμως αυτό αποδεικνύεται εξαιρετικά δύσκολο, διότι μέχρι τώρα, κατά τη διάρκεια πολυάριθμων ζωών, αναζητούσαμε αποκλειστικά τις εφήμερες απολαύσεις που δίνουν τα αντικείμενα του κόσμου. Ντάμα λοιπόν σημαίνει την αποφυγή της επαφής του νου μας με τα αντικείμενα των αισθήσεων που τον διαταράσσουν. Στην Μπαγκαβάτ Γκιτά δίνεται το παράδειγμα της χελώνας:

> Αυτός, ο οποίος αποτραβάει τις αισθήσεις του από τα αντικείμενα, όπως η χελώνα τραβάει τα μέλη της μέσα στο καβούκι, έχει το νου σταθερό.
>
> Μπαγκαβάτ Γκιτά, 2.58

Η χελώνα, ως γνωστόν, μόλις συναντήσει κίνδυνο αμέσως τραβάει μέσα στο καβούκι της το κεφάλι και τα τέσσερα πόδια της. Απομονωμένη από τον εξωτερικό κόσμο, είναι ασφαλής μέχρι να απομακρυνθεί η απειλή. Κατά τον ίδιο τρόπο, ο πνευματικός αναζητητής πρέπει να αποφεύγει την επαφή των πέντε αισθήσεων του – όραση, ακοή, όσφρηση, αφή, γεύση – με αντικείμενα του κόσμου που μπορούν να τον βλάψουν.

---

[5] Κατά τη διάρκεια της τελετής άρτι (τελετή προσφοράς του φωτός), η ικανότητα της Άμμα να βοηθά τα παιδιά της να αναπτύξουν αυτές τις αρετές, εκθειάζεται με τη φράση «σάμα-ντάμα ντάγινι», δηλαδή εκείνη που χαρίζει την ικανότητα ελέγχου του νου και των αισθήσεων.

Ας υποθέσουμε, για παράδειγμα, ότι είμαστε σε δίαιτα και υπάρχουν δυο δρόμοι για να επιστρέψουμε από τη δουλειά στο σπίτι. Ο ένας περνάει μπροστά από μια πιτσαρία και ένα ζαχαροπλαστείο, ενώ ακολουθώντας τον άλλο δεν συναντάμε πουθενά μαγαζιά που πωλούν τρόφιμα. Αν λοιπόν επιλέξουμε τον δεύτερο δρόμο, η επιλογή μας αυτή συνιστά ένα είδος ντάμα. Αν βρισκόμαστε, για να αναφέρουμε ένα άλλο παράδειγμα, μέσα σε ένα λεωφορείο και οι επιβάτες που βρίσκονται μπροστά μας κουτσομπολεύουν, τότε μπορούμε, αν είμαστε πνευματικοί αναζητητές, να βάλουμε ακουστικά στ' αυτιά μας και να ακούσουμε μπάτζαν ή κάποια πνευματική ομιλία. Στη χειρότερη περίπτωση, αν υπάρχει κάτι που ξέρουμε ότι είναι καλύτερο να μη δούμε, μπορούμε απλά να κλείσουμε τα μάτια. Όλα αυτά είναι παραδείγματα ελέγχου των αισθήσεων.

Σχετικά με το θέμα αυτό, θυμάμαι ένα χαριτωμένο ανέκδοτο που άκουσα για έναν άνδρα που εφάρμοσε την αρχή της ντάμα. Ένας πελάτης λοιπόν σ' ένα ζαχαροπλαστείο, παρατηρούσε προσεκτικά όλα τα λαχταριστά γλυκίσματα της βιτρίνας. Όταν ο υπάλληλος τον πλησίασε και τον ρώτησε τι θα ήθελε, εκείνος απάντησε: «Θα ήθελα εκείνο το σοκολατένιο ντόνατ με γέμιση κρέμα, ένα από τα άλλα με γέμιση πραλίνα και ένα τσιζκέικ». Μετά με έναν αναστεναγμό πρόσθεσε: «Αλλά θα αρκεστώ σε ένα κεκάκι δημητριακών».

Στο Αμριταπουρί, οι κάτοικοι του άσραμ πρέπει να ακολουθούν πολλούς κανόνες, ο σκοπός των οποίων είναι να τους βοηθούν να μάθουν να ελέγχουν τις αισθήσεις τους. Ό,τι δεν περνά μέσα από τις αισθήσεις, δύσκολα εισχωρεί στο νου. Η Άμμα έχει καθορίσει αυτούς τους κανόνες για το καλό τους. Όσοι αποφασίζουν να μείνουν στο άσραμ θέλουν να πετύχουν κάποιο στόχο και η Άμμα προσπαθεί να τους βοηθήσει.

Οι ψυχολόγοι συχνά ασκούν κριτική στους περιορισμούς που ισχύουν στα μοναστήρια, υποστηρίζοντας ότι αποτελούν μια μορφή καταπίεσης που μπορεί να δημιουργήσει προβλήματα υγείας και ψυχολογικές διαταραχές. Εν μέρει, έχουν δίκιο.

Η καταπίεση μπορεί να δημιουργήσει τέτοια προβλήματα. Εντούτοις, ο έλεγχος των αισθήσεων στον οποίον ασκούνται οι πνευματικοί αναζητητές, δεν είναι καταπίεση. Αντίθετα, είναι υπέρβαση που βασίζεται στη γνώση ότι η τάση να ενδίδουμε στις απολαύσεις των αισθήσεων, είναι εμπόδιο για την επίτευξη ανώτερων στόχων. Σχετικά με το θέμα αυτό, η Άμμα λέει ότι η προσπάθεια για έλεγχο των αισθήσεων μοιάζει με τη συμπεριφορά ενός φοιτητή που δεν βγαίνει έξω με τους φίλους του προκειμένου να προετοιμαστεί για ένα διαγώνισμα, ή ενός διαβητικού που αποφεύγει τη ζάχαρη. Η αποχή λοιπόν από συγκεκριμένα πράγματα πηγάζει από την κατανόηση και τη διάκριση που διαθέτει ο άνθρωπος. Επομένως, ο νους και το σώμα βρίσκονται σε αρμονία και δεν προκαλείται καμία βλάβη. Αν ένα παιδί πιστεύει ότι το αρκουδάκι του το προστατεύει από τέρατα που κρύβονται στην ντουλάπα και εμείς το αναγκάσουμε να το αποχωριστεί, τότε είναι πιθανό να του προκαλέσουμε ψυχικό τραύμα. Αν όμως το παιδί ξεπεράσει τη φοβία του και σταματήσει από μόνο του να κοιμάται με το αρκουδάκι, προφανώς δεν πρόκειται να πάθει κανένα κακό. Η ντάμα λοιπόν, όταν εφαρμόζεται σωστά, βασίζεται στην κατανόηση ότι τα αντικείμενα των αισθήσεων είναι από τη φύση τους ευτελή, και όχι στην ιδέα ότι είναι «αμαρτωλά» από ηθική άποψη.

Μια μέρα, ένα μοναχός που ήταν κλεισμένος στο κελί του για δεκαετίες, υποβάλλοντας τον εαυτό του σε αυστηρή πειθαρχία, αρρώστησε βαριά. Πολλοί γιατροί τον επισκέφθηκαν, αλλά δεν κατάφεραν να βρουν από τι έπασχε. Στο τέλος πήγε και ένας ψυχίατρος να τον δει. Μετά από μια σύντομη συζήτηση μαζί του, ο ψυχίατρος αποφάνθηκε ότι το πρόβλημά του ήταν η καταπίεση των επιθυμιών του.

«Για 20 χρόνια απαρνήθηκες τον κόσμο απορρίπτοντας όλες τις απολαύσεις», του είπε ο ψυχίατρος. «Πρέπει τώρα να χαλαρώσεις λίγο και να ζήσεις τη ζωή σου. Προτείνω να βγεις από το κελί σου και να κάνεις μια ωραία βόλτα με αυτοκίνητο στην εξοχή».

«Αυτό είναι αδύνατο!», είπε ο μοναχός. «Έχω απαρνηθεί όλα τα εγκόσμια, έχω πάρει όρκους! Η ζωή μου είναι μια ζωή απάρνησης και πειθαρχίας, δεν είμαι εγώ για βόλτες!»

Ο ψυχίατρος ήταν όμως αμετάπειστος, λέγοντας στο μοναχό ότι ή θα χαλάρωνε την πειθαρχία ή θα πέθαινε. Ο μοναχός έκλεισε τότε τα μάτια του κι άρχισε να στοχάζεται. Λίγο μετά, άνοιξε τα μάτια και είπε αναστενάζοντας: «Εντάξει, βρες μου όμως μια μερσεντές καμπριολέ με δερμάτινα καθίσματα και ηχοσύστημα που να κάνει τα τζάμια να τρίζουν».

Ο έλεγχος των αισθήσεων πρέπει να βασίζεται στην κατανόηση. Αν απλά καταπιέζουμε τις επιθυμίες μας, τότε αυτές θα συσσωρεύονται και τελικά θα ξεσπάσουν ανεξέλεγκτες.

Σάμα

Η επόμενη ικανότητα είναι η *σάμα*, ο έλεγχος πάνω στο νου. Είναι αυτονόητο ότι είναι αδύνατο να απομονώσουμε ολοκληρωτικά τον εαυτό μας από κάθε πιθανό κίνδυνο που προέρχεται από τα αντικείμενα των αισθήσεων. Είτε το θέλουμε είτε όχι, κάποια ερεθίσματα θα εισέλθουν στο νου μας μέσω των αισθήσεων και θα δημιουργήσουν ορισμένες εντυπώσεις. Οι εντυπώσεις αυτές, από τη στιγμή που αποτυπώθηκαν στο νου, θα επανέρχονται κατά καιρούς στη συνείδησή μας. Αλλά ακόμα κι αν μπορούσαμε με κάποιο τρόπο να αποφύγουμε όλα τα βλαβερά ερεθίσματα, ο νους μας είναι απολύτως ικανός να παράγει αρνητικές σκέψεις από μόνος του. Όλοι μας έχουμε πέσει κάποια στιγμή θύματα των αρνητικών σκέψεων. Ας πούμε ότι ξαφνικά συλλαμβάνουμε τον εαυτό μας να σκέφτεται αρνητικά για κάποιο γνωστό, συνάδελφο, ή συγγενή. Ίσως ασκούμε υπερβολική κριτική σε ελαττώματα της προσωπικότητάς του. Σ' αυτό το σημείο έρχεται η *σάμα*. Μολονότι δεν μπορούμε να εξαλείψουμε αυτές τις παρορμητικές σκέψεις, μπορούμε ωστόσο να τις εξουδετερώσουμε στη ρίζα τους. Μια μέθοδος της *σάμα* είναι να αντικαθιστούμε απλά την αρνητική σκέψη με μια θετική. Αυτή μπορεί να είναι το *μάντρα* μας, η ανάμνηση κάποιας εμπειρίας μας με την Άμμα, ή το να σκεφτούμε συνειδητά κάποιο θετικό στοιχείο του χαρακτήρα του συγκεκριμένου ατόμου.

Μια άλλη μέθοδος που συνιστά η Άμμα, είναι να αποβάλλουμε την αρνητική σκέψη από το νου μας θέτοντας τα εξής ερωτήματα στον εαυτό μας: «Θα με βοηθήσει πραγματικά αυτή η σκέψη στη ζωή μου; Θα βοηθήσει μήπως την κοινωνία; Αν συνεχίσω να την σκέφτομαι θα μπορέσω να πετύχω το στόχο της ζωή μου; Αν βλέπω μόνο τα ελαττώματα των άλλων, πώς θα βιώσω την ενότητα με όλη τη δημιουργία;» Αν σκεφτόμαστε μ' αυτό τον τρόπο, θα μπορούμε να εξουδετερώνουμε τις βλαβερές σκέψεις.

Προκύπτει το ερώτημα πώς η Άμμα, ως δασκάλα μας, μπορεί να μας βοηθήσει στον έλεγχο του νου. Επιβάλλει μεν κανόνες σε ό,τι αφορά την εξωτερική συμπεριφορά μας, αλλά μπορεί να επέμβει μέσα στον ίδιο μας το νου; Η απάντηση είναι ναι. Σε ό,τι αφορά τη σέβα που γίνεται στο άσραμ, η Άμμα είναι πολύ σχολαστική. Αν αντιληφθεί ότι γίνεται κάποια εργασία χωρίς επίγνωση, αμέσως θα διορθώσει αυτόν που την εκτελεί. Η επίπληξή της θα εντυπωθεί βαθιά στο νου του και στο μέλλον θα έχει πολύ μεγαλύτερη επίγνωση στις πράξεις του. Μερικές φορές η Άμμα, αντί να επιπλήξει κάποιον, φτάνει στο σημείο να τιμωρήσει τον εαυτό της, συνήθως νηστεύοντας. Αν αγαπάμε έστω και λίγο την Άμμα, κάτι τέτοιο είναι πολύ πιο επώδυνο από οποιαδήποτε επίπληξη.

Την εποχή που δούλευα ακόμα στην τράπεζα, είχα τη συνήθεια να καπνίζω που και που. Κάπνιζα κυρίως μετά τα ολονύκτια Ντέβι ή Κρίσνα μπάβα της Άμμα, για να παραμένω ξύπνιος στη δουλειά το επόμενο πρωί. Το κάπνισμα είχε αρχίσει όμως να μου γίνεται συνήθεια. Ένα βράδυ, κατά τη διάρκεια του σύντομου διαλείμματος ανάμεσα σε δύο ντάρσαν, πήγα να πάρω μια κούπα τσάι για την Άμμα σ' ένα μικρό μαγαζάκι που βρισκόταν εκεί κοντά. Σκέφτηκα τότε ότι θα μπορούσα να καπνίσω στα γρήγορα ένα τσιγάρο μέχρι να βράσει το γάλα. Έτσι και έκανα. Όταν το τσάι ετοιμάστηκε, έσβησα το τσιγάρο, ξέπλυνα τα χέρια και το στόμα μου και επέστρεψα με το τσάι της Άμμα. Μόλις όμως της το έδωσα, εκείνη μου είπε: «Κάπνισες, έτσι δεν είναι;». Το παραδέχτηκα αμέσως. Η Άμμα με κοίταξε ενοχλημένη και είπε: «Τότε λοιπόν δεν θα το πάρω». Αισθάνθηκα πολύ άσχημα γιατί ήξερα ότι αυτό το τσάι θα ήταν το μοναδικό πράγμα που θα έβαζε στο στόμα της η Άμμα όλο το βράδυ. Εξαιτίας μου δεν θα έπινε τίποτα.

Την επόμενη μέρα, στη δουλειά, ένιωσα έντονη την επιθυμία να καπνίσω. Θυμήθηκα όμως αμέσως την έκφραση της Άμμα όταν με κοίταξε το προηγούμενο βράδυ λέγοντας «δεν θα το πάρω». Σκέφτηκα επίσης ότι είχε παραμείνει νηστική όλο το βράδυ και αποφάσισα να μην καπνίσω. Αυτό επαναλήφθηκε αρκετές φορές. Κάθε φορά που ήθελα να καπνίσω, σκεφτόμουν τη θυσία της Άμμα. Σύντομα είχα σταματήσει ολοκληρωτικά το κάπνισμα.

Όταν λοιπόν η Άμμα, ως δασκάλα, μας επιπλήττει ή τιμωρεί τον εαυτό της, δημιουργείται μια βαθιά εντύπωση στο νου μας. Η επιθυμία να αποφύγουμε κάτι τέτοιο στο μέλλον, μας ωθεί να δίνουμε προσοχή και στην παραμικρή λεπτομέρεια όταν εκτελούμε την εργασία μας. Κατ΄ αυτό τον τρόπο, η εργασία μετατρέπεται σε μια μορφή διαλογισμού. Η επίγνωση που αποκτάμε δουλεύοντας στον εξωτερικό κόσμο, μας χρησιμεύει επίσης και στην εσωτερική εργασία με τον εαυτό μας. Αυτή η εσωτερική επίγνωση είναι απαραίτητη για την καλλιέργεια της σάμα, διότι δεν μπορούμε να ελπίζουμε ότι θα εξουδετερώσουμε μια αρνητική σκέψη μέσω της επανάληψης του μάντρα ή μέσω της διάκρισης, αν πρώτα δεν συνειδητοποιήσουμε την παρουσία της σκέψης αυτής στο νου μας. Η πειθαρχία λοιπόν, στην οποία μας υποβάλλει η Άμμα, μας βοηθά και στον έλεγχο του νου.

Ουπαράμα

Ουπαράμα ονομάζεται η σταθερή εκτέλεση του ντάρμα (καθήκοντος) του ανθρώπου, όποιο κι αν είναι αυτό. Το ντάρμα ενός οικογενειάρχη είναι προφανώς διαφορετικό από εκείνο ενός μοναχού. Αλλά εμείς, ως παιδιά της Άμμα, έχουμε κάποιο ντάρμα που είναι κοινό για όλους, το οποίο περιλαμβάνει την καθημερινή τέλεση της άρτσανα[6], την απαγγελία του μάντρα μας, το διαλογισμό, την ανιδιοτελή υπηρεσία κλπ. Επιπλέον, ό,τι μας πει η Άμμα ότι πρέπει να κάνουμε, αυτό είναι το ντάρμα μας. Στο άσραμ, η Άμμα έχει τους δικούς της τρόπους να βοηθά τους μπραχματσάρι να εκτελούν τις πρακτικές τους με τακτικότητα και συνέπεια. Για παράδειγμα, η Άμμα έμαθε πρόσφατα ότι μερικοί μπραχματσάρι απουσίαζαν αδικαιολόγητα από την πρωινή άρτσανα (που ξεκινά στις 4.50 κάθε πρωί). Μια Τρίτη μεσημέρι, όταν η Άμμα σερβίρει το φαγητό σε όλους τους διαμένοντες στο άσραμ, φώναξε τα ονόματα εκείνων που είχαν απουσιάσει και τους κάλεσε να παρουσιαστούν μπροστά της. «Εδώ είναι άσραμ» τους είπε, «το πρόγραμμα και οι κανόνες υπάρχουν για το δικό σας καλό. Τώρα θα πρέπει να επανορθώσετε. Πρέπει να πάρετε το πιάτο σας, να το χτυπάτε με το κουτάλι σας και να περπατάτε γύρω γύρω στο άσραμ επαναλαμβάνοντας: «θα παρακολουθώ την άρτσανα, δεν θα επαναλάβω αυτό το λάθος! Θα παρακολουθώ την άρτσανα, δεν θα επαναλάβω αυτό το λάθος!» Σύντομα το άσραμ γέμισε με τους ήχους των κουταλιών που χτυπούσαν στα ατσάλινα πιάτα και τις δειλές φωνών των δέκα περίπου μπραχματσάρι. Όταν επέστρεψαν, η Άμμα είπε: «Είμαστε όλοι μαθητές νηπιαγωγείου σε ό,τι αφορά την πνευματικότητα. Πρέπει να ακολουθούμε ορισμένους κανόνες. Όλοι έχουμε κάποια περηφάνια για το σώμα και την εμφάνισή μας. Θα θυμόμαστε αυτή την τιμωρία και αυτό θα μας κάνει να έχουμε μεγαλύτερη επίγνωση στο μέλλον. Μέσω

---

[6] Λατρευτική τελετή με απαγγελία μάντρα. Στο άσραμ της Άμμα περιλαμβάνει την απαγγελία των 108 ονομάτων της Άμμα και το Λαλίτα Σαχασρανάμα, την απαγγελία των 1000 ονομάτων της Θεϊκής Μητέρας.

της καλλιέργειας της επίγνωσης, μπορούμε να αποκτήσουμε τέτοια εγρήγορση, ώστε και η παραμικρή αρνητική σκέψη δεν θα μπορεί να περνά απαρατήρητη στο νου μας. Αυτό είναι το επίπεδο της επίγνωσης που χρειαζόμαστε».

Τιτίκσα

Τιτίκσα σημαίνει να αντιμετωπίζουμε με υπομονή και αταραξία τις διάφορες καταστάσεις και εμπειρίες της ζωής, όπως ζέστη και κρύο, ευχαρίστηση και πόνος κλπ. Με άλλα λόγια, είναι η ικανότητα να προσαρμόζουμε το νου μας στις εκάστοτε συνθήκες και περιστάσεις. Ένα από τα καλύτερα παραδείγματα για το πώς η Άμμα διδάσκει την ικανότητα αυτή, είναι οι περιοδείες που κάνει στην Ινδία. Στις περιοδείες αυτές, η συνοδεία της Άμμα ταξιδεύει με λεωφορεία. Οι συνθήκες του ταξιδιού κάθε άλλο παρά ιδανικές είναι σε ό,τι αφορά την άνεση των καθισμάτων, το χώρο που υπάρχει για τα πόδια, τις λακκούβες και την κατάσταση των δρόμων κλπ. Μερικές φορές, οι ταξιδιώτες κάθονται εκ περιτροπής, γιατί δεν υπάρχουν αρκετές θέσεις. Στους διαδρόμους των λεωφορείων συχνά στοιβάζονται κουτιά, σκεύη μαγειρικής, μπαούλα και μεγάφωνα. Σε κάποια μέρη οι δρόμοι είναι καλοί, αλλά σε άλλα μοιάζουν με βομβαρδισμένο τοπίο! Η θερμοκρασία κατά τη διάρκεια της ημέρας ανεβαίνει πολύ και δεν υπάρχει κλιματισμός. Γιατί συμβαίνουν όλα αυτά; Πρόκειται για έναν από τους τρόπους που χρησιμοποιεί η Άμμα για να βοηθήσει τους μαθητές της να αυξήσουν τα επίπεδα της αντοχής τους. Ο πόνος είναι σχετικός. Ένας πόνος που μοιάζει αβάσταχτος για έναν άνθρωπο, θεωρείται ασήμαντος για κάποιον άλλο. Κανείς δεν θα έκανε από μόνος του ένα τέτοιο ταξίδι με τόσες κακουχίες. Εντούτοις, οι περιοδείες αυτές προσφέρουν στους πιστούς τη μοναδική ευκαιρία να περάσουν αρκετό χρόνο κοντά στην Άμμα. Έτσι, όχι μόνο οι κάτοικοι του άσραμ περιμένουν ανυπόμονα τις περιοδείες, αλλά καταφθάνουν και πιστοί απ' όλο τον κόσμο για να συμμετάσχουν σε αυτές. Καταλαβαίνοντας την ανάγκη να αντέξουν στις κακουχίες, υποβάλλονται σε αυτές με προθυμία και στο τέλος της περιοδείας ο νους τους έχει γίνει πιο δυνατός.

Σράντα

Σράντα είναι η εμπιστοσύνη και η πίστη στα λόγια του δασκάλου και των γραφών. Μπορεί να νομίζουμε ότι διαθέτουμε δυνατή πίστη, αλλά αν κάνουμε μια ειλικρινή ενδοσκόπηση είναι πιθανό να διαπιστώσουμε ότι η πίστη μας είναι περιορισμένη. Η Άμμα αναφέρει σχετικά: «Στις μέρες μας, η πίστη μας μοιάζει με τεχνητό μέλος. Δεν έχει ζωντάνια. Δεν πηγάζει από την καρδιά μας, γιατί δεν έχει καλλιεργηθεί σωστά στη ζωή μας».

Κάποτε, ένας άνδρας περπατούσε στο βουνό απολαμβάνοντας το τοπίο, όταν άξαφνα πάτησε πολύ κοντά στην άκρη ενός γκρεμού, το έδαφος υποχώρησε και άρχισε να κατρακυλά. Την τελευταία στιγμή άπλωσε το χέρι του και άρπαξε το κλαδί ενός γέρικου δέντρου που βρισκόταν στην άκρη του γκρεμού. Κατατρομαγμένος, διαπίστωσε ότι κρεμόταν 30 μέτρα κάτω από τον κορυφή του γκρεμού και 300 μέτρα πάνω από τον πάτο της χαράδρας. Μέσα στην απελπισία του άρχισε να φωνάζει: «Βοήθεια, βοήθεια!», χωρίς όμως να λαμβάνει καμιά απάντηση. Φώναζε ξανά και ξανά, πάλι όμως μάταια. Στο τέλος φώναξε με όλη του τη δύναμη:

«Υπάρχει κανείς εκεί ψηλά;»

Άξαφνα μια βαθιά φωνή του απάντησε: «Ναι, εδώ είμαι».

«Ποιος είναι;»

«Ο Θεός».

«Μπορείς να με βοηθήσεις;»

«Ναι, μπορώ. Έχε πίστη σε μένα».

«Εντάξει, έχω πίστη. Τώρα βοήθησέ με, σε ικετεύω!»

Η φωνή τότε είπε:

«Ωραία, θέλω να έχεις πίστη σε μένα και να αφήσεις το κλαδί απ' τα χέρια σου».

Ο άνδρας κοίταξε γύρω του πανικόβλητος, δεν μπορούσε να πιστέψει στ' αυτιά του. «Τι είπες;»

Η φωνή επανέλαβε: «Έχε πίστη σε μένα. Άφησε τα χέρια σου. Θα σε πιάσω».

Σ' αυτό το σημείο ο άνδρας φώναξε:

«Εε... μήπως υπάρχει κανείς άλλος εκεί πάνω;»

Η πίστη δεν είναι κάτι που μπορεί να επιβληθεί μέσω της πειθαρχίας. Η Άμμα όμως, μας βοηθά να δυναμώσουμε την πίστη μας. Όταν μιλά ένας φωτισμένος δάσκαλος, τα λόγια του έχουν τεράστια δύναμη και κύρος, πολύ περισσότερο από τα λόγια οποιουδήποτε άλλου ανθρώπου. Αυτό συμβαίνει γιατί έχει βιώσει εκατό τοις εκατό τις αλήθειες που διδάσκει. Καμιά γραφή, κανείς φιλόσοφος ή λόγιος δεν έχουν τέτοιο κύρος. Κάθε πράξη και κάθε λέξη ενός σατγκούρου, αντανακλούν το γεγονός ότι είναι απόλυτα εδραιωμένος στην υπέρτατη αλήθεια και ότι είναι εφικτό και για εμάς να συνειδητοποιήσουμε αυτήν την αλήθεια.

Στη πνευματική ζωή είναι γεγονός ότι η εμπιστοσύνη δημιουργεί περισσότερη εμπιστοσύνη. Στην ινδική κουλτούρα, η πίστη καλλιεργείται από τη γέννηση του παιδιού στον κόσμο. Τα τελετουργικά που συνοδεύουν τη γέννηση, τη βάφτιση, την εκπαίδευση, το γάμο κλπ., πλαισιώνουν τη ζωή του ατόμου έτσι ώστε σταδιακά να αφομοιώνει τις αρχές της θρησκευτικής και πνευματικής παράδοσης. Τη στιγμή που κάποιος πηγαίνει στον πνευματικό δάσκαλο, έχει ήδη αναπτύξει βαθιά πίστη στις πνευματικές αρχές μέσα από την προσωπική του εμπειρία. Κάτω από την καθοδήγηση του δασκάλου, η πίστη αυτή συνεχίζει να ωριμάζει. Ο δάσκαλος συχνά μας ζητά να αναλάβουμε κάποιο καθήκον που μας κάνει να νιώθουμε άβολα. Θα μας ζητήσει ίσως να εκτελέσουμε μια εργασία, για την οποία αισθανόμαστε εντελώς ακατάλληλοι να φέρουμε εις πέρας. Αν εμπιστευθούμε το δάσκαλο και δεν διστάσουμε, θα ανακαλύψουμε ότι οι φόβοι μας είναι αβάσιμοι. Αυτό θα δώσει ακόμα μεγαλύτερη δύναμη στην πίστη μας. Από την άλλη, αν υποκύψουμε στις αναστολές μας και δεν υπακούσουμε στις οδηγίες του δασκάλου, θα δυναμώσουν οι φοβίες μας. Ο νους είναι ένας εξαιρετικός υπηρέτης, όταν καθοδηγείται από την πίστη. Αν όμως τον αφήνουμε ανεξέλεγκτο, γίνεται ένας αληθινός τύραννος.

Σαμαντχάνα

Σαμαντχάνα είναι η τέλεια συγκέντρωση του νου σε ένα σημείο. Αυτό είναι εφικτό μόνο μέσω της εκτέλεσης των πνευματικών πρακτικών που δίνει ο δάσκαλος στο μαθητή, όπως ο διαλογισμός, η επανάληψη του μάντρα και άλλες μορφές απαγγελιών και λατρευτικών τραγουδιών. (Αυτά θα τα αναπτύξουμε λεπτομερώς στο όγδοο κεφάλαιο). Εντούτοις, η επιμέλειά μας στη συστηματική εξάσκηση σε τέτοιες πρακτικές μπορεί να έχει διακυμάνσεις, μέχρι να αφυπνιστεί πλήρως μέσα μας η δίψα για την απελευθέρωση. Στο άσραμ όμως, η Άμμα έχει καθορίσει ένα αυστηρό πρόγραμμα για όλους τους αναζητητές, έτσι ώστε να τους βοηθήσει να τελειοποιήσουν την ικανότητα της συγκέντρωσης του νου.

Η συγκέντρωση δεν χρειάζεται μόνο για να μπορούμε να εστιάσουμε το νου μας στο διαλογισμό ή στα λόγια του δασκάλου. Είναι απαραίτητη επίσης για να επιτύχουμε το στόχο της ζωή μας. Αυτό το είδος της συγκέντρωσης αναφέρεται ως *λάκσυα μπόντα*, δηλαδή σταθερή προσήλωση στο στόχο. Στο άσραμ της Άμμα, θα βρείτε σε πολλά σημεία – στους ανελκυστήρες, στις οθόνες των υπολογιστών, στα τιμόνια των αυτοκινήτων – μικρά αυτοκόλλητα με την υπενθύμιση: «Θυμήσου να επαναλαμβάνεις το μάντρα σου». Κάθε σκέψη μας για το δάσκαλο, μπορεί να χρησιμεύσει σαν μια τέτοια υπενθύμιση, αν έχουμε τη σωστή στάση.

Δεν θα πρέπει να νομίζουμε ότι κάποια μέρα η Άμμα θα μας καλέσει για να μας ανακοινώσει ότι από εκείνη τη στιγμή ξεκινά επίσημα η σχέση δασκάλου-μαθητή. Δεν συμβαίνει έτσι. Εκτιμώντας την ωριμότητα, την παράδοση, την απόσπαση και τη δίψα για το στόχο σε κάθε άτομο, η Άμμα ενεργεί ανάλογα, έχοντας πάντα υπόψη μια ευρύτερη εικόνα για την προσωπικότητά του. Μερικοί είναι έτοιμοι σχεδόν αμέσως, άλλοι χρειάζονται περισσότερο χρόνο. Κάθε περίπτωση είναι μοναδική. Η Άμμα θα υποδείξει το βαθμό της πειθαρχίας, τον οποίο είμαστε έτοιμοι να εφαρμόσουμε. Εξάλλου, δεν χρειάζονται όλοι την άμεση καθοδήγηση της Άμμα στον τομέα της πειθαρχίας. Υπάρχουν άνθρωποι που ζουν στο άσραμ 20 χρόνια και τους οποίους δεν έχει διορθώσει ποτέ άμεσα. Από την άλλη πλευρά, υπάρχουν πιστοί με τους οποίους η Άμμα ήταν εξαρχής πολύ αυστηρή, χωρίς να έχουν πατήσει ποτέ το πόδι τους στο Αμριταπουρί. Αυτό δείχνει ότι η οπτική γωνία από την οποία η Άμμα βλέπει τα πράγματα, είναι πολύ ευρύτερη από τη δική μας. Η Άμμα λαμβάνει υπόψη το παρελθόν, το παρόν και το μέλλον κάθε ατόμου και ενεργεί ανάλογα.

Η Άμμα λέει ότι δεν υπάρχουν συγκεκριμένοι κανόνες που να καθορίζουν πώς θα μεταχειριστεί ο δάσκαλος ένα μαθητή: «Ο δάσκαλος καθοδηγεί το μαθητή σύμφωνα με τα βασάνα (νοητικές τάσεις) που αυτός έχει αποκτήσει κατά τη διάρκεια πολλών ζωών. Ακόμα και σε παρόμοιες καταστάσεις, ο δάσκαλος μπορεί να συμπεριφερθεί με τελείως διαφορετικό τρόπο σε διαφορετικούς μαθητές. Η συμπεριφορά του μπορεί μην έχει κανένα νόημα για σένα. Μόνο ο δάσκαλος θα γνωρίζει το λόγο. Ο δάσκαλος αποφασίζει ποιες μεθόδους θα χρησιμοποιήσει για να καταπολεμήσει τα βασάνα ενός συγκεκριμένου μαθητή και να τον οδηγήσει στο στόχο. Ο καθοριστικός παράγοντας που θα βοηθήσει τον μαθητή στην πνευματική του πρόοδο, είναι η παράδοσή του στις αποφάσεις του δασκάλου. Όταν δύο μαθητές διαπράξουν το ίδιο σφάλμα, ο δάσκαλος μπορεί να θυμώσει με τον ένα και να φανεί πολύ στοργικός με τον άλλο, σαν να μην είχε συμβεί τίποτα».

Σε τελική ανάλυση, ο δάσκαλος σφυροκοπά συστηματικά το εγώ των μαθητών, όπως ένας γλύπτης σμιλεύει ένα κομμάτι πέτρας. Από την οπτική γωνία της πέτρας, μπορεί αυτό να φαίνεται πολύ επώδυνο, αλλά ο γλύπτης είναι σε θέση να δει την όμορφη μορφή που κρύβεται μέσα σ' αυτήν. Η διαδικασία αυτή δεν χωρά βιασύνες. Ο δάσκαλος προχωρά προσεκτικά. μόνο αυτός μπορεί να τη φέρει εις πέρας. Άλλοι μπορεί να σπάσουν την πέτρα και να χαλάσουν την ομορφιά της μορφής που κρύβεται μέσα της.

Η μόνη διαφορά ανάμεσα σε μια πέτρα κι ένα μαθητή, είναι ότι η πέτρα δεν έχει άλλη επιλογή παρά να παραδοθεί στο γλύπτη. Ο μαθητής μπορεί να κουραστεί και να εγκαταλείψει την προσπάθεια, κάτι που μερικές φορές συμβαίνει. Μερικά από τα σημεία του ψυχισμού που αγγίζει ο δάσκαλος είναι πολύ επώδυνα. Και ένας σατγκούρου όπως η Άμμα, γνωρίζει όλα τα σωστά σημεία! Στην Ινδία υπάρχουν κάποιοι άνθρωποι, που ονομάζονται *μαρμίκα*, οι οποίοι γνωρίζουν όλα τα μικροσκοπικά αντανακλαστικά σημεία του σώματος και μπορούν να ακινητοποιήσουν έναν άνθρωπο μ' ένα απλό άγγιγμα των δακτύλων. Από πολλές απόψεις, η Άμμα μοιάζει με αυτούς. Με μια φράση μπορεί να χτυπήσει στο αδύναμο σημείο μας. Επιπλέον, έχει την ικανότητα να το κρύψει αυτό απ' όλους τους άλλους γύρω μας. Στους άλλους μπορεί να φανεί σαν αστείο, ή σαν ένα από τα λίλα (θεϊκά παιχνίδια) της Άμμα, ή ακόμα και σαν φιλοφρόνηση. Μόνο ο ενδιαφερόμενος θα ξέρει πόσο δυνατό και ακριβές ήταν το χτύπημα της Άμμα.

Θυμάμαι ένα περιστατικό που συνέβη αρκετά χρόνια πριν. Η Άμμα έδινε ντάρσαν και ένας πιστός τη ρώτησε: «Άμμα, όποτε έρχομαι στο άσραμ ακούω τόσα όμορφα μπάτζαν. Ποια είναι η προέλευσή τους; Ποιος τα συνθέτει;»

Η Άμμα απάντησε: « Υπάρχουν πολλοί που γράφουν μπάτζαν, μπραχματσάρι και μπραχματσαρίνι, σουάμι….» Μετά, δείχνοντας έναν μπραχματσάρι που καθόταν δίπλα της, η Άμμα είπε: «Να, κι αυτός εδώ έχει γράψει μερικά πολύ όμορφα τραγούδια».

Φαινομενικά, η Άμμα επαίνεσε τον μπραχματσάρι, αλλά στην πραγματικότητα αυτή η φράση τον χτύπησε σ' ένα ευαίσθητο σημείο. Ο μπραχματσάρι αυτός είχε γράψει πολλά τραγούδια και τα είχε προσφέρει στην Άμμα, αλλά εκείνη δεν είχε τραγουδήσει κανένα απ' αυτά. Μια βδομάδα πριν το περιστατικό αυτό, της έχει παραπονεθεί μάλιστα λέγοντας: «Άμμα, σου έχω προσφέρει τόσα μπάτζαν, αλλά ποτέ δεν τραγούδησες κανένα απ' αυτά! Άλλοι άνθρωποι σου δίνουν μπάτζαν που δεν είναι τόσο καλά όσο τα δικά μου, κι εσύ τα τραγουδάς αμέσως. Νομίζω ότι τους αγαπάς περισσότερο απ' ότι εμένα».

Η Άμμα του είχε απαντήσει τότε: «Γιε μου, λες ότι πρόσφερες αυτά τα τραγούδια στην Άμμα, αλλά είναι πράγματι έτσι; Κάτι που προσφέρουμε δεν μας ανήκει πια. Ανήκει πλέον στον αποδέκτη της προσφοράς. Έτσι είναι ένα πραγματικό δώρο. Το δικό σου όμως φαίνεται να συνοδεύεται από πολλές απαιτήσεις».

Από καλλιτεχνική άποψη, τα μπάτζαν που συνέθεσε ο μπραχματσάρι μπορεί να υπερείχαν έναντι των άλλων. Η κύρια έγνοια της Άμμα όμως, ως δασκάλας του, ήταν να του διδάξει ένα μάθημα σχετικά με την αίσθηση του εγώ, το οποίο εκδηλωνόταν ως περηφάνια για τη σύνθεση των τραγουδιών[7]. Η καλλιτεχνική τους αξία ερχόταν σε δεύτερη μοίρα. Η Άμμα έχει το υπέρτατο καλό μας κατά νου. Τέτοιες εμπειρίες, αν και επώδυνες, έχουν μεγάλη αξία. Η Άμμα σμιλεύει υπομονετικά το εγώ μας και διορθώνει τη συμπεριφορά μας.

Θυμάμαι ένα ποίημα που διάβασα κάποτε και το οποίο επαινούσε τον πνευματικό δάσκαλο με τα παρακάτω λόγια:

Αν αισθάνεσαι σαν ποντίκι, η ουρά του οποίου
βρίσκεται κάτω απ' τα νύχια μιας γάτας,
να ξέρεις ότι ο δάσκαλος σε σφίγγει τρυφερά κοντά
στην καρδιά του.

Θα πρέπει πάντα να θυμόμαστε αυτή την αλήθεια. Διαφορετικά, όπως ο μπραχματσάρι που «πρόσφερε» τα τραγούδια του στην Άμμα, μπορεί ν' αρχίσουμε να κρίνουμε το δάσκαλο, νομίζοντας άδικα ότι η συμπεριφορά του καθορίζεται από προσωπικές προτιμήσεις και όχι από το υπέρτατο καλό μας.

---

[7] Λίγες εβδομάδες αργότερα, η Άμμα τραγούδησε πράγματι μερικά από τα μπάτζαν του μπραχματσάρι.

66

Θυμάμαι μια οικογένεια που ζούσε παλιά στο άσραμ. Φαινομενικά, βρίσκονταν πολύ κοντά στην Άμμα. Όταν όμως η Άμμα ανέλαβε το ρόλο του δασκάλου γι' αυτούς, σύντομα μάζεψαν τα πράγματά τους και έφυγαν λέγοντας: «Ο Κρίσνα είναι αρκετός για εμάς!» Οι πιστοί πάντα προσεύχονται στο Θεό να πάρει μορφή και να τους επισκεφθεί. Όταν όμως το κάνει, γρήγορα επιθυμούν να επιστρέψει από εκεί που ήρθε!

Ο εσωτερικός δάσκαλος

Ο σατγκούρου, όχι μόνο επισημαίνει τα ελαττώματά μας, αλλά μας βοηθά επίσης να τα βλέπουμε μόνοι μας. Σταδιακά, ο κόσμος γίνεται ένας καθρέπτης που αντανακλά όλες τις αρνητικότητες και τα ελαττώματα του χαρακτήρα μας. Η Άμμα λέει ότι ο στόχος του εξωτερικού δασκάλου είναι να μας βοηθήσει να αφυπνίσουμε τον εσωτερικό δάσκαλο. Όταν φτάσουμε σ' αυτό το σημείο, όλος ο κόσμος γίνεται ο δάσκαλός μας. Βλέπουμε τις διδασκαλίες που μάθαμε από τον εξωτερικό δάσκαλο παντού όπου κοιτάμε, στην οικογένειά μας, στη δουλειά μας, στις κοινωνικές συναναστροφές μας, ακόμα και στη φύση. Αυτό συνέβη και με την Άμμα, από την παιδική κιόλας ηλικία της.

«Τα πάντα σ' αυτό τον κόσμο είναι ο δάσκαλος της Άμμα. Ο Θεός και ο δάσκαλος βρίσκονται μέσα σε κάθε άνθρωπο. Αλλά για όσο διάστημα παραμένει το εγώ, δεν μπορούμε να τον αντιληφθούμε. Το εγώ ενεργεί σαν ένα πέπλο που κρύβει τον εσωτερικό δάσκαλο. Μόλις ανακαλύψεις τον εσωτερικό δάσκαλο, θα τον αντιλαμβάνεσαι στα πάντα μέσα στο σύμπαν. Καθώς η Άμμα ανακάλυψε το δάσκαλο μέσα στον Εαυτό της, τα πάντα, ακόμα και κάθε κόκκος άμμου, έγιναν ο δάσκαλός της. Μπορεί να αναρωτηθείς αν ακόμα κι ένα αγκάθι ήταν ο δάσκαλος της Άμμα. Ναι, κάθε αγκάθι ήταν ο δάσκαλος της, γιατί όταν ένα αγκάθι τρυπάει το πόδι σου, δίνεις μεγαλύτερη προσοχή στο μονοπάτι. Επομένως, αυτό το αγκάθι σε βοηθά να αποφύγεις άλλα αγκάθια που μπορεί να σε τρυπήσουν, αλλά και να μην *πέσεις μέσα σ' ένα βαθύ χαντάκι. Η Άμμα θεωρεί επίσης το σώμα της δάσκαλο, διότι όταν στοχαζόμαστε πάνω στη παροδική φύση του σώματος συνειδητοποιούμε ότι ο Εαυτός είναι η μόνη αιώνια πραγματικότητα. Τα πάντα γύρω από την Άμμα την οδήγησαν στην καλοσύνη, και για το λόγο αυτό, η Άμμα αισθάνεται σεβασμό για τα πάντα στη ζωή».*

Η αποστολή του εξωτερικού δασκάλου είναι να μας οδηγήσει σ' εκείνο το σημείο. Αλλά δεν θα μας εγκαταλείψει όταν φτάσουμε πραγματικά εκεί. Αντίθετα, ο δάσκαλος θα είναι για πάντα μαζί μας· θα τρώει, θα περπατάει, θα εργάζεται, ακόμα και θα κοιμάται μαζί μας. Κι αυτό γιατί θα έχουμε γίνει ένα με τις διδασκαλίες του και όπου πηγαίνει ο νους μας, αυτές θα τον ακολουθούν. Επιπλέον, θα έχουμε την κατανόηση ότι η ουσία του δασκάλου, η συνείδηση που διαπερνά όλο το σύμπαν, είναι επίσης πάντα μαζί μας. Μόλις φτάσουμε σ' αυτό το σημείο, θα είναι σαν να έχουμε επιβιβαστεί σ΄ ένα τρένο εξπρές. Δεν θα είναι πια δυνατόν να αποβιβαστούμε, η ένωσή μας με τον σατγκούρου θα είναι μόνιμη.

Κεφάλαιο τέταρτο:

Ο ρόλος του άσραμ της Άμμα

«Ένα άσραμ δεν είναι απλά ένα σύνολο από άψυχα κτίρια, ναούς και δέντρα. Είναι η ενσάρκωση της χάρης του σατγκούρου. Είναι ένας ζωντανός και δυναμικός οργανισμός που δυναμώνει τη λαχτάρα του ειλικρινούς μαθητή να φθάσει στην κατάσταση της ενότητας».

– Άμμα

Για κάποιον που ενδιαφέρεται για την πνευματική του εξέλιξη, δεν υπάρχει καταλληλότερο μέρος από το άσραμ ενός φωτισμένου δασκάλου. Το Αμριταπουρί μοιάζει με πανεπιστήμιο. Είναι το τέλειο μέρος για μάθει, να εξασκήσει και να αφομοιώσει ο αναζητητής τις πνευματικές διδασκαλίες. Μόλις φθάσει εκεί, δεν χρειάζεται να πάει πουθενά αλλού.

Μολονότι το Αμριταπουρί συχνά μοιάζει περισσότερο με τόπο γιορτής παρά με ερημητήριο, η Άμμα παρέχει όλα όσα χρειαζόμαστε για την πνευματική μας πρόοδο, και στο φυσικό, αλλά και σε πιο λεπτοφυή επίπεδα. Το άσραμ είναι σκόπιμα μια μικρογραφία του «πραγματικού κόσμου», όπου συναντάμε όλους τους τύπους ανθρώπων και όλες τις καταστάσεις. Το περιβάλλον αυτό μας βοηθά, αν έχουμε τη σωστή στάση, να ωριμάσουμε πνευματικά. Η εμπειρία της ζωής στο άσραμ μπορεί να συγκριθεί με τον τρόπο με τον οποίο μαθαίνουμε να κολυμπάμε. Αντί να βουτήξουμε απευθείας στον ωκεανό, είναι ευκολότερο να μάθουμε κολύμπι σε μια πισίνα. Έτσι και στο άσραμ, η Άμμα, σαν να ήταν δασκάλα της κολύμβησης, μας βοηθά να αποκτήσουμε και σταδιακά να τελειοποιήσουμε όλες τις δεξιότητες που μας επιτρέπουν να επιπλέουμε στον ωκεανό της ζωής. Μετά, θα είμαστε ικανοί να κολυμπήσουμε παντού. Όπως λέει η Άμμα: «Για κάποιον που έχει τελειοποιηθεί στο κολύμπι, τα κύματα του ωκεανού προσφέρουν ένα υπέροχο παιχνίδι, ενώ για κάποιον που δεν γνωρίζει κολύμπι μοιάζουν τρομακτικά και μπορεί ακόμα και να τον πνίξουν».

Πολλοί επισκέπτες, από την πρώτη κιόλας φορά που επισκέπτονται το άσραμ της Άμμα, αισθάνονται ότι επιστρέφουν στο σπίτι τους. Είναι η πρώτη φορά που έχουν αυτή την αίσθηση στη ζωή τους. Κατά την έκδοση του βιβλίου που κρατάτε στα χέρια σας, ζουν μόνιμα στο Αμριταπουρί πάνω από 3000 άτομα, ένα σύνολο από σαννυάσιν, μπραχματσάρι, μπραχματσαρίνι και οικογενειάρχες. Επίσης, μέσα στο Αμριταπουρί υπάρχει και μία από τις πέντε φοιτητικές εστίες του πανεπιστημίου Αμρίτα, η οποία στεγάζει περίπου 3000 φοιτητές. Επιπλέον, εκατοντάδες επισκέπτες απ' όλο τον κόσμο καταφθάνουν καθημερινά στο Αμριταπουρί, με την πρόθεση να μείνουν για μεγάλο χρονικό διάστημα, που μερικές φορές φθάνει τους έξι μήνες. Τέλος, υπάρχουν και οι εκατοντάδες επισκέπτες που έρχονται για μια μόνο μέρα, προκειμένου να λάβουν το ντάρσαν της Άμμα. Βλέπουμε λοιπόν, ότι το μέρος όπου υπήρχε κάποτε το φτωχικό σπίτι της οικογένειας της Άμμα, τώρα έχει μεταμορφωθεί σε μια ολόκληρη πολιτεία.

Η Άμμα συγκρίνει συχνά το άσραμ με μια τεράστια εκτεταμένη οικογένεια. Σύμφωνα με την ινδική παράδοση, όταν ο γιος μιας οικογένειας παντρεύεται, η σύζυγός του έρχεται να μείνει στο πατρικό του σπίτι. Το νιόπαντρο ζευγάρι, αν δεν κατοικήσει μέσα στο ίδιο σπίτι με τους γονείς, θα μείνει τουλάχιστον σε κάποιο γειτονικό σπίτι ή διαμέρισμα. Μερικές τέτοιες εκτεταμένες οικογένειες έχουν πολλά μέλη. Θυμάμαι το 2007, όταν η Άμμα επισκέφθηκε ένα τέτοιο μέρος δίπλα στο ναό Σρι Ρανγκανατάν στην πολιτεία Ταμίλ Ναντού. Εκεί ζούσαν τα 70 μέλη μιας οικογένειας σε ένα συγκρότημα κατοικιών. Αλλά υπάρχουν ακόμα μεγαλύτερες οικογένειες που συγκατοικούν!

Στο Λακούρ της επαρχίας Καρνατάκα υπάρχει μια οικογένεια με 170 μέλη που ζουν μαζί! Την παλιά εποχή, οι περισσότερες ινδικές οικογένειες ήταν εκτεταμένες. Στις μέρες μας, έχει επικρατήσει η πυρηνική οικογένεια, ως αποτέλεσμα της νοοτροπίας ότι μόνο οι δυο γονείς και τα παιδιά τους πρέπει να ζουν κάτω από την ίδια στέγη. Επιπλέον, μόλις τα παιδιά μεγαλώσουν, θέλουν να φύγουν και να αποκτήσουν δικό τους σπίτι. Η Άμμα όμως επισημαίνει, ότι τα παιδιά που ανατρέφονται σε εκτεταμένες οικογένειες, είναι συνήθως πιο ώριμα και διαθέτουν μεγαλύτερη νοητική δύναμη από τα μοναχοπαίδια, ή τα παιδιά που μεγάλωσαν με ένα ή δύο αδέρφια.

Το Αμριταπουρί μοιάζει λοιπόν με εκτεταμένη οικογένεια τεραστίων διαστάσεων. Ενώ όμως τα μέλη μιας εκτεταμένης οικογένειας μιλούν την ίδια γλώσσα και έχουν την ίδια κουλτούρα, στο Αμριταπουρί, ζουν άνθρωποι από 50 διαφορετικές χώρες που μιλούν δεκάδες διαφορετικές γλώσσες! Η Άμμα συγκρίνει αυτή τη συμβίωση ανθρώπων από τόσες διαφορετικές κουλτούρες, με τη συνεχή τριβή ανάμεσα σε πέτρες που έχουν αιχμηρές γωνίες. Αν αυτή η τριβή συνεχιστεί για μεγάλο χρονικό διάστημα, οι μυτερές γωνίες λειαίνονται και οι πέτρες στο τέλος στρογγυλεύουν και γίνονται γυαλιστερές.

Στο σύγχρονο κόσμο, βλέπουμε ακριβώς το αντίθετο. Οι άνθρωποι αποφεύγουν ο ένας τον άλλον. Ο υπάλληλος κρύβεται από το αφεντικό. Ο σύζυγος κρύβεται από τη γυναίκα του. Η σύζυγος κρύβεται από τον άνδρα της. Τα παιδιά κρύβονται από τους γονείς και οι γονείς από τα παιδιά! Όπως λέει η Άμμα: «Αν μια οικογένεια έχει τέσσερα μέλη, το καθένα απ' αυτά ζει σαν να βρίσκεται σε απομονωμένο νησί».

Αυτό μου θυμίζει μια γελοιογραφία που είδα κάποτε, η οποία απεικόνιζε μια εύσωμη γυναίκα που κρατούσε ένα μπλάστρι. Κοιτούσε κάτω από ένα κρεβάτι και φώναζε: «Αν είσαι άντρας, βγες από κει κάτω!» Και ποιος βρισκόταν κάτω από το κρεβάτι; Ο σύζυγός της προφανώς. Ήταν μικρόσωμος και αδύνατος και είχε στριμωχτεί σε μια γωνία όσο πιο μακριά μπορούσε από τη γυναίκα του. Από την κρυψώνα του της φώναζε: «Είμαι ο άνδρας του σπιτιού! Θα βγω όποτε θέλω!»

Νομίζουμε ότι η απομόνωσή είναι επιλογή μας, αλλά στην πραγματικότητα αφήνουμε την ανασφάλεια και την υπερευαισθησία μας να μας περιορίζουν. Καταλαμβάνουμε «το χώρο κάτω από το κρεβάτι» με μεγάλη περηφάνια, αγνοώντας το γεγονός ότι αποκόβουμε τον εαυτό μας από το υπόλοιπο σπίτι!

Στις μέρες μας, όλοι θέλουν το δικό τους δωμάτιο, το δικό τους γραφείο και το δικό τους αυτοκίνητο. Στα χέρια μας, ακόμα και οι συσκευές που επινοήθηκαν για να βελτιώσουν την επικοινωνία, όπως τα κινητά τηλέφωνα και το ίντερνετ, χρησιμεύουν μόνο για να απομονωθούμε ακόμα περισσότερο. Το αποτέλεσμα είναι μια γενιά ανθρώπων που είναι ανίκανοι να αντιμετωπίσουν με ψυχραιμία ακόμα και την μικρότερη πρόκληση στη ζωή. Όταν βρεθούμε μπροστά σε κάποια διαμάχη, είτε μας κυριεύει η κατάθλιψη είτε ξεσπάμε σε ανεξέλεγκτο θυμό. Στον απομονωμένο κόσμο μας, δεν υπάρχει κανείς για να κρατήσει υπό έλεγχο τον εγωισμό μας. Γινόμαστε απολύτως εγωκεντρικοί, ανίκανοι να καταλάβουμε τα συναισθήματα και τις απόψεις των άλλων.

Το 2007, η Άμμα έδωσε μια ομιλία στο φεστιβάλ κινηματογράφου «Cinema Verité» στο Παρίσι, με τίτλο «Ο μοναδικός δρόμος για την ειρήνη». Στην ομιλία αυτή, η Άμμα αναφέρθηκε εκτεταμένα στη δυσαρμονία που υπάρχει ανάμεσα στην ανθρωπότητα και τη φύση. Πρότεινε μάλιστα και αρκετά μέτρα που θα μπορούσαν να εφαρμόσουν οι άνθρωποι για ν' αρχίσουν να επανορθώνουν την κατάσταση. Μία από τις υποδείξεις της ήταν να μοιράζονται οι άνθρωποι τα αυτοκίνητά τους για τις μετακινήσεις τους. Αφού παρουσίασε όλα τα πλεονεκτήματα – λιγότερη μόλυνση, μικρότερη κατανάλωση καυσίμου, μείωση της κίνησης στους δρόμους, κλπ – η Άμμα πρόσθεσε: «Το σημαντικότερο είναι ότι θα αυξηθεί η αγάπη και η συνεργασία ανάμεσα στους ανθρώπους». Βλέπουμε λοιπόν, ότι η Άμμα θεωρεί αυτήν την αποξένωση ως έναν παράγοντα με σοβαρές αρνητικές επιπτώσεις στο νου των ανθρώπων και στην κοινωνία ως σύνολο. Η ζωή στο άσραμ λειτουργεί με βάση την αρχή της συνεργασίας, όπως και η κοινή χρήση του αυτοκινήτου. Το άσραμ προσφέρει το ιδανικό περιβάλλον για την πνευματική άσκηση. Όπως θα δούμε στα επόμενα κεφάλαια, μπορούμε γενικά να χωρίσουμε τις πνευματικές πρακτικές σε τρεις κατηγορίες: κάρμα γιόγκα, διαλογισμός και γνώση του Εαυτού (γκυάνα γιόγκα). Η κάρμα γιόγκα, στην οποία θα αναφερθούμε λεπτομερώς στο πέμπτο κεφάλαιο, αποσκοπεί κυρίως να μας βοηθήσει να αναπτύξουμε την βαϊράγκια, να υπερβούμε δηλαδή τις αρέσκειες και τις αποστροφές μας προκειμένου να φτάσουμε σε κάποιο επίπεδο νοητικής αταραξίας. Για αυτού του είδους την πνευματική άσκηση, δεν υπάρχει καλύτερο μέρος από το Αμριταπουρί. Προκειμένου να υπερβούμε κάτι, πρέπει πρώτα να συνειδητοποιήσουμε την ύπαρξή του. Στο Αμριταπουρί, δεν υπάρχει δυνατότητα να απομονωθούμε, δεν μπορούμε να κρυφτούμε κάτω από το κρεβάτι. Αν κάποιος επιμένει να διατηρεί τις προτιμήσεις του, το Αμριταπουρί δεν θα είναι ένα ευχάριστο μέρος για τη διαμονή του. Από την άλλη πλευρά, αν κάποιος κατανοήσει ότι οι αρέσκειες και οι αποστροφές του είναι σε τελική ανάλυση ανεπιθύμητοι περιορισμοί, τότε το Αμριταπουρί είναι το τέλειο μέρος για την εκπαίδευση του νου του.

Στο άσραμ, οι ευκαιρίες για την άσκηση σε τάπας (πειθαρχίες που αποδέχεται κάποιος για τον εαυτό του) είναι απεριόριστες. Μπορείτε να ασκήσετε την υπομονή σας, για παράδειγμα, καθώς περιμένετε στην ουρά για το ντάρσαν της Άμμα. Μπορείτε να ασκηθείτε στην τιτίκσα (αντοχή σε δυσκολίες και κακουχίες) διασχίζοντας τα τεράστια πλήθη που συρρέουν σε γιορτές όπως το Όναμ και τα γενέθλια της Άμμα. Μπορείτε να υπερβείτε την εξάρτησή σας από τον ύπνο, μένοντας κοντά στην Άμμα κατά τη διάρκεια του ντάρσαν. Μπορείτε επίσης να υπερβείτε τον εθισμό σας στο νόστιμο φαγητό. Μπορείτε να ανακαλύψετε ότι δεν σας είναι απαραίτητο το πουπουλένιο στρώμα του δωματίου σας και ότι μπορείτε να κοιμηθείτε σαν πουλάκι σε αχυρένιο στρώμα, μέσα σ' ένα μικρό δωμάτιο δίπλα σε άλλους ανθρώπους.

Μπορείτε να υπερβείτε την απέχθειά σας για το θόρυβο και να μάθετε να παραμένετε ήρεμοι κάτω απ' όλες τις συνθήκες.

Κάποιος μου διηγήθηκε το παρακάτω ανέκδοτο για μια χώρα όπου τα πάντα χρειάζονταν πολύ χρόνο για να γίνουν. Ένας άνδρας θέλει να αγοράσει ένα αυτοκίνητο και πηγαίνει σε μια αντιπροσωπεία. Ο πωλητής του προτείνει δύο μοντέλα, ο άνδρας επιλέγει το ένα και το πληρώνει. Ο πωλητής του λέει τότε: «Θα παραλάβετε το αυτοκίνητό σας σε 10 χρόνια ακριβώς από σήμερα».

Ο άνδρας ρωτά: «Το πρωί ή το απόγευμα;»

«Τι σημασία έχει;»

«Ο υδραυλικός είπε ότι θα έρθει το πρωί.»

Το άσραμ δεν μοιάζει πάντως με ανοργάνωτη χώρα. Ούτε πρέπει να υποφέρουμε άσκοπα όταν μένουμε σε αυτό. Το νόημα είναι ότι οι αρετές, όπως η υπομονή, μπορούν να καλλιεργηθούν όταν αντιμετωπίζουμε τις προκλήσεις με θετική στάση. Επιπλέον, η παρουσία και οι δονήσεις της Άμμα βοηθούν το νου μας να παραμένει συγκεντρωμένος, παρά τις προκλήσεις που παρουσιάζονται.

Σε ό,τι αφορά τη δεύτερη πνευματική πρακτική, το διαλογισμό, το Αμριταπουρί είναι επίσης ένα ευλογημένο μέρος. Εδώ υπάρχει ένα παράδοξο: Πώς είναι δυνατόν ένα μέρος που βουίζει από τη δραστηριότητα σαν κυψέλη με μέλισσες, να είναι κατάλληλο για διαλογισμό; Οι άνθρωποι που επισκέπτονται για πρώτη φορά το Αμριταπουρί, έχουν συχνά την απορία αυτή. Εντούτοις, αν παραμείνουν για λίγες μέρες, θα διαπιστώσουν σύντομα ότι μέσα τους δημιουργείται μια αίσθηση εσωτερικής ειρήνης παρά την πολύβουη δραστηριότητα. Ακόμα κι αν μένουν 10.000 άτομα στο άσραμ, η αίσθηση της εσωτερικής ειρήνης παραμένει. Αυτό είναι κάτι που οφείλεται στην παρουσία της Άμμα, ενός φωτισμένου, εν ζωή δασκάλου. Επιπλέον, η παρουσία της μας βοηθά να υπερβαίνουμε τις αρέσκειες και τις αποστροφές μας και να ασκούμαστε στην παράδοση μέσω της κάρμα γιόγκα. Η

76

παρουσία μιας φωτισμένης ψυχής είναι πράγματι κάτι το μοναδικό και έχει τη δύναμη να μεταμορφώνει το νου των ανθρώπων. «Όσο βαθιά κι αν σκάψουμε σε ορισμένα μέρη, δεν είναι σίγουρο ότι θα βρούμε νερό», λέει η Άμμα. «Αν όμως σκάψουμε δίπλα σ' ένα ποτάμι, θα βρούμε εύκολα νερό χωρίς να χρειαστεί να σκάψουμε βαθιά. Παρομοίως, η παρουσία ενός σατγκούρου καθιστά την επίτευξη των πνευματικών στόχων ευκολότερη για το μαθητή. Θα μπορέσει να απολαύσει τους καρπούς της πνευματικής του άσκησης χωρίς πολλή προσπάθεια».

Έχοντας συνειδητοποιήσει την υπέρτατη αλήθεια, η Άμμα βιώνει πάντοτε ευδαιμονία. Ο νους της είναι τόσο αγνός που ακτινοβολεί ισχυρές δονήσεις ειρήνης και αρμονίας. Οι δονήσεις αυτές διαπερνούν όλο το άσραμ και επηρεάζουν το νου των ανθρώπων που βρίσκονται κοντά της. Γι' αυτό πολλοί άνθρωποι αισθάνονται πιο χαλαροί και γαλήνιοι αμέσως μόλις φθάσουν στο άσραμ. Ακόμα και δημοσιογράφοι που δεν έχουν καμία απολύτως πνευματική κλίση, συχνά αναφέρουν ότι βίωσαν αυτή την εμπειρία. Αυτό μοιάζει με το φαινόμενο του συντονισμού των κραδασμών στη φυσική, κατά το οποίο ένα σώμα το οποίο δονείται σε μια συγκεκριμένη συχνότητα προκαλεί δονήσεις της ίδιας συχνότητας σε άλλα ανεξάρτητα σώματα. Αυτό το φαινόμενο συμβολίζεται και σε διάφορους πίνακες ζωγραφικής που απεικονίζουν λιοντάρια και αρνιά να κάθονται ειρηνικά δίπλα σε αγίους. Ο φόβος του αρνιού και η αγριότητα του λιονταριού εξουδετερώνονται από τις ειρηνικές δονήσεις που μεταδίδει ο νους του αγίου.

Πολλές κατηγορίες ανθρώπων επισκέπτονται το άσραμ. Ορισμένοι αποβιβάζονται από τουριστικά πλοιάρια που καταφθάνουν από την πλευρά της λιμνοθάλασσας. Συχνά, οι άνθρωποι αυτοί δίνουν την εντύπωση ότι κουβαλούν το βάρος του κόσμου στους ώμους τους. Ακόμα κι όταν βρίσκονται σε διακοπές, φαίνονται εξαντλημένοι από το βαρύ φορτίο της ζωής. Οι άνθρωποι αυτοί, οφείλω να ομολογήσω, μου κινούν το ενδιαφέρον. Για ποιο λόγο; Γιατί ξέρω ότι αν μείνουν μια δυο βδομάδες, οι αλλαγές πάνω τους θα είναι εντυπωσιακές. Θα αρχίσουν να περπατούν διαφορετικά, να μιλούν διαφορετικά, να χαμογελούν διαφορετικά. Θα φαίνονται πιο υγιείς, σωματικά και ψυχικά. Ενώ αρχικά μαύρα σύννεφα σκοτείνιαζαν το πρόσωπό τους, το χαμόγελό τους θα αποκτήσει ένα ιδιαίτερο φως. Δεν μπορώ παρά να αποδώσω όλες αυτές τις αλλαγές στις βαθιές και ισχυρές δονήσεις που ακτινοβολεί γύρω της η Άμμα. Οι δονήσεις αυτές δημιουργούν αυθόρμητα μια διαλογιστική κατάσταση στο νου μας. Γι' αυτό οι άνθρωποι διαπιστώνουν ότι κοντά στην Άμμα είναι πολύ ευκολότερο να επαναλαμβάνουν το μάντρα τους με συγκέντρωση, να οραματίζονται με διαύγεια τις μορφές που έχουν επιλέξει για το διαλογισμό, και να κρατούν γενικά το νου τους εστιασμένο στο Θεό.

Σε ό,τι αφορά την γκυάνα γιόγκα, το Αμριταπουρί αποτελεί και πάλι το ιδανικό περιβάλλον. Όχι μόνο γιατί η Άμμα δίνει συχνά ομιλίες και απαντά σε ερωτήσεις, αλλά και γιατί διεξάγονται συστηματικά μαθήματα πάνω σε σημαντικές αρχαίες γραφές, όπως οι Ουπανισάδες, η Μπαγκαβάτ Γκιτά και τα Μπράχμα Σούτρα[1]. Το σάτσανγκ[2] της Άμμα έχει μια σπάνια ομορφιά. Η Άμμα δεν αποκλείει κανέναν από τη διαδικασία των ερωτήσεων. Επιπλέον, πάντα προσαρμόζει τις απαντήσεις στο επίπεδο κατανόησης εκείνων που ρωτούν. Τέτοιες «κατά παραγγελία» απαντήσεις δεν υπάρχουν σε βιβλία. Το Αμριταπουρί είναι το τέλειο μέρος για όποιον θέλει να μελετήσει τις γραφές, να λύσει τις απορίες του και να αφομοιώσει την πνευματική γνώση. Στη γαλήνια ατμόσφαιρα του άσραμ της Άμμα, ο πνευματικός αναζητητής γίνεται αυθόρμητα πιο στοχαστικός, πιο ικανός να λειτουργήσει με επίγνωση και να διαλογιστεί πάνω στην Αλήθεια του Εαυτού.

---

[1] 555 στίχοι γραμμένοι από το σοφό της αρχαιότητας Βέντα Βυάσα, στους οποίους παρουσιάζονται συστηματικά οι διδασκαλίες των Βεδών σχετικά με την έσχατη αλήθεια. Τα Μπράχμα Σούτρα είναι ένα από τα τρία θεμελιώδη κείμενα του Ινδουισμού.

[2] Η συναναστροφή με αγίους, σοφούς και άλλους πνευματικούς αναζητητές.

Η Άμμα έχει πει ότι το χώμα του Αμριταπουρί έχει ποτιστεί από τα δάκρυά της και έχει καθαγιαστεί από τις πνευματικές πειθαρχίες στις οποίες υποβλήθηκε και συνεχίζει να υποβάλλεται για το καλό του κόσμου. Γι' αυτό το λόγο, το Αμριταπουρί είναι το πιο γόνιμο έδαφος για την καλλιέργεια της μπάκτι, της αφοσίωσης στο Θεό. Η Άμμα δεν προσδιορίζει την μπάκτι ως αφοσίωση σε κάποια συγκεκριμένη μορφή του Θεού, αλλά ως την αγνότερη μορφή αγάπης, μια αγάπη χωρίς όρους, προσδοκίες, ή περιορισμούς. Η κορύφωση της αγάπης αυτής είναι η πλήρης παράδοση στο Θείο. Ανάλογα με το επίπεδο εξέλιξης του αναζητητή, η αφοσίωση θα εκδηλωθεί με διαφορετικούς τρόπους, αλλά η εσωτερική εμπειρία είναι η ίδια. Πολλοί άνθρωποι έρχονται στο Αμριταπουρί αγνοώντας ακόμα και το νόημα της λέξης «αφοσίωση». Σύντομα όμως, η μπάκτι γεννιέται μέσα και σ' αυτούς. Ακούγοντας τα συγκινητικά μπάτζαν της Άμμα και βλέποντάς την να τραγουδά εκστατικά τα ονόματα του Θεού, σύντομα παρατηρούμε τον εαυτό μας να μεταμορφώνεται και την καρδιά μας να γεμίζει με αγάπη για το Θεό. Η μπάκτι, από μια αφηρημένη έννοια που ήταν αρχικά, γίνεται το κέντρο της ύπαρξης μας.

Ακόμα κι ένας απλός περίπατος μέσα στο άσραμ δυναμώνει την αποφασιστικότητά μας να επιμείνουμε στην πνευματική μας άσκηση. Στα σπίτια των περισσότερων οικογενειών ισχύει, συνήθως, το ακριβώς αντίθετο. Η οικογένεια έχει, στην καλύτερη περίπτωση, ένα μικρό δωμάτιο[3] αφιερωμένο στο Θεό, ενώ στο άσραμ έχουμε την εντύπωση ότι βρισκόμαστε μέσα σ' έναν τεράστιο ναό. Το σπίτι μιας οικογένειας είναι φτιαγμένο για την άνεσή της. Οι φωτογραφίες των μελών της οικογένειας, οι αναμνήσεις από τις διακοπές, η τηλεόραση, ο μαλακός καναπές... όλα είναι μια συνεχής υπενθύμιση της περιορισμένης προσωπικότητάς μας κι ένα κάλεσμα για την συνέχιση της αναζήτησης

---

[3] Στα παραδοσιακά ινδικά σπίτια υπάρχει ένα δωμάτιο αφιερωμένο στην τέλεση τελετουργικών, στην προσευχή και το διαλογισμό, το οποίο ονομάζεται «δωμάτιο της πούτζα».

των αισθησιακών απολαύσεων. Στα σπίτια μας συνήθως είμαστε οι μόνοι, ως πνευματικοί αναζητητές, που θέλουμε να ξυπνάμε νωρίς, να απαγγέλουμε την άρτσανα, να κάνουμε διαλογισμό, να μελετάμε τις γραφές κλπ. Όταν προσπαθούμε να παραμείνουμε σε σιωπή, η οικογένεια κάνει πάρτι. Όταν θέλουμε να νηστέψουμε, η οικογένεια μαγειρεύει το αγαπημένο μας φαγητό. Σε σχέση με το θέμα αυτό, θυμάμαι ένα σκίτσο που είδα κάποτε. Μέσα στο υπνοδωμάτιο μιας μεσοαστικής οικογένειας, κάθεται ένα έφηβος που είναι ντυμένος σαν μπραχματσάρι: λευκή φορεσιά, ξυρισμένο κεφάλι με μια φούντα μόνο στο πίσω μέρος του κρανίου, τύμπανο στα χέρια για τα μπάτζαν. Στην πόρτα του δωματίου στέκονται οι γονείς του, οι οποίοι δεν φαίνονται πολύ ευχαριστημένοι με την κατεύθυνση που έχει πάρει η ζωή του γιου τους. Η μητέρα λοιπόν λέει στο παιδί της: «Ο πατέρας σου κι εγώ θέλουμε να ξέρεις ότι θα σε στηρίξουμε εκατό τοις εκατό αν θελήσεις να ξαναγυρίσεις στα ναρκωτικά».

Το άσραμ είναι ακριβώς το αντίθετο. Παντού υπάρχουν εικόνες θεοτήτων και αγίων. Όπου κι αν κοιτάξει κανείς, θα δει ανθρώπους ντυμένους με τις φορεσιές της αγνότητας και της απάρνησης των εγκοσμίων. Η παρουσία της Άμμα διαπερνά τα πάντα. Όταν κοιτάζουμε τη λιμνοθάλασσα θυμόμαστε την εποχή που η Άμμα τη διέσχιζε με τη βάρκα του χωριού, ή τις ιστορίες που διηγείται η ίδια για τα παιχνίδια της με τα παιδιά. Βλέπουμε τον ωκεανό και σκεφτόμαστε την Άμμα να κάθεται στην ακροθαλασσιά τραγουδώντας το μπάτζαν «Σριστιγιούμ Νιγιέ». Και το κυριότερο, όταν η Άμμα βρίσκεται στο άσραμ μπορεί ο οποιοσδήποτε, ό,τι ώρα θέλει, να την παρακολουθήσει να δίνει το ντάρσαν. Και επίσης, μπάτζαν με την Άμμα κάθε βράδυ! Δεν υπάρχει μέρος που να εμπνέει περισσότερο τον πνευματικό αναζητητή από το άσραμ ενός εν ζωή δασκάλου.

Στο άσραμ, η αξία της συναναστροφής με άτομα που έχουν πνευματικά ενδιαφέροντα είναι αναμφισβήτητη. Όλοι οι διαμένοντες ξυπνούν πρωί, βοηθούν ο ένας τον άλλον αν κάποιος δεν έχει ακούσει την πρωινή καμπάνα, διαλογίζονται, συμμετέχουν στα μπάτζαν κλπ. Όλα αυτά μας βοηθούν να επιμείνουμε στην πνευματική μας άσκηση, σε περιόδους της ζωής μας κατά τις οποίες θα τα παρατούσαμε αν ήμασταν μόνοι μας. Είναι σαν να μαθαίνουμε το αλφάβητο στο σχολείο, αντί να προσπαθούμε μόνοι στο σπίτι.

Τα τέσσερα στάδια της ζωής

Σύμφωνα με τις Βέδες, η ζωή του ανθρώπου χωρίζεται σε τέσσερα στάδια, τα οποία στα σανσκριτικά αποκαλούνται άσραμα και είναι τα εξής: μπραχματσάρια άσραμα, γκριχάστα άσραμα, βαναπράστα άσραμα και σαννυάσα άσραμα (το στάδιο του άγαμου μαθητή, το στάδιο του έγγαμου οικογενειάρχη, το στάδιο της απόσυρσης και του στοχασμού και το στάδιο της μοναστικής ζωής). Σύμφωνα με το σύστημα αυτό, τα αγόρια από την ηλικία των επτά έως είκοσι ετών περίπου, πήγαιναν να ζήσουν σ' ένα άσραμ για να σπουδάσουν ως μπραχματσάρι κοντά σε κάποιο πνευματικό δάσκαλο. Η εκπαίδευση αυτή ήταν και θρησκευτικού αλλά και επαγγελματικού προσανατολισμού. Στη συνέχεια, η μεγάλη πλειοψηφία των αγοριών προχωρούσαν στο επόμενο στάδιο, το γκριχάστα άσραμα, την οικογενειακή δηλαδή ζωή, ενώ λίγα ήταν εκείνα που δεν επιθυμούσαν να παντρευτούν και περνούσαν απευθείας στο σαννυάσα άσραμα, δηλαδή την μοναστική ζωή. Σκοπός της οικογενειακής ζωής δεν ήταν απλά η ικανοποίηση των επιθυμιών. Αντίθετα, ήταν ένα μέσο εξαγνισμού του νου μέσω της κάρμα γιόγκα. Ταυτόχρονα, οι άνθρωποι μπορούσαν να ικανοποιήσουν σε κάποιο βαθμό και τις επιθυμίες τους. Κατ' αυτόν τον τρόπο, κάθε άτομο ανέπτυσσε σταδιακά την ωριμότητα που συνοδεύεται με την κατανόηση ότι η μόνιμη ευτυχία ποτέ δεν προέρχεται από την αλόγιστη ικανοποίηση των επιθυμιών. Μετά την ενηλικίωση των παιδιών, το ζευγάρι, που δεν είχε πια άλλες οικογενειακές ευθύνες, αποσυρόταν στο δάσος για να ασκηθεί στο διαλογισμό. Αυτό ήταν το βαναπράστα άσραμα. Στο τέλος, όταν είχαν προετοιμαστεί κατάλληλα, οι σύζυγοι προχωρούσαν στο σαννυάσα άσραμα, στο στάδιο της μοναστικής ζωής, όπου έλυαν και τον μεταξύ τους δεσμό.

Για διάφορους λόγους, το σύστημα αυτό παρήκμασε ολοκληρωτικά τους τελευταίους αιώνες. Η Άμμα λέει ότι οποιαδήποτε προσπάθεια αναβίωσής του, θα κατέληγε σε αποτυχία. Αντί να προσπαθούμε να επαναφέρουμε το παρελθόν, είναι προτιμότερο να προσπαθούμε να προχωράμε μπροστά, διατηρώντας όμως όσο το δυνατόν περισσότερο τις παραδοσιακές μας αξίες. Με αυτό το σκοπό δημιουργήθηκε το άσραμ της Άμμα, να δημιουργήσει δηλαδή ένα περιβάλλον όπου όλοι οι άνθρωποι, πέρα από θρησκευτικούς, εθνικούς και κοινωνικούς διαχωρισμούς, θα μπορούν να ζήσουν και να ασκηθούν στις διάφορες πνευματικές πρακτικές που παλαιότερα εκτελούνταν στο πλαίσιο των τεσσάρων παραδοσιακών σταδίων της ζωής.

Η ζωή στο άσραμ δεν σημαίνει την αποφυγή των ευθυνών της ζωής. Από τη στιγμή που έχουμε αποφασίσει να ακολουθήσουμε ένα μονοπάτι στη ζωή μας, πρέπει να συνεχίσουμε μέχρι το τέλος. Στο άσραμ της Άμμα, οι νέοι και οι νέες που γίνονται μπραχματσάρι και μπραχματσαρίνι είναι συνήθως απόφοιτοι πανεπιστημίου που δεν έχουν παντρευτεί. Αντί να κάνουν οικογένεια, έρχονται να μείνουν στο άσραμ με την πρόθεση να αφιερώσουν όλη τη ζωή τους στο πνευματικό μονοπάτι. Δεν παίρνουν κάποιο τυπικό όρκο, αλλά αυτή είναι η πρόθεσή τους. Η Άμμα συχνά συνιστά σε όσους ενδιαφέρονται να ακολουθήσουν αυτό το μονοπάτι, να μείνουν ένα χρόνο περίπου στο άσραμ για να δουν πως αντιδρά ο νους τους στους κανονισμούς και στους περιορισμούς που ισχύουν εκεί. Στη συνέχεια, αν δουν ότι διαθέτουν την απαραίτητη αποστασιοποίηση από τα εγκόσμια, μπορούν να μείνουν οριστικά. Πολλοί απ' αυτούς, έχοντας ζήσει αρκετά χρόνια στο άσραμ, μυούνται και τυπικά στην μπραχματσάρια από την ίδια την Άμμα και φορούν τις κίτρινες φορεσιές. Οι μπραχματσάρι και οι μπραχματσαρίνι είναι δόκιμοι μοναχοί. Ζουν ακολουθώντας αυστηρούς κανόνες συμπεριφοράς, μελετούν τις γραφές και εξαγνίζουν το νου τους μέσα από τη σέβα και το διαλογισμό.

Εκτός από τους μπραχματσάρι και τις μπραχματσαρίνι, στο Αμριταπουρί μένουν επίσης εκατοντάδες οικογένειες, ινδικές και άλλων εθνικοτήτων, που αποφάσισαν να ζήσουν και να αναθρέψουν τα παιδιά τους εκεί. Κάποιοι απ' αυτούς τους οικογενειάρχες διατηρούν το επάγγελμά τους, ενώ άλλοι έχουν αφοσιωθεί πλήρως στα διάφορα φιλανθρωπικά ιδρύματα και προγράμματα του άσραμ. Υπάρχουν επίσης και αρκετά ζευγάρια συνταξιούχων που ζουν στο άσραμ. Βλέπουμε λοιπόν ότι και εκείνοι που βρίσκονται στο στάδιο της οικογενειακής ζωής (γκριχάστα άσραμα) και εκείνοι που βρίσκονται στο στάδιο της απόσυρσης από τις ευθύνες (βαναπράστα άσραμα) έχουν τη θέση τους στο Αμριταπουρί.

Τέλος, υπάρχουν και οι σαννυάσιν, πρώην μπραχματσάρι που μυήθηκαν από την Άμμα σε μια ζωή πλήρους απάρνησης των εγκοσμίων, και οι οποίοι δεν ζουν πια για τον εαυτό τους αλλά για να υπηρετούν τον κόσμο. Η Άμμα λέει ότι ένας σαννυάσιν πρέπει να ορκιστεί ότι θα υπηρετεί τον κόσμο ανιδιοτελώς. Όταν φτάσει σ' αυτό το στάδιο, πρέπει να έχει συνειδητοποιήσει ότι δεν είναι το σώμα, ο νους ή η διάνοια και επομένως να έχει εδραιωθεί στο Άτμα (τον Εαυτό, το Απόλυτο). Απευθυνόμενη σε ένα ακροατήριο από σαννυάσιν το 2007, η Άμμα παρουσίασε το όραμα της για την σαννυάσα ως εξής: «Πραγματικός σαννυάσιν είναι εκείνος που παραμένει ικανοποιημένος εκτελώντας οποιαδήποτε εργασία. Η αυταπάρνηση είναι το μυστικό της ευτυχίας. Αυτό σημαίνει ότι ένας σαννυάσιν πρέπει να είναι ικανός να εκτελεί όλες του τις πράξεις χωρίς προσκόλληση. Κάτι τέτοιο είναι εφικτό μόνο μέσω της παράδοσης στο Θεό. Η γεμάτη συμπόνια καρδιά, η ετοιμότητα να θυσιάσει τον εαυτό του, καθώς και η ευτυχία που προκαλεί αυτή η αυτοθυσία χάριν των άλλων, κάνουν τις πράξεις ενός σαννυάσιν μοναδικές και ξεχωριστές. Μόνο ένας αληθινός σαννυάσιν μπορεί να επιφέρει πραγματικές αλλαγές στους άλλους». Στην πραγματικότητα, η σαννυάσα, τουλάχιστον

83

ως νοητική στάση, είναι ο υπέρτατος στόχος της πνευματικής ζωής. Τον στόχο αυτό προσπαθούν να πετύχουν οι άνθρωποι που βρίσκονται στα άλλα στάδια της ζωής. Είναι η κορύφωση της ανθρώπινης ύπαρξης.

Βλέπουμε λοιπόν, ότι το άσραμ της Άμμα έχει θέση για όλους, αρκεί να διαθέτουν την ωριμότητα και την απόσπαση που χρειάζεται για να ζήσουν μια απλή ζωή, αφιερωμένη στην πνευματική πρόοδο. Εντούτοις, δεν είναι απαραίτητο όλοι οι πιστοί της Άμμα να πάνε να μείνουν στο άσραμ. Για κάποιους μπορεί να μην είναι η κατάλληλη στιγμή στη ζωή τους να το επιχειρήσουν. Αυτό είναι μια προσωπική απόφαση. Πιο σημαντικό από το να μετακομίσει κάποιος στο άσραμ, είναι να κάνει το δικό του σπίτι άσραμ. Ζήστε τη ζωή σας, διατηρώντας τις οικογενειακές σας υποχρεώσεις και εξαγνίζοντας το νου σας εφαρμόζοντας τις διδασκαλίες της Άμμα. Να μεταχειρίζεστε όλα τα μέλη της οικογένειάς σας ως ενσαρκώσεις του Θεού, να τους υπηρετείτε και να τους αγαπάτε ανάλογα. Ένα τέτοιο σπίτι είναι πραγματικά ένα άσραμ. Όπως λέει η Άμμα: «Αληθινός γκριχάστασραμι (οικογενειάρχης) είναι εκείνος που έχει μετατρέψει το σπίτι του σε άσραμ.»

Η Άμμα τονίζει ξανά και ξανά, ότι οι συνεκτικοί δεσμοί της αγάπης είναι πιο σημαντικοί από τη συμβίωση στο ίδιο σπίτι. «Όπου υπάρχει αγάπη, δεν υπάρχει απόσταση. Το άνθος του λωτού μπορεί να βρίσκεται εκατομμύρια μίλια μακριά από τον ήλιο, αλλά όταν αυτός λάμπει, τα πέταλά του ανοίγουν *παρά την απόσταση*. Από την άλλη πλευρά, ακόμα κι αν στέκεστε δίπλα σ' έναν ραδιοφωνικό αναμεταδότη, αν το ραδιόφωνό σας είναι συντονισμένο σε λάθος συχνότητα, δεν μπορείτε να απολαύσετε τα προγράμματα. Το κουνούπι βρίσκει μόνο αίμα στο μαστό της αγελάδας, ποτέ γάλα».

Ένα από τα δώρα της Άμμα προς εμάς, είναι οι χιλιάδες τοπικές ομάδες των πιστών της (ομάδες σάτσανγκ) σε όλον τον κόσμο. Μέσω των ομάδων αυτών, τα άσραμ και τα σπίτια των πιστών λειτουργούν ως σημεία συγκέντρωσης των πνευματικών αναζητητών, για να συναντήσουν τα πνευματικά τους αδέρφια, να τραγουδήσουν μπάτζαν, να απαγγείλουν τα ονόματα του Θεού και να εργαστούν σε προγράμματα ανιδιοτελούς υπηρεσίας. Οι δραστηριότητες αυτές μας βοηθούν να διατηρήσουμε την έμπνευση και τον ενθουσιασμό μας για τη συνέχιση της πνευματικής μας άσκησης. Οι ομάδες αυτές μας παρέχουν επίσης στήριξη σε δύσκολες στιγμές στην προσωπική μας ζωή. Πρέπει όμως να θυμόμαστε ότι οι ομάδες σάτσανγκ υπάρχουν για να μας βοηθούν να προσανατολίζουμε τη ζωή μας στην Αλήθεια και όχι για άλλο σκοπό. Οι συναντήσεις αυτές μας χαρίζουν στιγμές ανάπαυλας από τα προβλήματα της καθημερινότητας και βοηθούν την πνευματική μας ανάπτυξη. Επομένως, πρέπει να αφήνουμε κάθε κριτική, όλα τα εγκόσμια ζητήματα και τους ανταγωνισμούς έξω από την πόρτα.

Επιπλέον, όλοι μπορούν – και τον τελευταίο καιρό φαίνεται ότι όλοι σχεδόν το κάνουν – να επισκεφθούν το Αμριταπουρί. Μια διαμονή λίγων ημερών, εβδομάδων ή μηνών στο άσραμ της Άμμα, είναι ένας υπέροχος τρόπος για να τονώσουμε την έμπνευσή μας και να δυναμώσουμε το δεσμό μας μαζί της. Ελάτε λοιπόν στο Αμριταπουρί, μείνετε λίγες εβδομάδες ή μήνες, φορτίστε ξανά τις πνευματικές μπαταρίες σας και μετά πάρτε μαζί σας την Άμμα και το άσραμ της όταν επιστρέψετε στο σπίτι.

Κεφάλαιο πέμπτο:

Εξαγνίζοντας το νου μέσω της Κάρμα Γιόγκα

«Η ανιδιοτελής υπηρεσία είναι το σαπούνι που καθαρίζει το νου μας».

– Άμμα

Η ακαθαρσία προσδιορίζεται ως ένα ξένο στοιχείο που εισέρχεται σε κάποιο σώμα που κατά τα άλλα είναι ομοιογενές. Οι άνθρωποι δεν μπορούν να ανεχθούν την ακαθαρσία, είτε στο φυσικό είτε στο νοητικό επίπεδο. Στο φυσικό επίπεδο, αν το σώμα μας λερωθεί σε κάποιο σημείο του, το χέρι στρέφεται αυθόρμητα εκεί και προσπαθεί να το καθαρίσει. Το ίδιο συμβαίνει και στο νοητικό επίπεδο. Οι νοητικές ακαθαρσίες εμφανίζονται κυρίως ως επιθυμίες, ως προτιμήσεις δηλαδή για ορισμένα αντικείμενα και αντιπάθειες για κάποια άλλα, ως αρέσκειες και αποστροφές με άλλα λόγια. Στην αρχική του, άσπιλη κατάσταση, ο νους μοιάζει με την καθαρή, αδιατάρακτη επιφάνεια μιας λίμνης. Είναι σαν ένα διαφανές πέπλο, μέσα από το οποίο αναδύεται ανεμπόδιστα η ευδαιμονία του Εαυτού. Οι επιθυμίες είναι σαν πέτρες που πέφτουν σ' αυτή τη λίμνη. Όσο πιο έντονη είναι η επιθυμία – όσο μεγαλύτερη είναι η πέτρα στο παράδειγμά μας – τόσο εντονότερη είναι η νοητική αναταραχή. Ένας τρόπος να μειώσουμε αυτή την αναταραχή είναι η ικανοποίηση της επιθυμίας. Αυτό είναι που κάνουν άλλωστε οι περισσότεροι άνθρωποι. Τρέχουν διαρκώς πίσω από τα αντικείμενα των επιθυμιών τους και αποφεύγουν ό,τι αντιπαθούν, χωρίς να μπορούν να συνειδητοποιήσουν ότι το πραγματικό ψυχολογικό κίνητρο της συμπεριφοράς τους είναι η βαθιά λαχτάρα να βιώσουν την εσωτερική ειρήνη.

Δυστυχώς, όπως λέει η Άμμα, είναι αδύνατο να απαλλαγούμε μόνιμα από μια επιθυμία μέσω της ικανοποίησής της. Η επιθυμία εξαφανίζεται προσωρινά μετά την ικανοποίησή της, αλλά αργά ή γρήγορα επανέρχεται με μεγαλύτερη ένταση, προκαλώντας ακόμα μεγαλύτερη αναταραχή. Πρόκειται για έναν φαύλο κύκλο. Η Άμμα συγκρίνει το φαινόμενο αυτό με το ξύσιμο μιας πληγής που δημιουργεί φαγούρα· μπορεί προσωρινά να αισθανόμαστε κάποια ανακούφιση με το ξύσιμο, αλλά σύντομα η φαγούρα εμφανίζεται ξανά πιο έντονη λόγω της μόλυνσης. Για να δώσουμε ένα άλλο παράδειγμα, μπορούμε να πούμε ότι η επιθυμία μοιάζει με έναν εκβιαστή ή απατεώνα. Αν του δώσουμε χρήματα, αύριο θα επιστρέψει για να ζητήσει κι άλλα. Αν ζήτησε 20 δολάρια την πρώτη φορά, τη δεύτερη θα ζητήσει 30. Αντί λοιπόν να υποκύψουμε στον εκβιασμό του, θα πρέπει να τον διώξουμε. Παρομοίως, οι γραφές μας εφιστούν την προσοχή στο γεγονός ότι οι προσπάθειές μας να βρούμε την αληθινή ευτυχία μέσω της ικανοποίησης των επιθυμιών είναι καταδικασμένες σε αποτυχία. Μας συνιστούν δε να εργαστούμε προς την κατεύθυνση της υπέρβασης των επιθυμιών.

Η πλήρης υπέρβαση των επιθυμιών έρχεται μόνο με τη μόκσα (απελευθέρωση), η οποία αποτελεί την κορύφωση της πνευματικής ζωής. Όταν ο πνευματικός αναζητητής φτάσει σ' αυτό το σημείο, κατανοεί πέρα από κάθε αμφιβολία, ότι δεν είναι το σώμα, τα συναισθήματα κι ο νους, αλλά η αιώνια, γεμάτη ευδαιμονία συνειδητότητα που είναι ο πυρήνας της ύπαρξης. Μόνο αυτή η κατανόηση μπορεί να ξεριζώσει πλήρως τις επιθυμίες από το νου μας. Αυτό συμβαίνει γιατί η πρωταρχική αιτία των επιθυμιών είναι η άγνοιά μας για το ποιοι πραγματικά είμαστε. Όταν ταυτιζόμαστε με το σώμα, φοβόμαστε τη φθορά και το θάνατο. Όταν ταυτιζόμαστε με την πράνα (ζωτική ενέργεια) που κυκλοφορεί στο σώμα μας, φοβόμαστε την αρρώστια. Όταν ταυτιζόμαστε με το νου, με τις αρέσκειες και τις αποστροφές του, ταραζόμαστε όταν οι εξωτερικές συνθήκες δεν είναι ευνοϊκές. Όλα αυτά ξεκινούν από την αρχική σύγχυση σχετικά με το ποιοι είμαστε. Το σώμα, τα συναισθήματα και ο νους έχουν εφήμερη και περιορισμένη φύση. Αν ταυτιστούμε με αυτά, είναι φυσικό να αισθανόμαστε κι εμείς περιορισμένοι και ατελείς και να αναζητάμε κάποιο τρόπο να διορθώσουμε την κατάσταση. Τι κάνουμε λοιπόν; Κοιτάμε γύρω μας, βλέπουμε ορισμένα πράγματα που δεν έχουμε και σκεφτόμαστε: «Αν το είχα αυτό σίγουρα θα ήμουν ευτυχισμένος!» Έτσι λοιπόν αρχίζει ο φαύλος κύκλος. Κανένα εξωτερικό «φάρμακο» δεν θα γιατρέψει την εσωτερική «πληγή», αν και μπορεί να δώσει προσωρινά κάποια ανακούφιση.

Η πλήρης υπέρβαση των επιθυμιών είναι, λοιπόν, το αποτέλεσμα της κατανόησης της αληθινής μας φύσης. Εντούτοις, αυτή η συνειδητοποίηση δεν είναι δυνατόν να επέλθει σ' ένα νου που μονίμως διαταράσσεται από τις επιθυμίες. Μοιάζει λοιπόν παράδοξο αυτό που μας λένε οι άγιοι και οι σοφοί: «Ποτέ δεν θα μπορέσετε να υπερβείτε τις επιθυμίες χωρίς έναν γαλήνιο νου». Και όταν ρωτήσουμε πώς θα αποκτήσουμε αυτόν τον γαλήνιο νου, η απάντηση είναι: «Υπερβείτε τις επιθυμίες». Υπάρχει άραγε ελπίδα να τα καταφέρουμε; Η απάντηση είναι ναι, με τη βοήθεια της κάρμα γιόγκα. Με την κάρμα γιόγκα μπορούμε να υπερβούμε σε μεγάλο βαθμό τις αρέσκειες και τις αποστροφές μας, εξαγνίζοντας και προετοιμάζοντας το νου μας για την αυτοπραγμάτωση. Παρόλο που αυτός είναι ο τελικός στόχος της κάρμα γιόγκα, θα δούμε ότι έχει επίσης και αρκετά άμεσα οφέλη.

Κάρμα γιόγκα σημαίνει «γιόγκα της δράσης». Είναι μια συγκεκριμένη μέθοδος δράσης, καθώς και ένα μέσο που μας βοηθά να συνειδητοποιήσουμε την ενότητά μας με το άτμα, τον Εαυτό. Ο Κρίσνα αναφέρεται, στην Μπαγκαβάτ Γκιτά, στην κάρμα γιόγκα χρησιμοποιώντας και τον όρο «μπούντι γιόγκα», δηλαδή γιόγκα του νου. Ο λόγος γι' αυτό είναι ότι η κάρμα γιόγκα δεν περιορίζεται σε κάποιο συγκεκριμένο είδος δράσης, αλλά αποτελεί μια νοητική στάση απέναντι στη δράση. Η βόλτα που βγάζουμε το σκύλο μας, η τέλεση ενός τελετουργικού στο ναό, ο σχεδιασμός μιας γέφυρας και οποιαδήποτε άλλη πράξη μπορεί να αποτελεί κάρμα γιόγκα, αρκεί να εκτελείται με τη σωστή νοητική στάση. Αντιστρόφως, ακόμα και τα πιο περίπλοκα βεδικά τελετουργικά ή τα μεγαλύτερα φιλανθρωπικά έργα, είναι απλές πράξεις αν απουσιάζει απ' αυτά το πνεύμα της κάρμα γιόγκα.

Δύο στελέχη του κόμματος της αντιπολίτευσης της Ινδίας επιβιβάστηκαν σ' ένα αεροπλάνο για μια σύντομη πτήση. Ο ένας κάθισε δίπλα στο παράθυρο και ο άλλος στο μεσαίο κάθισμα. Λίγο πριν την απογείωση, μπήκε στο αεροπλάνο κι ένας κυβερνητικός αξιωματούχος και κάθισε στο τρίτο κάθισμα δίπλα στο διάδρομο. Μετά την απογείωση, ο τελευταίος αυτός επιβάτης έβγαλε τα παπούτσια του και κάθισε αναπαυτικά στη θέση του, όταν ξαφνικά το στέλεχος του αντίπαλου κόμματος που καθόταν δίπλα στο παράθυρο είπε: «Νομίζω ότι θα σηκωθώ να πάρω μια κόκα κόλα».

«Κανένα πρόβλημα» είπε ο κυβερνητικός αξιωματούχος. «Θα σου τη φέρω εγώ, το κάνω σαν μια υπηρεσία προς την πατρίδα μου». Μόλις απομακρύνθηκε όμως, εκείνος που ζήτησε την κόκα κόλα βούτηξε το δεξί παπούτσι του και έφτυσε μέσα.

Όταν ο κυβερνητικός αξιωματούχος επέστρεψε με την κόκα κόλα, το άλλο στέλεχος της αντιπολίτευσης είπε: «φαίνεται πολύ δροσερή, νομίζω ότι θα πάρω κι εγώ μία». Ο ίδιος άνθρωπος προσφέρθηκε ξανά να την φέρει, πάλι στο όνομα της πατρίδας. Και μόλις απομακρύνθηκε, όπως ήταν αναμενόμενο, εκείνος που ζήτησε το αναψυκτικό πήρε το αριστερό του παπούτσι και έφτυσε μέσα. Όταν ο κυβερνητικός αξιωματούχος επέστρεψε με τη δεύτερη κόκα κόλα, οι τρεις άντρες κάθισαν αναπαυτικά στα καθίσματά τους και απόλαυσαν τη σύντομη πτήση.

Μετά την προσγείωση του αεροπλάνου, ο κυβερνητικός αξιωματούχος έβαλε ξανά τα παπούτσια του και αμέσως συνειδητοποίησε τι είχε συμβεί. Είπε τότε με θλιμμένη φωνή: «Αλίμονο, για πόσο καιρό θα συνεχίσει να γίνεται αυτό; Πότε θα σταματήσουν οι καυγάδες ανάμεσα στα κόμματά μας; Αυτό το μίσος κι αυτή η έχθρα που μας κάνουν να φτύνουμε ο ένας στα παπούτσια του άλλου και να κατουράμε μέσα στα κουτάκια της κόκα κόλα;»

Βλέπουμε λοιπόν απ' αυτό το ανέκδοτο, ότι δεν μπορούμε να κρίνουμε μια πράξη αν δεν γνωρίζουμε συνολικά την κατάσταση. Παρομοίως, μόνο όταν γνωρίζουμε τη νοητική στάση και τα αληθινά κίνητρα που κρύβονται πίσω από μια πράξη, μπορούμε να προσδιορίσουμε αν η πράξη αυτή είναι κάρμα γιόγκα ή όχι.

Όπως μας θυμίζει πάντα η Άμμα, τα αποτελέσματα μιας πράξης εξαρτώνται από πολλούς παράγοντες, εκ των οποίων οι περισσότεροι είναι ανεξάρτητοι από την προσωπική μας βούληση. Αποδεχόμενος το γεγονός αυτό, ο κάρμα γιόγκι (εκείνος που ασκείται στην κάρμα γιόγκα) εστιάζει την προσοχή του στην πράξη αυτή καθεαυτή και δέχεται με αταραξία όποιο αποτέλεσμα προκύψει. Αυτή είναι η στάση που ο Κρίσνα συμβουλεύει τον Αρτζούνα[1] να υιοθετήσει λέγοντας:

«Να εκτελείς πάντα το καθήκον σου, αλλά να μην διεκδικείς τους καρπούς των πράξεών σου».

Μπαγκαβάτ Γκιτά, 2.47

Αν στοχαστούμε πάνω σ' αυτή τη φράση, θα ανακαλύψουμε πόσο αληθινή είναι. Επομένως, η εφαρμογή της στη ζωή μας έχει πρακτική αξία και δεν είναι απλά και μόνο μια μορφή πνευματικής άσκησης.

Ας πάρουμε το παράδειγμα μιας συνέντευξης επιλογής προσωπικού. Μπορεί να προετοιμαζόμαστε για βδομάδες, να βάζουμε κάποιον φίλο μας να μας κάνει τις πιο συνηθισμένες ερωτήσεις και να τελειοποιούμε τις απαντήσεις μας. Μπορούμε να διαλέξουμε το κοστούμι που θα φορέσουμε και το χρώμα της γραβάτας. Μπορούμε να προβάρουμε το χαμόγελό μας στο καθρέφτη, να μάθουμε να σφίγγουμε σφιχτά το χέρι, να αγοράσουμε ένα ακριβό ζευγάρι παπούτσια και να πάμε στο καλύτερο

---

[1] Ένας από τους ήρωες του έπους της Μαχαμπαράτα, ο οποίος γίνεται μαθητής του Κρίσνα και λαμβάνει από αυτόν τη διδασκαλία της Μπαγκαβάτ Γκιτά.

κομμωτήριο. Μέχρι εδώ έχουμε, λίγο πολύ, πλήρη έλεγχο των πράξεών μας· μπορούμε να σχεδιάσουμε, να σκεφτούμε και να υπολογίσουμε όσο θέλουμε. Διατηρούμε τον έλεγχο μέχρι ο εξεταστής να μας κάνει την ερώτηση. Από τη στιγμή όμως που θα απαντήσουμε, ο έλεγχος φεύγει από τα χέρια μας. Το αποτέλεσμα υπόκειται πλέον στο συμπαντικό νόμο της αιτίας και του αποτελέσματος. Ο άνθρωπος που μας κάνει τις ερωτήσεις μπορεί, για παράδειγμα, να έχει καλή ή κακή διάθεση ανάλογα με τις άλλες δραστηριότητες που είχε μέσα στη μέρα του. Οι απαντήσεις μας μπορεί να ανασύρουν θετικές ή αρνητικές μνήμες στο νου του. Τα πάντα μπορούν να συμβούν. Όταν φύγουμε από το γραφείο του, δεν υπάρχει λόγος να ανησυχούμε για το αποτέλεσμα, ακριβώς γιατί δεν μπορούμε να το ελέγξουμε. Όσο κι αν ανησυχούμε για την εντύπωση που άφησαν οι απαντήσεις μας, η εικόνα που σχημάτισε ο εξεταστής για εμάς δεν πρόκειται να αλλάξει.

Όταν συνειδητοποιήσουμε ότι έχουμε τον έλεγχο πάνω στις πράξεις μας αλλά όχι στα αποτελέσματά τους, θα σταματήσουμε να ανησυχούμε για τους καρπούς των πράξεών μας και θα στρέψουμε την προσοχή μας στην τελειοποίηση της δράσης μας. Όποιος ενεργεί σύμφωνα με αυτή την κατανόηση είναι ένας κάρμα γιόγκι. Ένας τέτοιος άνθρωπος πορεύεται στη ζωή του με ατάραχο νου, παραμένοντας γαλήνια στο παρόν.

Παραλλαγές της κάρμα γιόγκα

Ένα από τα πλεονεκτήματα της κάρμα γιόγκα είναι ότι μπορεί να εφαρμοστεί με διάφορους τρόπους και παραλλαγές, αρκεί βέβαια να διατηρείται η θεμελιώδης αρχή της, η οποία μπορεί να συνοψιστεί ως εξής: «κάνε ό,τι καλύτερο μπορείς χωρίς προσδοκίες για το αποτέλεσμα». Μια διαδεδομένη νοητική στάση είναι να θεωρούμε το Θεό ή τον πνευματικό δάσκαλο ως τον Κύριό μας και τον εαυτό μας ως τον υπηρέτη του. Αλλά δεν είναι απαραίτητο να πιστεύει κάποιος στο Θεό για να ασκείται στην κάρμα γιόγκα. Από τη στιγμή που δέχεται το θεμελιώδη νόμο της δράσης – ότι ελέγχουμε δηλαδή τις πράξεις αλλά όχι τους καρπούς τους – ακόμα κι ένας άθεος μπορεί να κάνει κάρμα γιόγκα. Όπως λέει η Άμμα: «Εφόσον κάποιος υπηρετεί σωστά την κοινωνία, δεν έχει σημασία αν πιστεύει στο Θεό ή όχι». Αν λοιπόν στρέψουμε την προσοχή μας από τα αποτελέσματα στη δράση αυτή καθεαυτή, τότε θα λάβουμε τα οφέλη της κάρμα γιόγκα. Μέσα σ' αυτό το γενικό πλαίσιο λοιπόν, έχουμε την ελευθερία να ασκηθούμε στην κάρμα γιόγκα με τον τρόπο που μας ταιριάζει περισσότερο.

Όταν η Άμμα ήταν παιδί, έκανε όλες τις δουλειές του νοικοκυριού ως προσφορά προς τον Κρίσνα[2]. Έτσι το σκούπισμα, το πλύσιμο των πιάτων, το μαγείρεμα, η φροντίδα των ζώων κλπ., γίνονταν με αγάπη, φροντίδα και αφοσίωση. Θυμάμαι ένα περιστατικό, πολλά χρόνια πριν, όταν η Άμμα βοήθησε ένα νεαρό μπραχματσάρι να αναπτύξει αυτή τη στάση. Μια μέρα, κατά τη διάρκεια του ντάρσαν, ο μπραχματσάρι απαριθμούσε στην Άμμα όλες τις δουλειές που έκανε εκείνον τον καιρό στο άσραμ. Καθώς δεν είχε πάρει συγκεκριμένες οδηγίες από την ίδια, ήθελε να βεβαιωθεί ότι είχε την έγκρισή της. Της ανέφερε λοιπόν λεπτομερώς όλες τις δραστηριότητές του, λέγοντας: «Μερικές απ' αυτές τις δουλειές τις κάνω με δική μου πρωτοβουλία, θέλει πραγματικά η Άμμα να τις κάνω;».

Η Άμμα του έγνεψε καταφατικά και για να του δώσει την απαιτούμενη έμπνευση πρόσθεσε: «Εγώ σου είπα να τα κάνεις όλα». Μετά το ντάρσαν ο μπραχματσάρι μπορούσε να υιοθετήσει τη σωστή στάση, θεωρώντας ότι με την εργασία του εκτελεί το θέλημα της Άμμα.

Η Μπαγκαβάτ Γκιτά δίνει ιδιαίτερη έμφαση στη νοητική στάση με την οποία εκτελείται η κάρμα γιόγκα, αναφέροντας ότι

---

[2] Η Άμμα έχει πει ότι γεννήθηκε γνωρίζοντας πλήρως ότι η αληθινή φύση της είναι η αιώνια, ευδαιμονική συνειδητότητα. Αφοσιώθηκε όμως σε έντονη πνευματική άσκηση προκειμένου να δώσει το παράδειγμα στην ανθρωπότητα και όχι για δικό της όφελος.

πρέπει να θεωρούμε όλες μας τις πράξεις ως γιάγκνυα, δηλαδή ως προσφορά προς το Θεό σε ένδειξη ευγνωμοσύνης για όλα όσα μας χαρίζει στη ζωή. Αν στοχαστούμε πάνω σ' αυτό, διαπιστώνουμε ότι ενώ ο Θεός μας δίνει τόσα πολλά, εμείς έχουμε την τάση να τα θεωρούμε δεδομένα.

Ένας άνδρας έδινε δέκα δολάρια σε ένα ζητιάνο κάθε φορά που πληρωνόταν. Αυτό διήρκεσε πολλά χρόνια, μέχρι που μια μέρα του έδωσε μόνο τρία δολάρια. Μετά από μερικούς μήνες, ο ζητιάνος διαμαρτυρήθηκε:

«Μου έδινες δέκα δολάρια τόσα χρόνια και τώρα μου δίνεις μόνο τρία. Γιατί αυτή η αδικία;»

«Ξέρεις, τώρα έχω ένα παιδί να αναθρέψω και δεν τα βγάζω εύκολα πέρα», απάντησε ο άνδρας για να λάβει αμέσως την απάντηση από τον ζητιάνο:

«Θέλεις να πεις δηλαδή, ότι μεγαλώνεις το παιδί σου με τα δικά μου λεφτά;»

Τα σώματά μας, οι οικογένειές μας, τα σπίτια μας, ο νους και οι αισθήσεις μας, ακόμα και το σύμπαν ολόκληρο, όλα είναι δώρα με τα οποία μας ευλόγησε ο Θεός. Η εκτέλεση των πράξεών μας ως προσφορά προς Εκείνον, αποτελεί αναγνώριση αυτής της αλήθειας.

Ένας πιστός μοιράστηκε μαζί μου το περιστατικό που ακολουθεί, το οποίο αναφέρεται ακριβώς σε αυτό το θέμα. Ο άνθρωπος αυτός λοιπόν υποβλήθηκε σε μια χειρουργική επέμβαση και έμεινε μια βδομάδα στο νοσοκομείο. Όταν πήρε το εξιτήριο και κοίταξε τον αναλυτικό λογαριασμό της νοσηλείας του, διαπίστωσε ότι τον είχαν χρεώσει 1500 δολάρια για οξυγόνο. «Σουάμιτζι, ποτέ πριν δεν είχα σκεφτεί ότι ο αέρας είναι τόσο ακριβός!», μου είπε. «Αναπνέω 24 ώρες την ημέρα επί 60 χρόνια, αλλά ο Θεός ποτέ δεν μου έστειλε λογαριασμό!» Αυτή η διαπίστωση είναι σωστή. Ζούμε σ' αυτή τη γη όλη μας τη ζωή, αλλά ο Θεός ποτέ δεν μας ζήτησε ενοίκιο. Στην πραγματικότητα, τα πέντε στοιχεία από τα οποία αποτελείται ο κόσμος – αέρας, φωτιά, νερό, γη, αιθέρας – ανήκουν στο Θεό. Η δεύτερη νοητική στάση της κάρμα γιόγκα συνίσταται λοιπόν, στο να αναγνωρίσουμε αυτή την αλήθεια και να εκτελούμε τις πράξεις μας ως προσφορά προς το Θεό, σε ελάχιστη ένδειξη ευγνωμοσύνης για όλα όσα μας χαρίζει.

Στην ινδουιστική παράδοση, η γιάγκνυα είναι μια λατρευτική τελετή κατά την οποία γίνονται διάφορες προσφορές προς τον Κύριο. Οι προσφορές αυτές είτε ρίχνονται στη φωτιά είτε τοποθετούνται στα πόδια ενός αγάλματος ή μπροστά σε μια εικόνα. Όταν ολοκληρωθεί η γιάγκνυα, ένα μέρος των προσφορών δίνεται στους παρευρισκόμενους ως πρασάντ, ως ευλογημένη δηλαδή τροφή. Μέσω λοιπόν αυτής της νοητικής στάσης της κάρμα γιόγκα, θεωρούμε την κάθε πράξη μας ως μια τέτοια γιάγκνυα, ως προσφορά δηλαδή προς το Θεό. Σύμφωνα με την Άμμα, η πραγματική λατρεία του Θεού δεν περιορίζεται στο να πηγαίνουμε σε κάποιο ναό και να προσφέρουμε λουλούδια σε εικόνες και αγάλματα για 20 λεπτά τη μέρα. Η ζωή μας ολόκληρη πρέπει να γίνει λατρεία. Η λατρεία στο ναό συμβολίζει ακριβώς αυτό. Οι λατρευτικές τελετές είναι μια μικρογραφία της ζωής. Ο πανταχού παρών και παντοδύναμος Κύριος συμβολίζεται από ένα μικρό άγαλμα ή εικόνα. Η προσφορά των πράξεών μας συμβολίζεται με την προσφορά των λουλουδιών. Μια ολόκληρη ζωή λατρείας συμβολίζεται με την ολιγόλεπτη τελετή που γίνεται με συγκέντρωση και αφοσίωση. Όπως λέει η Άμμα: «Η καρδιά σας είναι ο αληθινός ναός. Εκεί πρέπει να τοποθετήσετε το Θεό. Οι καλές σκέψεις είναι τα λουλούδια που του προσφέρετε. Οι καλές πράξεις είναι η λατρεία. Οι καλές λέξεις είναι οι ύμνοι. Η αγάπη είναι η θεϊκή προσφορά». Όταν θεωρούμε όλα όσα λαμβάνουμε στη ζωή ως ευλογία (πρασάντ) του Θεού, δεν υπάρχει χώρος για άγχος, φόβο ή αγωνία για τα αποτελέσματα των πράξεών μας. Ποτέ δεν θα μας κυριεύσει θλίψη για ό,τι μας φέρνει η ζωή. Θα βιώνουμε την ειρήνη που φέρνει στη ζωή μας η παράδοση στο Θεό όταν σκεφτόμαστε ως εξής: ό,τι έλαβα στη ζωή μου ήταν ένα πολύτιμο δώρο από το Θεό, το ίδιο ισχύει γι' αυτά που λαμβάνω τώρα και για οτιδήποτε λάβω στο μέλλον.

Μια άλλη στάση που ταιριάζει περισσότερο σε πνευματικούς αναζητητές με διανοητική ιδιοσυγκρασία, βασίζεται στην κατανόηση της ανάγκης υπέρβασης των αρεσκειών και των αποστροφών του νου μας στο δρόμο προς την αυτοπραγμάτωση. Ο αναζητητής, λογικά αποδεχόμενος την αναγκαιότητα αυτή, μετακινεί την προσοχή του από τα αποτελέσματα των πράξεών του στις ίδιες τις πράξεις, προκειμένου να εξαγνίσει το νου του από τις επιθυμίες.

Μια άλλη στάση που αναφέρει συχνά η Άμμα, είναι να μην θεωρούμε τον εαυτό μας ως εκείνον που πράττει, αλλά ως το όργανο μέσω του οποίου εκτελούνται οι πράξεις. Όπως έχει πει η ίδια: «Όταν πράττουμε, πρέπει να προσπαθούμε να βλέπουμε τον εαυτό μας σαν όργανο στα χέρια του Θεού, όπως μια πένα στα χέρια του συγγραφέα, ή ένα πινέλο στα χέρια του ζωγράφου. Η προσευχή μας πρέπει να είναι αυτή: Κύριε, αξίωσέ με να γίνω ένα αγνό όργανο στα χέρια Σου». Ένα όργανο δεν έχει δικές του απόψεις και επιθυμίες, εκτελεί μόνο το θέλημα εκείνου που το χειρίζεται. Αν ο Θεός είναι εκείνος που μας κατευθύνει, τότε η μόνη επιθυμία μας είναι να ζούμε σύμφωνα με το ντάρμα, να εκτελούμε δηλαδή τις πράξεις που ορίζονται από το δάσκαλό μας και τις γραφές και να αποφεύγουμε εκείνες που είναι αντίθετες με το καθήκον μας.

Όποια μορφή της κάρμα γιόγκα κι αν επιλέξουμε θα αναπτύξουμε άμεσα, σε κάποιο βαθμό, την αταραξία του νου. Αρκεί να είμαστε ειλικρινείς στην πρακτική μας. Γι' αυτό ο Κρίσνα, όταν διδάσκει την κάρμα γιόγκα στον Αρτζούνα, λέει στην Μπαγκαβάτ Γκιτά: «η αταραξία του νου είναι γιόγκα[3]». Ο νους του κάρμα γιόγκι, ούτε κυνηγάει αλλά ούτε και αποφεύγει πλέον τα αντικείμενα των αισθήσεων. Κατά συνέπεια, βρίσκεται σε μια πλεονεκτική θέση απ' όπου μπορεί να βλέπει τη ζωή πιο καθαρά, να στοχάζεται, να αξιολογεί και να αναλύει ορθολογικά τις εμπειρίες του. Όταν συμβαίνει αυτό, ορισμένες αλήθειες

---

[3] Μπαγκαβάτ Γκιτά, 2.48.

μοιάζουν αυταπόδεικτες στα μάτια του. Όπου κι αν κοιτάξει, ό,τι κι αν κάνει, όπου κι αν πάει, οι αλήθειες αυτές τον ακολουθούν. Η εμπειρία αυτή έχει ριζικές και μη αναστρέψιμες επιδράσεις στο τρόπο σκέψης του.

Η φύση των αντικειμένων

Ποιες είναι λοιπόν αυτές οι αλήθειες; Πρώτα απ' όλα θα διαπιστώσουμε ότι όλα τα επιτεύγματα σ' αυτόν τον κόσμο συνοδεύονται, σε μικρότερο ή μεγαλύτερο βαθμό, από πόνο. Οι προσπάθειες για την απόκτηση και διατήρηση ενός αντικειμένου εμπεριέχουν πόνο. Το ίδιο βέβαια ισχύει και για την απώλειά του. Δεύτερον, θα δούμε ότι όλα τα αντικείμενα έχουν τη δυνατότητα να προκαλέσουν την εξάρτησή μας από αυτά. Τέλος, θα καταλάβουμε ότι κανένα αντικείμενο δεν μας χαρίζει αληθινή ικανοποίηση. Οι προσπάθειές μας να βρούμε ευτυχία στα εξωτερικά αντικείμενα, προσκρούουν μοιραία σε αυτά τα τρία εμπόδια.

Ό,τι κι αν θελήσουμε να επιτύχουμε, χρειάζεται κάποιο επίπεδο προσπάθειας. Όσο δυσκολότερος είναι ο στόχος, τόσο μεγαλύτερη είναι και η προσπάθεια που απαιτείται. Ας πάρουμε για παράδειγμα την προσπάθεια ενός πολιτικού να γίνει ο εκλεγμένος ηγέτης μιας χώρας. Χωρίς να αναφερθούμε σε όλη την προετοιμασία που χρειάζεται για να αναδειχθεί πρώτα υποψήφιος, στη συνέχεια πρέπει να ταξιδεύει, να δίνει ομιλίες, να είναι υπομονετικός και ευπρεπής με όλους. Σε μερικές χώρες πρέπει επίσης να συμμετέχει σε τηλεοπτικές μονομαχίες με τους αντιπάλους του, να χαιρετά συνέχεια δια χειραψίας τον κόσμο, ακόμα και να φιλά μωρά. Πρέπει επίσης να προσέχει την κάθε λέξη και πράξη του, γιατί ο τύπος και οι αντίπαλοί του καιροφυλακτούν προκειμένου να εκμεταλλευτούν και το παραμικρό ολίσθημα. Ένας πολιτικός μου εκμυστηρεύτηκε πρόσφατα ότι κατά τη διάρκεια της προεκλογικής εκστρατείας, πολλοί υποψήφιοι παίρνουν χάπια για να αντεπεξέλθουν στους ρυθμούς του εξουθενωτικού τους προγράμματος! Η προσπάθεια λοιπόν επίτευξης κάποιου στόχου στον κόσμο συνοδεύεται από κόπο και πόνο.

Συνεχίζοντας λοιπόν το παράδειγμά μας, αν ο υποψήφιος είναι τυχερός και εκλεγεί πρόεδρος της χώρας του έρχεται αντιμέτωπος με νέες δυσκολίες: πόλεμοι, οικονομικά προβλήματα, δυσαρέσκεια της κοινής γνώμης, προϋπολογισμός... Όλες οι αποφάσεις πρέπει να ζυγιστούν και να αναλυθούν σωστά, ενώ η αντιπολίτευση είναι πάντα έτοιμη να τον καταγγείλει για το παραμικρό. Αν δεν πάθει έλκος κατά τη διάρκεια της προεκλογικής εκστρατείας, είναι πολύ πιθανό να το πάθει εξαιτίας του αγώνα που απαιτείται καθημερινά για να παραμείνει στην εξουσία. Βλέπουμε λοιπόν, ότι η προσπάθεια διατήρησης των επιτευγμάτων μας εμπεριέχει επίσης μεγάλο βαθμό πόνου. Τέλος, όταν ο πρόεδρος ολοκληρώσει τη θητεία του και αναγκαστεί να εγκαταλείψει το αξίωμά του, μετά από τόσους αγώνες που έκανε, είναι πολύ πιθανό να αισθάνεται κατάθλιψη. Αυτό ισχύει όχι μόνο για υψηλά αξιώματα, αλλά και για οποιαδήποτε δουλειά ή θέση. Πολλοί άνθρωποι αισθάνονται έτσι όταν εγκαταλείπουν τη δουλειά τους λόγω συνταξιοδότησης. Βιώνουν ένα είδος εσωτερικού κενού, γιατί η δουλειά τούς έδινε μια αίσθηση σκοπού στη ζωή τους. Επομένως, και η απώλεια ενός αντικειμένου συνοδεύεται αναμφισβήτητα από πόνο.

Η επόμενη αλήθεια που συνειδητοποιούμε μέσω του υψηλού επιπέδου ενδοσκόπησης που μας προσφέρει η κάρμα γιόγκα, είναι ότι κανένα αντικείμενο δεν μας χαρίζει αληθινή ικανοποίηση. Δεν είναι αλήθεια μήπως, ότι μόλις πάρουμε μια αύξηση μισθού αρχίζουμε να σκεφτόμαστε την επόμενη; Παλιά ήμασταν ικανοποιημένοι με τα κασετόφωνα. Μετά εμφανίστηκαν τα CD players. Μετά τα MP3 players. Μετά τα iPod... τα iPod Touch, τα iPhone! Όταν διαβάζετε αυτό το βιβλίο σίγουρα θα έχει εμφανιστεί κάτι εντελώς καινούργιο. Δεν υπάρχει βέβαια τίποτα κακό με την επιστήμη και την τεχνολογική πρόοδο. Το πρόβλημα δημιουργείται από την λανθασμένη πεποίθηση ότι η ικανοποίηση μας περιμένει αφού πιούμε τον καφέ μας, πάρουμε προαγωγή, παντρευτούμε, αποκτήσουμε παιδιά, το σπίτι των ονείρων μας, τη σύνταξή μας... Πρόκειται όμως για μια ψευδαίσθηση. Κανένα αντικείμενο δεν θα μας δώσει αιώνια ικανοποίηση και ευτυχία.

Διάβασα κάποτε ένα άρθρο που είχε γράψει ένας άνδρας που είχε κατορθώσει να ξεπεράσει την εμμονή του με αυτοκίνητα. Διηγιόταν λοιπόν, ότι αφού αγόρασε ένα καινούργιο αυτοκίνητο, αποφάσισε να το βάψει και να το τρίψει με το χέρι για να γυαλίζει περισσότερο. Μετά το πέρασε κι ένα δεύτερο χέρι μπογιά και διαπίστωσε ότι το αποτέλεσμα ήταν ακόμα καλύτερο. Αποφάσισε να το περάσει κι ένα τρίτο χέρι μπογιά... τέταρτο... πέμπτο... έκτο. Μετά από τριάντα δύο στρώματα μπογιά συνειδητοποίησε ότι κάτι δεν πήγαινε καλά. Δεν υπήρχε τέλος σ' αυτό που έκανε. Με κάθε στρώση μπογιάς το αυτοκίνητο έλαμπε περισσότερο στον ήλιο. Αναρωτήθηκε λοιπόν: «αν 32 στρώσεις μπογιά φαίνονται τόσο όμορφα, πώς θα γίνει αν το περάσω 132 χέρια;» Μετά σκέφτηκε ότι είχε δύο επιλογές: ή θα συνέχιζε να κυνηγά το αδύνατο ή θα πουλούσε το αυτοκίνητο.

Η επίγνωση που κερδίζουμε μέσω της κάρμα γιόγκα μας βοηθά να συνειδητοποιήσουμε την ματαιότητα της προσπάθειας να αντλήσουμε ικανοποίηση μέσα από τα υλικά επιτεύγματα. Μερικοί φθάνουν στην κατανόηση αυτή μετά από «δυο χέρια μπογιά», άλλοι χρειάζονται 27, ενώ άλλοι συνεχίζουν μέχρι το τέλος της ζωής τους για να ξεκινήσουν την ίδια προσπάθεια στην επόμενη ζωή.

Τέλος, η κάρμα γιόγκα μας βοηθά να καταλάβουμε ότι εύκολα μπορούμε να αποκτήσουμε εξάρτηση από οποιοδήποτε αντικείμενο· είτε είναι καφές, τηλεόραση, ίντερνετ, κινητά τηλέφωνα, πίτσα... Όπως πολύ εύστοχα λέει ένα ρητό: «Στην αρχή ήμουν εγώ ο κύριος του (κάποιου αντικειμένου), αλλά τώρα είμαι ο υπηρέτης του».

Κάποτε, ένας δάσκαλος εξηγούσε σε κάποιο μαθητή του τη φύση της ιδιοκτησίας. Του είπε λοιπόν: «μπορεί να νομίζεις ότι κάτι ή κάποιος σου ανήκει. Ταυτόχρονα όμως, κι εσύ ο ίδιος ανήκεις σ' εκείνο το αντικείμενο ή το πρόσωπο». Εκεί κοντά στεκόταν ένας βοσκός που κρατούσε ένα μοσχάρι δεμένο με σκοινί. Ο δάσκαλος πήγε κοντά, έλυσε το μοσχάρι κι αυτό αμέσως έτρεξε μακριά. Σαστισμένος ο βοσκός άρχισε να το κυνηγά. Ο δάσκαλος είπε τότε: «Βλέπεις; Ποιος είναι δεμένος σε ποιόν; Το μοσχάρι ήταν δεμένο στο βοσκό με σκοινί, αλλά ο βοσκός είναι δεμένος στο μοσχάρι με την προσκόλλησή του σε αυτό».

Οι πιο χαρακτηριστικές περιπτώσεις εξάρτησης είναι βεβαίως τα ναρκωτικά και το αλκοόλ. Όταν οι άνθρωποι αρχίζουν να πίνουν, η κατάληξη είναι πάντοτε να μην μπορούν να νιώσουν ικανοποίηση χωρίς το αλκοόλ. Αλλά ακόμα και οι ανθρώπινες σχέσεις έχουν πολλές φορές έντονο το στοιχείο της εξάρτησης. Πόσες φορές δεν έχουμε ακούσει κάποιον ή κάποια να λέει μετά από ένα χωρισμό: «Δεν μπορώ να ζήσω χωρίς αυτήν (ή χωρίς αυτόν)!»

Όταν συνειδητοποιήσουμε ότι είναι αδύνατο να πετύχουμε την τέλεια ευτυχία μέσα από τα αντικείμενα του κόσμου, αυτόματα η γοητεία τους αρχίζει να ξεθωριάζει. Στη Βεδάντα, η κατανόηση αυτή ονομάζεται βαϊράγκια (αποστασιοποίηση, απόσπαση), όπως είδαμε και στο τρίτο κεφάλαιο. Η βαϊράγκια είναι λοιπόν, μια απαραίτητη αρετή για όποιον επιθυμεί να φτάσει στην αυτοπραγμάτωση. Πως μπορούμε να διαλογιζόμαστε, να μελετάμε τις γραφές και να στοχαζόμαστε, αν ο νους μας είναι συνεχώς απασχολημένος με τα αντικείμενα του κόσμου; Επιπλέον, αν δεν αποστασιοποιηθούμε από αυτά, δεν θα ξεκινήσουμε ποτέ να αναζητάμε την αληθινή πηγή της ευτυχίας. Μόνο όταν κουραστούμε να κυνηγάμε το εφήμερο, θα ξεκινήσουμε να αναζητάμε σοβαρά εκείνο που είναι αιώνιο.

Η αφύπνιση αυτής της γνώσης και η επίδρασή της στην προσωπικότητα του αναζητητή, περιγράφεται όμορφα στους παρακάτω στίχους που έγραψε η Άμμα:

Είδα ότι αυτή η ζωή των εγκόσμιων απολαύσεων είναι γεμάτη δυστυχία.
Μην με κάνεις να υποφέρω άλλο, όπως οι πεταλούδες

που πέφτουν στη φωτιά...
Αυτό που βλέπουμε σήμερα, αύριο δεν υπάρχει.
Ενσάρκωση της συνειδητότητας, αυτά είναι τα Θεϊκά
Σου παιχνίδια!
Εκείνο που πραγματικά υπάρχει, δεν καταστρέφεται.
Αυτά που καταστρέφονται, δεν υπάρχουν πραγματικά.
Σε ικετεύω δείξε συμπόνια και οδήγησέ με στο
μονοπάτι προς την απελευθέρωση, ω Αιώνιο Ένα!

Ως πνευματικοί αναζητητές, οφείλουμε να αναπτύξουμε σε μεγάλο βαθμό την αποστασιοποίησή μας από τα εγκόσμια. Ένας άγιος του 13ου αιώνα, που ονομάζεται Σαντ Γκνανεσβάρ, περιγράφει με γλαφυρό τρόπο, στα σχόλια του πάνω στην Μπαγκαβάτ Γκιτά, το βαθμό αποστασιοποίησης που πρέπει να αναπτύξουμε. Λέει λοιπόν, ότι οι απολαύσεις των αισθήσεων θα πρέπει να μας δημιουργούν την ίδια αποστροφή που θα νιώθαμε αν μας έλεγαν να χρησιμοποιήσουμε έναν πύθωνα για μαξιλάρι ή να μπούμε στη φωλιά μιας τίγρης ή να πηδήξουμε μέσα σ' ένα λάκκο γεμάτο λιωμένο σίδερο (αυτά είναι και τα ηπιότερα από τα παραδείγματα που δίνει!). Η ιδέα είναι πάντως, ότι σ' αυτό το στάδιο της πνευματικής ζωής, ο αναζητητής πρέπει να βλέπει τις απολαύσεις των αισθήσεων όχι απλά ως ασήμαντες, αλλά ως θανατηφόρες. Σύμφωνα με τις γραφές, η σωστή βαϊράγκια αναπτύσσεται μόνο όταν είμαστε ικανοί να επεκτείνουμε αυτά που βιώσαμε σχετικά με τον εφήμερο χαρακτήρα των εγκόσμιων απολαύσεων, σε όλα τα αντικείμενα των αισθήσεων, ακόμα και σε εκείνα που δεν έχουμε βιώσει. Από τη στιγμή που καταλάβουμε ότι μια κόκκινη πιπεριά είναι καυτερή, δεν χρειάζεται να φάμε μια ολόκληρη σακούλα για να διαπιστώσουμε ότι όλες είναι το ίδιο!
Κάποτε, ένας πρίγκιπας στέφθηκε βασιλιάς. Αμέσως διόρισε υπουργό έναν παλιό του φίλο, ο οποίος ήταν ένας πανέξυπνος άνθρωπος. Η πρώτη εντολή του νέου βασιλιά προς τον υπουργό του ήταν να συγκεντρώσει σε ένα έργο όλα τα γνωστά γεγονότα της παγκόσμιας ιστορίας. Ο υπουργός έπιασε αμέσως δουλειά.

Δέκα χρόνια αργότερα, επέστρεψε με ένα έργο πενήντα τόμων που παρουσίαζε λεπτομερώς και ανέλυε όλα τα γνωστά ιστορικά γεγονότα από τις απαρχές της ανθρωπότητας. Ο βασιλιάς βρισκόταν σε ένα κήπο με τη βασίλισσά του, ενώ οι καλύτεροι μουσικοί της χώρας τους διασκέδαζαν. Όταν είδε τους πενήντα τόμους της ιστορίας, έκανε ένα μορφασμό και είπε: «Είναι πάρα πολλά τα βιβλία, μπορείς σε παρακαλώ να το κάνεις πιο σύντομο;»

Ο υπουργός συμφώνησε και έφυγε. Δέκα χρόνια αργότερα επέστρεψε, αυτή τη φορά με ένα έργο 10 τόμων. Αλλά ο βασιλιάς ήταν πάλι πολύ απασχολημένος με μια επιδημία που είχε χτυπήσει τη χώρα και προσπαθούσε να αντιμετωπίσει την κατάσταση. «Έχω τόση πολλή δουλειά» είπε στον υπουργό. «Και εκτός αυτού είναι ακόμα πολύ μεγάλο. Μπορείς να το μικρύνεις κι άλλο;»

Για μια ακόμα φορά ο υπουργός έφυγε για να επιστρέψει πάλι μετά από πέντε χρόνια. Αυτή τη φορά είχε ένα βιβλίο μαζί του. «Ορίστε, αυτό είναι» είπε στο βασιλιά. «Ένας τόμος που περιέχει τα βασικά γεγονότα της ανθρώπινης ιστορίας». Ο βασιλιάς όμως ήταν πάλι απασχολημένος γιατί είχαν ξεσπάσει ταραχές ανάμεσα στους υπηκόους του. Κοίταξε το χοντρό βιβλίο και γύρισε προς τη πλευρά του φίλου του λέγοντας: «Λυπάμαι, αλλά ακόμα είναι πολύ μεγάλο. Δεν έχω χρόνο. Προσπάθησε σε παρακαλώ να το μικρύνεις κι άλλο».

Ένα χρόνο αργότερα, ο υπουργός τελείωσε τη δουλειά. Είχε καταφέρει να συμπυκνώσει την παγκόσμια ιστορία σε ένα μόνο κεφάλαιο. Όταν όμως έφτασε στο παλάτι, είδε τον βασιλιά να ετοιμάζεται για πόλεμο, καθώς ένα γειτονικό βασίλειο είχε αρχίσει να εισβάλει στο έδαφός του. «Δεν έχω χρόνο», είπε ο βασιλιάς καθώς έφευγε καλπάζοντας με το άλογό του. «Προσπάθησε να το μικρύνεις κι άλλο!»

Μια βδομάδα αργότερα, ο υπουργός πήγε να συναντήσει τον βασιλιά στα σύνορα του βασιλείου. Τον βρήκε βαριά πληγωμένο να ψυχορραγεί. Ο υπουργός κοίταξε τον ετοιμοθάνατο φίλο του, αδύναμο και χλωμό, ξαπλωμένο πάνω σ' ένα κρεβάτι και είπε: «Το ετοίμασα κύριέ μου. Το περιόρισα σε μια σελίδα».

Ο βασιλιάς τον κοίταξε και είπε: «Λυπάμαι καλέ μου φίλε, αλλά σύντομα θα αφήσω την τελευταία μου πνοή. Έλα σε παρακαλώ, πες μου με μια φράση, γρήγορα πριν πεθάνω, το συμπέρασμα που έβγαλες από τόσα χρόνια μελέτης». Ο υπουργός του έγνεψε καταφατικά και είπε με δάκρυα στα μάτια: «Οι άνθρωποι υποφέρουν».

Η παραπάνω ιστορία επιβεβαιώνει λοιπόν αυτή την αλήθεια. Η επίτευξη οποιουδήποτε στόχου συνεπάγεται πόνο και κόπο. Κανένα αντικείμενο των αισθήσεων δεν πρόσφερε μόνιμη ευτυχία σε κανέναν. Επιπλέον, κανείς δεν άντλησε ικανοποίηση από κάποιο αντικείμενο του κόσμου χωρίς να εκτεθεί στον κίνδυνο της εξάρτησής του από αυτό. Μερικοί μαθαίνουν αυτά τα μαθήματα γρήγορα, άλλοι χρειάζονται πολλές ζωές.

Πολλοί άνθρωποι πιστεύουν ότι θα κατακτήσουν την ευτυχία μέσα από τις σπουδές τους και δεν τα καταφέρνουν. Μετά προσπαθούν να βρουν την ευτυχία μέσω της επαγγελματικής σταδιοδρομίας και πάλι αποτυγχάνουν. Μετά σκέφτονται ότι θα τα καταφέρουν όταν παντρευτούν, αλλά ξανά οι προσδοκίες τους διαψεύδονται. Στη συνέχεια, πιστεύουν ότι αυτό που φταίει είναι ότι δεν βρήκαν τον κατάλληλο ή την κατάλληλη σύντροφο! Έτσι λοιπόν παντρεύονται δεύτερη φορά… τρίτη φορά… τέταρτη φορά. Ορισμένοι αναζητούν ακόμα και συντρόφους διαφορετικών εθνικοτήτων, αμερικάνους, ινδούς, γερμανούς, ιάπωνες... Οι άγιοι και οι σοφοί μας λένε: «Παντρευτείτε αν θέλετε, αλλά μην περιμένετε να βρείτε μόνιμη ικανοποίηση από το γάμο. Δεν υπάρχει τίποτα και στους τρεις κόσμους που να μπορεί να σας δώσει την αληθινή ευτυχία! Γι' αυτό πρέπει να στραφείτε μέσα σας».

Όπως αναφέραμε εν συντομία σε προηγούμενο κεφάλαιο, η υπέρβαση των αρεσκειών και των αποστροφών μας δεν είναι καταπίεση. Οι άγιοι και οι σοφοί γνωρίζουν ότι η καταπίεση μόνο προβλήματα δημιουργεί. Η υπέρβαση πρέπει να πηγάζει από τη σωστή κατανόηση, οδηγώντας έτσι στη μετουσίωση των επιθυμιών μας.

Κάποτε, ένας αρχάριος αναζητητής πλησίασε το δάσκαλό του και του εξομολογήθηκε ότι σκεφτόταν συχνά τις γυναίκες. Κάθε φορά που καθόταν να διαλογιστεί, εικόνες από διάσημα μοντέλα και σταρ του κινηματογράφου χόρευαν στο νου του. Ήταν πραγματικά απελπισμένος. Ο δάσκαλος άκουσε προσεκτικά το μαθητή αλλά δεν είπε τίποτα. Ωστόσο, την επόμενη μέρα κάλεσε τον μαθητή και του έδωσε ένα μικρό αντικείμενο τυλιγμένο σε εφημερίδα. Του είπε να πάει στο δωμάτιό του και να το βάλει αριστερά από την εικόνα της αγαπημένης του θεότητας που είχε τοποθετημένη στο βωμό του. Ο μαθητής έτρεξε αμέσως να εκτελέσει τις οδηγίες του δασκάλου του. Όταν όμως ξετύλιξε το αντικείμενο αυτό αντίκρισε τη φωτογραφία μιας γοητευτικής σταρ του κινηματογράφου! Η ταραχή του ήταν μεγάλη. Πήγε πίσω στο δάσκαλο και του είπε: «Τι είναι αυτό δάσκαλε; Σου άνοιξα την καρδιά μου και σου εξομολογήθηκα ένα μεγάλο πρόβλημα κι εσύ με κοροϊδεύεις μ' αυτή τη φωτογραφία; Τι σημαίνει αυτό;» Ο δάσκαλος όμως αρκέστηκε να κλείσει τα μάτια του σε διαλογισμό χωρίς να του απαντήσει. Ο μαθητής είχε θυμώσει αλλά σιγά σιγά κατάφερε να ηρεμήσει. Μετά από λίγο σκέφτηκε: «Ο δάσκαλός μου είναι φωτισμένος άνθρωπος. Ποτέ δεν θα προσπαθούσε να με παραπλανήσει. Ίσως το κάνει για κάποιο λόγο». Τοποθέτησε λοιπόν τη φωτογραφία της γυναίκας στο βωμό του, δίπλα στην εικόνα της θεότητας που λάτρευε.

Από τότε, όταν ο μαθητής καθόταν για τον καθημερινό διαλογισμό του, υπήρχαν δύο «θεοί» μπροστά του, ο αιώνιος Κύριος και η σταρ του κινηματογράφου. Ο διαλογισμός του συχνά κατευθυνόταν προς τη γυναίκα αυτή. Στη φαντασία του ταξίδευε μαζί της, αστειευόταν μαζί της, της άνοιγε την καρδιά του και στο τέλος μάλιστα την παντρεύτηκε. Κάθε μέρα φανταζόταν μια καινούργια περιπέτεια με αποτέλεσμα να ανυπομονεί ολοένα και περισσότερο να καθίσει για διαλογισμό.

Ένα πρωινό, καθώς περπατούσε στη φαντασία του μαζί με τη σύζυγό του σε μια παραλία, εκείνη ξαφνικά έστρεψε το βλέμμα της σε έναν άγνωστο γοητευτικό άνδρα! Λίγο αργότερα το έσκασε μαζί του και ο νεαρός μαθητής έμεινε μόνος του. Αναζήτησε την αγαπημένη του, αλλά εκείνη είχε γίνει άφαντη. Ήταν απαρηγόρητος και δυστυχισμένος. Τελικά, η σύζυγος επικοινώνησε μαζί του... αλλά μόνο και μόνο για να του ζητήσει διαζύγιο! Στη συνέχεια ο μαθητής έφερε στο νου του τη δικαστική διαμάχη που ακολούθησε. Στο τέλος του πήρε τα πάντα κι εκείνος έμεινε απένταρος, μόνος και δυστυχισμένος.

Ο μαθητής κάποια στιγμή άνοιξε τα μάτια και επανήλθε στην πραγματικότητα. Οι δύο εικόνες που βρίσκονταν στο βωμό του τον κοίταζαν στα μάτια. Βλέποντας τις κι εκείνος πλάι πλάι, συνειδητοποίησε την τελειότητα και την ανιδιοτέλεια της θεϊκής αγάπης από τη μια πλευρά και τον εγωισμό της αγάπης των ανθρώπων από την άλλη. Κατάλαβε επίσης ότι ο δάσκαλος τού έδωσε τη φωτογραφία από συμπόνια, για να τον βοηθήσει να συνειδητοποιήσει αυτή την αλήθεια και όχι για να τον ειρωνευτεί. Έτρεξε λοιπόν αμέσως κοντά του και υποκλίθηκε στα πόδια του με σεβασμό.

Στην ιστορία αυτή, ο δάσκαλος δεν ήθελε ο μαθητής να καταπιέσει τις σκέψεις του για τις γυναίκες, αλλά να τις υπερβεί κατανοώντας τη φύση της εγκόσμιας αγάπης. Λέγοντάς του να βάλει τις φωτογραφίες δίπλα δίπλα, του έδωσε την ευκαιρία να κάνει τη σύγκριση και τελικά να αναπτύξει την αποστασιοποίηση από το αντικείμενο της επιθυμίας του.

Αλλά και ο μαθητής της ιστορίας ήταν πολύ ώριμος. Μπόρεσε να υπερβεί την επιθυμία του μέσω του απλού στοχασμού. Δεν χρειάστηκε να υποκύψει πραγματικά σε αυτήν. Λίγοι όμως βρίσκονται σε τέτοιο επίπεδο ωριμότητας. Όταν εμφανίζεται μια επιθυμία, θα πρέπει να προσπαθούμε να την αποκρούσουμε μέσω της δύναμης της διάκρισης. Αν όμως συνεχίσει να μας ταλαιπωρεί, ίσως χρειαστεί να την ικανοποιήσουμε. Αν η επιθυμία δεν είναι αντίθετη με το ντάρμα, αυτό δεν είναι κακό. Αλλά όταν ικανοποιούμε την επιθυμία, θα πρέπει ταυτόχρονα να διατηρούμε την επίγνωση μας, ώστε να καταλάβουμε τους περιορισμούς του αντικειμένου της επιθυμίας και επομένως να κερδίσουμε τη νοητική δύναμη που θα μας επιτρέψει στο μέλλον να κάνουμε την υπέρβαση. Όταν η κατανόησή μας γίνει πλήρης, το πάθος μας για τις ανέσεις και τις απολαύσεις του κόσμου θα καταλαγιάσει αυθόρμητα. Όπως λέει η Άμμα: «Δεν κάνουμε μπάνιο σ' ένα ποταμό για να μείνουμε για πάντα μέσα σ' αυτόν, αλλά για να βγούμε έξω αναζωογονημένοι και καθαροί».

Ένας στίχος από την Μουντάκα Ουπανισάδα αναφέρει σχετικά με το θέμα αυτό:

«Έχοντας ερευνήσει και διαπιστώσει τα μειονεκτήματα όλων όσων μπορούν να αποκτηθούν μέσω της δράσης, κατανοώντας την αλήθεια ότι τίποτα αιώνιο δεν μπορεί να επιτευχθεί μέσω της δράσης[4], ο σοφός πρέπει να την απαρνηθεί».

Μουντάκα Ουπανισάδα 1.2.12

Οι άγιοι λοιπόν μας συμβουλεύουν να δοκιμάσουμε τον κόσμο μέχρι να κατανοήσουμε τι έχει να μας προσφέρει. Βγείτε λοιπόν στον κόσμο και δοκιμάστε τις απολαύσεις και τις ανέσεις του. Αποκτήστε τη δική σας εμπειρία. Όταν όμως διαπιστώσετε ότι είναι αδύνατο να αντλήσετε μόνιμη ευτυχία από τον κόσμο, θα πρέπει να καταλάβετε ότι αυτό ισχύει για όλα τα αντικείμενα που προσφέρει. Δεν είναι ανάγκη να τα δοκιμάσετε όλα. Γι' αυτό σταματήστε να εκτελείτε τις πράξεις σας αναζητώντας την ευτυχία και κατευθύνετε τις προσπάθειές σας στη συνειδητοποίηση του Εαυτού, της αληθινής πηγής της ευδαιμονίας. Μετά τη συνειδητοποίηση αυτή, ούτως ή άλλως θα συνεχίσουμε να εκτελούμε διάφορες πράξεις (δεν θα σταματήσουμε για παράδειγμα να τρώμε), αλλά δεν θα συνδέουμε πλέον στο νου μας τη δράση με την αναζήτηση της ευτυχίας. Οι πράξεις μας τότε θα

---

[4] Στο στίχο αυτό, ο όρος «δράση» αναφέρεται στις εγωιστικές πράξεις, όχι στις ανιδιοτελείς πράξεις που εκτελούνται ως πνευματική άσκηση για τον εξαγνισμό του νου.

χάσουν τον εγωιστικό τους χαρακτήρα και θα γίνουν πραγματικά ανιδιοτελείς.

Τα ωφέλη της κάρμα γιόγκα

Ο πρωταρχικός σκοπός της κάρμα γιόγκα είναι να μάθουμε να αποστασιοποιούμαστε από τα αντικείμενα του κόσμου και τις απολαύσεις των αισθήσεων και να κατευθύνουμε όλες μας τις προσπάθειες στο στόχο της συνειδητοποίησης του Εαυτού. Όπως αναφέραμε όμως και στην εισαγωγή αυτού του κεφαλαίου, η κάρμα γιόγκα παρέχει και από μόνη της ορισμένα άμεσα οφέλη σε εκείνους που την ασκούν. Τα οφέλη αυτά τα βιώνουν ακόμα και οι άνθρωποι που δεν έχουν σχέση με την πνευματικότητα.

Το πρώτο απ' αυτά είναι ότι η κάρμα γιόγκα αυξάνει την αποτελεσματικότητα των πράξεών μας. Ας ξαναδούμε το παράδειγμα της επαγγελματικής συνέντευξης που αναφέραμε προηγουμένως. Αν ο υποψήφιος για πρόσληψη ασκείται στην κάρμα γιόγκα, γνωρίζει ότι ελέγχει μόνο τις πράξεις του και όχι τα αποτελέσματά τους. Κατά συνέπεια, η συγκέντρωσή του δεν διασπάται και εστιάζεται εκατό τοις εκατό στις ερωτήσεις του εξεταστή και στις απαντήσεις του σε αυτές. Είναι προφανές ότι ένα άτομο με αδιάσπαστη προσοχή θα αποδώσει πολύ καλύτερα από ένα άλλο που έχοντας, για παράδειγμα, απαντήσει στην πρώτη ερώτηση του εξεταστή ανησυχεί για την ορθότητα της απάντησής του και για την εντύπωση που αυτή προκάλεσε, με αποτέλεσμα να μην μπορεί να συγκεντρωθεί στη δεύτερη ερώτηση.

Στο χώρο του αθλητισμού η ιδέα αυτή γίνεται ευρέως αποδεκτή. Το 2000, ένας ψυχολόγος με ειδίκευση στον αθλήματα, ονόματι H.A. Dorfman, δημοσίευσε ένα βιβλίο για το μπέιζμπολ με τίτλο «Το νοητικό αλφαβητάρι του ρίπτη: Ένα εγχειρίδιο για τη βελτίωση των επιδόσεων», το οποίο διαβάστηκε και επαινέθηκε από πολλούς επαγγελματίες παίκτες αυτού του αθλήματος. Ο συγγραφέας αναφέρει λοιπόν ότι ο παίκτης που ρίχνει την μπάλα, ο οποίος ονομάζεται ρίπτης (pitcher), πρέπει να έχει στο νου του τρία μόνο πράγματα: τη βολή που θα κάνει, τη θέση του στο γήπεδο και το γάντι του αντιπάλου. Αν άλλες σκέψεις περνούν από το νου του, θα πρέπει να σταματά και να προσπαθεί να συγκεντρωθεί αποκλειστικά σε αυτά τα τρία πράγματα προτού συνεχίσει. Στο τέλος, ο συγγραφέας καταλήγει στο συμπέρασμα ότι ο ρίπτης δεν θα πρέπει να κρίνει την απόδοσή του μετρώντας πόσες φορές οι βολές του αποκρούστηκαν από την αντίπαλη ομάδα, αλλά θα πρέπει να αναρωτιέται αν έριξε τις βολές του με το σωστό τρόπο.

Γιατί άραγε κάποιοι αθλητές αποτυγχάνουν τη στιγμή που βρίσκονται σε πλεονεκτική θέση; Αυτό συμβαίνει συνήθως διότι εστιάζουν την προσοχή τους στην πιθανότητα να αποτύχουν. Οι περισσότεροι από εμάς θυμόμαστε ίσως από την παιδική μας ηλικία, κάποια φορά που ενώ η έκβαση ενός παιχνιδιού εξαρτιόταν από εμάς, πανικοβληθήκαμε και κάναμε τη λάθος κίνηση με αποτέλεσμα να χάσουμε. Το μπάσκετ προσφέρει ίσως τα καλύτερα παραδείγματα. Αν ένας παίκτης κερδίσει φάουλ, τότε συχνά έχει την ευκαιρία να ρίξει δύο ή τρεις βολές στο αντίπαλο καλάθι. Για έναν επαγγελματία παίκτη, η ελεύθερη βολή είναι μια μάλλον εύκολη υπόθεση. Βρίσκεται μόνος 5 μέτρα από το καλάθι χωρίς να τον εμποδίζει κανείς αντίπαλος παίκτης. Το επίσημο ποσοστό ευστοχίας στο NBA για τα φάουλ είναι 75%. Τι γίνεται όμως σε στιγμές μεγάλης έντασης, όταν για παράδειγμα υπολείπονται δύο λεπτά και καμιά από τις δύο ομάδες δεν έχει σαφές προβάδισμα στο σκορ; Η αγωνία και η ψυχολογική πίεση είναι πολύ έντονες σ' αυτές τις περιπτώσεις. Για ποιο λόγο; Θεωρητικά η βολή είναι ακριβώς η ίδια, δεν θα έπρεπε να υπάρχει καμιά διαφορά. Αν αφήσουμε το νου μας να εστιαστεί στη σημασία της βολής, αντί στην ίδια τη βολή, η απόδοσή μας θα πέσει. Σύμφωνα με τις στατιστικές του NBA, ο μέσος όρος ευστοχίας πέφτει σε τέτοιες κρίσιμες στιγμές κατά 2,3%. Το συμπέρασμα είναι λοιπόν, ότι η απόδοσή μας είναι καλύτερη όταν εστιαζόμαστε στη δράση καθεαυτή και όχι στο προσδοκώμενο αποτέλεσμά της.

Αυτό δεν σημαίνει όμως ότι δεν πρέπει να λαμβάνουμε καθόλου υπόψη τα αποτελέσματα. Αντίθετα, πρέπει να τα αξιολογούμε με νηφαλιότητα και ορθολογισμό για να διαπιστώσουμε τι κάναμε σωστά και τι λάθος. Στη συνέχεια, μπορούμε να βασιστούμε στην αξιολόγησή μας και να προσαρμόσουμε τις πράξεις μας αναλόγως.

Ένα άλλο όφελος της κάρμα γιόγκα είναι ότι μας βοηθά πραγματικά να απολαμβάνουμε τη ζωή. Λίγο ή πολύ, βρισκόμαστε συνεχώς απασχολημένοι σε κάποιου είδους δράση, αλλά τα αποτελέσματα συχνά δεν είναι τα αναμενόμενα. Αν εστιάσουμε την προσοχή μας στη δράση καθεαυτή μπορούμε να την απολαύσουμε, γιατί ένας νους που απορροφάται σε αυτό που κάνει είναι γεμάτος ηρεμία και χαρά. Ας πάρουμε για παράδειγμα το πλύσιμο των πιάτων. Αν η έγνοια μας είναι να δούμε όλα τα πιάτα καθαρά και στεγνά μέσα στο ντουλάπι, τότε μόνο όταν και το τελευταίο πιάτο μπει στη θέση του θα νιώσουμε κάποια ικανοποίηση. Αν αντίθετα εστιάσουμε την προσοχή μας στην εργασία καθεαυτή, θα απολαύσουμε κάθε στιγμή της. Είμαι σίγουρος ότι αυτό είναι κάτι που όλοι έχουμε προσέξει. Αν σκεφτόμαστε το τέλος της δουλειάς που κάνουμε, τότε αυτή μετατρέπεται σε αγγαρεία. Αν αντίθετα παραδοθούμε στη στιγμή, γίνεται μια απολαυστική δραστηριότητα, είτε πρόκειται για το πλύσιμο των πιάτων είτε για το σκάψιμο του κήπου είτε για το σιδέρωμα των ρούχων.

Σ' αυτό το σημείο, είναι ενδιαφέρον να επισημάνουμε ότι, ακόμα και για να απολαύσουμε τα υλικά πράγματα που προσφέρει η ζωή, πρέπει να αναπτύξουμε σε κάποιο βαθμό τον έλεγχο πάνω στις επιθυμίες μας. Διαφορετικά, καθώς θα προσπαθούμε να απολαύσουμε ένα αντικείμενο, η επιθυμία για κάποιο άλλο θα μας αποσπά την προσοχή και θα επηρεάζει αρνητικά την ευχαρίστηση που νιώθουμε. Φανταστείτε ότι βρίσκεστε σε μια γαμήλια δεξίωση όπου το μενού είναι πλουσιότατο. Όλα τα αγαπημένα σας πιάτα βρίσκονται μπροστά σας: ρύζι, ζυμαρικά, πίτες, σαλάτες, επιδόρπια κλπ. Τα δοκιμάζετε και μεταφέρεστε σ' έναν παράδεισο απόλαυσης των αισθήσεων. Ξαφνικά όμως συνειδητοποιείτε ότι τελείωσε ένα πιάτο που σας άρεσε ιδιαίτερα. Συνεχίζετε με τα υπόλοιπα αλλά ο νους σας έχει πλέον διασπαστεί. Ένας μέρος του αναζητά τον σερβιτόρο για να του ζητήσετε να φέρει κι άλλο από το αγαπημένο σας φαγητό. Τα πιάτα που βρίσκονται μπροστά σας εκείνη τη στιγμή εξακολουθούν να σας αρέσουν, αλλά η απόλαυση έχει μειωθεί σημαντικά.

Τον καιρό που εγκαταστάθηκα στο άσραμ, όσοι μέναμε μόνιμα εκεί ήμασταν μετρημένοι στα δάχτυλα. Η Άμμα, όταν δεν έδινε ντάρσαν, ήταν σχεδόν πάντα διαθέσιμη για εμάς. Αν λάβουμε υπόψη τις χιλιάδες των ανθρώπων που συναντά πλέον η Άμμα καθημερινά, είναι δύσκολο να φανταστούμε εκείνη την εποχή. Καθόμαστα λοιπόν κοντά της για πολλές ώρες και της μιλούσαμε ελεύθερα, χωρίς να ανησυχούμε με τη σκέψη ότι υπήρχαν κι άλλοι άνθρωποι που περίμεναν να της μιλήσουν. Θυμάμαι ένα περιστατικό κατά τη διάρκεια ενός Ντέβι μπάβα, όταν η Άμμα με κάλεσε κοντά της. Άρχισε να μου μιλά για διάφορα θέματα, απαντούσε στις ερωτήσεις μου και γενικά μου φερόταν με μεγάλη στοργή. Κάποια στιγμή ακούμπησε το κεφάλι μου στο γόνατά της, αφήνοντάς με σε αυτή τη θέση ενώ συνέχιζε να δίνει ντάρσαν. Νομίζω ότι έμεινα έτσι για περισσότερο από μια ώρα! Για κάποιον που με παρατηρούσε θα φαινόταν ότι βρισκόμουν στον παράδεισο. Παρόλα αυτά, μετά από μισή ώρα, άξαφνα άκουσα έναν άλλο μπραχματσάρι να παίζει τάμπλα (κρουστά), και θυμήθηκα ότι ήταν η σειρά μου να παίξω! Εκείνη την εποχή ήμουν πολύ παθιασμένος με τα τάμπλα. Μόλις είχα ξεκινήσει να παίζω, αλλά ο ενθουσιασμός μου ήταν μεγάλος. Ο άλλος μπραχματσάρι κι εγώ παίζαμε εναλλάξ (φαίνεται ότι υπήρχε κι ένας μικρός ανταγωνισμός μεταξύ μας). Καθώς λοιπόν το κεφάλι μου βρισκόταν στα γόνατα της Άμμα, σκεφτόμουν: «Τι θράσος κι αυτό! Ξέρει ότι είναι η σειρά μου να παίξω, θα έπρεπε να έρθει να μου ζητήσει την άδεια για να με αντικαταστήσει!» Σύντομα, ενώ το κεφάλι μου βρισκόταν στο πιο ειρηνικό μέρος του κόσμου, στο νου μου στριφογύριζαν σκέψεις για τον άλλο μπραχματσάρι και τα τάμπλα. Άκουγα το παίξιμό του και φανταζόμουν τον εαυτό μου να παίζει τάμπλα πάνω στο κεφάλι του! Η Άμμα φυσικά γνώριζε τις σκέψεις μου. Όταν τελείωσαν τα μπάτζαν μου είπε να σηκωθώ για να έρθει κάποιος άλλος κοντά της. Εξαιτίας αυτής της έντονης επιθυμίας μου για τα τάμπλα, ούτε μπόρεσα τελικά να παίξω ούτε και να απολαύσω πλήρως την παρουσία της Άμμα. Σήμερα μπορώ να πω ότι δεν ζηλεύω κανέναν μουσικό που παίζει τάμπλα, αλλά δεν έχω πια και την ευκαιρία να ακουμπήσω το κεφάλι μου στα γόνατα της Άμμα για τόση ώρα!

Για το λόγο αυτό η Άμμα λέει ότι η πραγματική κόλαση δεν είναι κάποιο μέρος, αλλά μια νοητική κατάσταση. Το ίδιο και ο παράδεισος. Ένας νους που είναι απαλλαγμένος από αρέσκειες και αποστροφές, μπορεί να είναι εξίσου ευτυχισμένος σε καταστάσεις που μοιάζουν με κόλαση και σε καταστάσεις που μοιάζουν με παράδεισο. Παρομοίως, ένας νους γεμάτος ανεκπλήρωτες επιθυμίες, θα βρίσκεται στην κόλαση ακόμα και σ' ένα μέρος που εξωτερικά μοιάζει με παράδεισο.

Στην Μπαγκαβάτ Γκιτά ένας πολύ γνωστός στίχος εκθέτει ένα ακόμα από τα οφέλη της κάρμα γιόγκα:

«Στην Κάρμα γιόγκα, καμιά προσπάθεια δεν πάει χαμένη, καμιά πράξη δεν είναι επιβλαβής».

Μπαγκαβάτ Γκιτά 2.40

Η ιδέα που παρουσιάζεται στον παραπάνω στίχο, είναι ότι ακόμα κι αν αποτύχει μια πράξη που εκτελείται σύμφωνα με το πνεύμα της κάρμα γιόγκα, δεν υπάρχει πραγματική απώλεια γιατί μαθαίνουμε από τα λάθη μας και ταυτόχρονα εξαγνίζουμε το νου μας. Αντίθετα, αν οι πράξεις που εκτελούνται με εγωιστικά κίνητρα αποτύχουν, τότε η απώλεια είναι ολοκληρωτική. Φανταστείτε ένα συγγραφέα που περνά χρόνια από τη ζωή του γράφοντας ένα βιβλίο και στο τέλος δεν βρίσκει κανέναν εκδότη που να ενδιαφέρεται για το έργο του. Αν ο μοναδικός του στόχος ήταν να γίνει ένας διάσημος συγγραφέας, η αποτυχία του θα είναι πλήρης. Θα νιώθει δυστυχισμένος συνειδητοποιώντας ότι οι κόποι του πήγαν χαμένοι. Επιπλέον, δεν θα έχει μάθει τίποτα απ' αυτή την εμπειρία. Αν όμως έγραφε το βιβλίο υιοθετώντας τη νοητική στάση της κάρμα γιόγκα, θα μάθαινε πολλά πράγματα για τη συγγραφή και την έκδοση βιβλίων, την ανθρώπινη φύση και τον ίδιο του τον εαυτό.

Η εργασία που εκτελείται σύμφωνα με το πνεύμα της κάρμα γιόγκα, δεν ωφελεί μόνο το άτομο αλλά και την κοινωνία ως σύνολο. Καθώς ο ασκούμενος στην κάρμα γιόγκα προσπαθεί πάντα να τελειοποιεί τη δράση του, δίνει σε κάθε εργασία τον καλύτερό του εαυτό. Στις μέρες μας δυστυχώς, η νοοτροπία που επικρατεί στους χώρους εργασίας είναι «κάνε το ελάχιστο και κέρδισε το μέγιστο».

Σε σχέση με αυτή τη νοοτροπία, θυμάμαι μια λίστα που είδα κάποτε με τα τεχνάσματα που μπορεί να εφαρμόσει κάποιος για να φαίνεται απασχολημένος, ενώ στην πραγματικότητα δεν κάνει τίποτα. Τρία απ' αυτά μου φάνηκαν ιδιαίτερα διασκεδαστικά: 1) Ποτέ μην τακτοποιείς το γραφείο σου, η ακαταστασία δείχνει ότι δεν έχεις ούτε ένα δευτερόλεπτο για ασήμαντα πράγματα όπως η καθαριότητα και η τάξη. 2) Αν φοράς γυαλιά, άφηνε πάντα ένα παλιό ζευγάρι πάνω στο γραφείο σου όταν απουσιάζεις, για να φαίνεται ότι θα επιστρέψεις σύντομα. 3) Πάρε ένα κολάρο, βάψε το στο χρώμα του δέρματος και κοιμήσου καθισμένος στη θέση σου.

Οι άνθρωποι που εργάζονται μόνο για τα λεφτά, θα είναι αναπόφευκτα οκνηροί και φυγόπονοι. Θα πηγαίνουν αργά στη δουλειά το πρωί, θα κάνουν μεγάλα διαλείμματα και θα φεύγουν μισή νωρίτερα, αν μπορούν. Σε πολλές υπηρεσίες και γραφεία βλέπουμε ότι επικρατεί πράγματι αυτή η νοοτροπία.

Το 2004, το άσραμ της Άμμα προσέφερε ανθρωπιστική βοήθεια μεγάλης κλίμακας στα θύματα του φονικού τσουνάμι. Η βοήθεια αυτή ήταν πιο αποτελεσματική από εκείνη που οργάνωσε το κράτος, ακριβώς γιατί δόθηκε σύμφωνα με το πνεύμα της κάρμα γιόγκα. Στο τέλος, το άσραμ ήταν ο πρώτος οργανισμός στην Ινδία που παρέδωσε νέα σπίτια στους πληγέντες, τα οποία κατασκευάστηκαν μάλιστα σύμφωνα με τις κρατικές προδιαγραφές. Θυμάμαι τα λόγια της Άμμα όταν σχολίασε την ταχύτητα με την οποία εργάστηκαν οι εθελοντές του άσραμ: «Οι μπραχματσάρι δούλεψαν νύχτα και μέρα. Η Άμμα καλούσε συχνά τους υπεύθυνους για να ενημερωθεί για την πορεία των εργασιών οποιαδήποτε ώρα της ημέρας και της νύχτας. Είτε ήταν μεσάνυχτα είτε δύο είτε τέσσερις το πρωί, εκείνοι πάντα δούλευαν. Δουλεύουν μήπως με τέτοιο ζήλο οι αμειβόμενοι εργάτες; Όχι βέβαια, εκείνοι δουλεύουν το οκτάωρό τους και σταματούν τρεις φορές για φαγητό και δύο για τσάι».

Φανταστείτε τι θα συνέβαινε αν όλοι οι άνθρωποι του πλανήτη υιοθετούσαν τη στάση της κάρμα γιόγκα στην εργασία τους. Φανταστείτε πως θα ήταν ο κόσμος αν οι άνθρωποι εργάζονταν όχι μόνο για την αμοιβή, αλλά γιατί θεωρούσαν όλες τις πράξεις τους ως λατρεία. Πόσο παραγωγικός και αποτελεσματικός θα ήταν αυτός ο κόσμος!

Ακόμα κι αν παραβλέψουμε το γεγονός ότι η κάρμα γιόγκα είναι ένα βασικό μέσο για να υπερβούμε οριστικά τη δυστυχία και να φθάσουμε στην αυτοπραγμάτωση, πρέπει να αναγνωρίσουμε ένα ακόμα όφελός της: η κάρμα γιόγκα μας γλυτώνει από πολλή δυστυχία και πόνο προτού φθάσουμε στον τελικό στόχο της φώτισης. Ένας ακόμα στίχος από την Μπαγκαβάτ Γκιτά μας βοηθά να κατανοήσουμε αυτό το σημείο. Στο στίχο αυτό ο Κρίσνα εξηγεί γιατί οι άνθρωποι επαναλαμβάνουν ξανά και ξανά λανθασμένες πράξεις, παρόλο που γνωρίζουν ότι είναι βλαβερές:

Η αιτία είναι η επιθυμία και ο θυμός που πηγάζουν από έναν ταραγμένο νου. Να ξέρεις ότι η επιθυμία είναι ακόρεστη, ότι είναι η αιτία κάθε αμαρτίας και ο χειρότερος εχθρός του κόσμου.

Μπαγκαβάτ Γκιτά, 3.37

Όταν οι επιθυμίες είναι έντονες, έχουν τη δύναμη να μας ωθούν σε εγωιστικές πράξεις που βλάπτουν τους συνανθρώπους μας. Σύμφωνα με το νόμο του κάρμα, τέτοιες πράξεις επιστρέφουν πίσω σ' εμάς, αργά ή γρήγορα, με τη μορφή αρνητικών εμπειριών. Στην πραγματικότητα, όλες οι αντιξοότητες και οι επώδυνες καταστάσεις που αντιμετωπίζουμε στη ζωή μας, είναι το αποτέλεσμα κάποιων εγωιστικών πράξεων που κάναμε στο παρελθόν, είτε σ' αυτή τη ζωή είτε σε προηγούμενες ζωές. Γιατί κάναμε αυτές τις πράξεις; Διότι οι επιθυμίες μας βγήκαν εκτός ελέγχου. Μέσω της κάρμα γιόγκα, οι επιθυμίες τουλάχιστον παραμένουν μέσα σε κάποια όρια και έχουμε τη δύναμη να ακολουθούμε πάντα το ντάρμα. Κατ' αυτό τον τρόπο, προχωράμε σ' ένα μονοπάτι στο οποίο δημιουργούμε μόνο καλό κάρμα για το μέλλον.

Μέσα απ' αυτά τα παραδείγματα είδαμε ότι υιοθετώντας τη νοητική στάση της κάρμα γιόγκα στη ζωή μας, όχι μόνο εξαγνίζουμε το νου μας στο μονοπάτι που οδηγεί στην αυτοπραγμάτωση, αλλά αποκομίζουμε και πολλά άμεσα οφέλη στην καθημερινή μας ζωή. Η κάρμα γιόγκα μας βοηθά στο εδώ και τώρα να αγαπάμε τη ζωή, να γινόμαστε σοφότεροι με τα μαθήματα που μας διδάσκει και να της προσφέρουμε κι εμείς με τη σειρά μας τον καλύτερο εαυτό μας.

Μολονότι όλες οι πράξεις μας μπορούν (και στην περίπτωση ενός πνευματικού αναζητητή πρέπει) να εκτελούνται σύμφωνα με το πνεύμα της κάρμα γιόγκα, η Άμμα λέει ότι είναι ιδιαίτερα σημαντικό να εκτελούμε ανιδιοτελή υπηρεσία (σέβα) με τη σωστή στάση. Σε γενικές γραμμές, μπορούμε να διαχωρίσουμε τις πράξεις σε τρεις κατηγορίες: τις ανιδιοτελείς πράξεις (νισκάμα κάρμα), τις εγωιστικές πράξεις που γεννιούνται από προσωπικές αρέσκειες και αποστροφές (σακάμα κάρμα) και τις πράξεις που απαγορεύονται εξαιτίας της επικινδυνότητας τους για τον εαυτό μας, τους άλλους και τη φύση (νισίντχα κάρμα). Είναι αυτονόητο ότι πρέπει αμέσως να σταματήσουμε να επαναλαμβάνουμε μια πράξη όταν καταλάβουμε ότι εμπίπτει στην τελευταία κατηγορία. Διαφορετικά, είναι βέβαιο ότι θα υποστούμε κάποια στιγμή τις συνέπειες. Ο πνευματικός αναζητητής όμως, δεν πρέπει να απέχει μόνο από τις απαγορευμένες πράξεις, αλλά να προσπαθεί σταδιακά να μειώνει και τις πράξεις που έχουν εγωιστικά κίνητρα και να τις αντικαθιστά με ανιδιοτελείς πράξεις.

Η Άμμα συνιστά, για αρχή, να αφιερώνουμε μισή ώρα την ημέρα σε ανιδιοτελή υπηρεσία προς τους άλλους. Η υπηρεσία αυτή μπορεί να είναι κάποια εθελοντική δράση ή ακόμα και κάποια δωρεά, όπως το να δίνουμε ένα μέρος του εισοδήματός μας για φιλανθρωπικούς σκοπούς. Κατ' αυτόν τον τρόπο θα αρχίσουμε να κινούμαστε προς τη σωστή κατεύθυνση. Στη συνέχεια, μπορούμε σταδιακά να αυξάνουμε την ποσότητα της ανιδιοτελούς δράσης, όποτε αυτό είναι δυνατό. Έτσι, αυτή η μισή ώρα θα γίνει η αρχή μιας σταδιακής μεταμόρφωσης. Πολλοί άνθρωποι ανακαλύπτουν ότι λατρεύουν την προσφορά ανιδιοτελούς υπηρεσίας και όταν συνταξιοδοτηθούν, αντί να αποσυρθούν απολαμβάνοντας τους καρπούς της δουλειάς τους, συνεχίζουν να εργάζονται για την εξύψωση των άλλων. Οι εγωιστικές μας επιθυμίες σταδιακά αντικαθιστώνται από την επιθυμία να εξαγνίσουμε το νου μας και να προσφέρουμε υπηρεσίες στην ανθρωπότητα. Σε αντίθεση με τις εγωιστικές επιθυμίες, η επιθυμία αυτή γίνεται το μέσο που μας οδηγεί στην απελευθέρωση. Δεν είναι λοιπόν εμπόδιο για τον πνευματικό αναζητητή, αλλά αρετή που πρέπει να καλλιεργείται. Αυτή είναι η επιθυμία που μας βοηθά να υπερβούμε όλες τις υπόλοιπες.

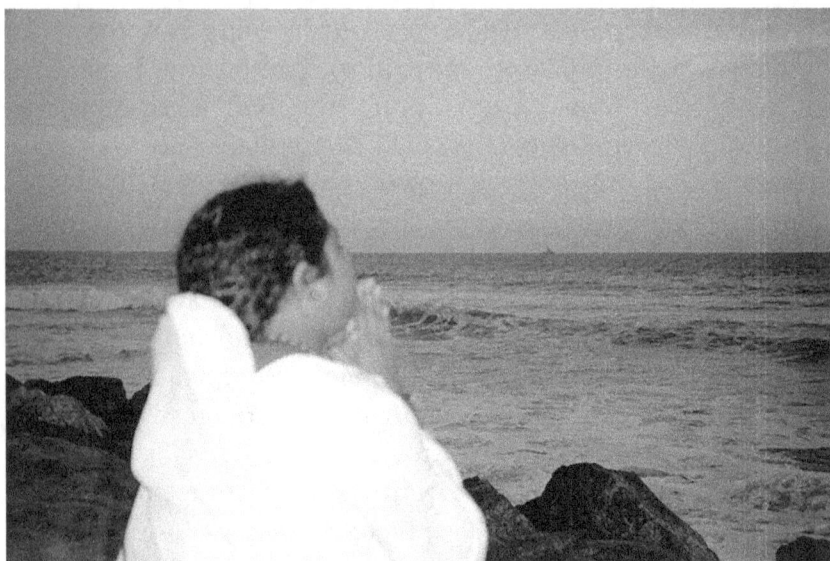

Κεφάλαιο Έκτο:

Διευρύνοντας τους ορίζοντές μας

«Πρέπει να προσπαθούμε να βλέπουμε το Θεό σε όλους».

– Άμμα

Στις γραφές αναφέρεται ότι η κάρμα γιόγκα περιλαμβάνει πέντε τρόπους λατρείας, τους οποίους όλοι οι άνθρωποι θα πρέπει να εκτελούν στη ζωή τους. Ονομάζονται δε «πάντσα μάχα γιάγκνυας», δηλαδή οι πέντε μεγάλοι τρόποι ή μορφές λατρείας. Είτε το αντιλαμβανόμαστε είτε όχι, η Άμμα ακολουθεί αυτές τις αρχαίες παραδόσεις μέσα από τις διάφορες πνευματικές και κοινωνικές δραστηριότητες του άσραμ. Οι παραδόσεις αυτές, όχι μόνο αποτελούν πρόσφορο έδαφος για την εξάσκηση της κάρμα γιόγκα, αλλά μας βοηθούν επίσης να διευρύνουμε τους ορίζοντες του νου μας.

Η πρώτη γιάγκνυα, που ονομάζεται Μπράχμα γιάγκνυα, είναι η έκφραση ευγνωμοσύνης προς τους σοφούς της αρχαιότητας που μας έδειξαν το μονοπάτι της απελευθέρωσης από τη δυστυχία. Αυτό γίνεται μαθαίνοντας και διαδίδοντας τις διδαχές του πνευματικού μας δασκάλου και των γραφών. Η Άμμα λέει σχετικά: «Ένας από τους τρόπους που χρησιμοποιούμε για να εκφράσουμε την ευγνωμοσύνη μας προς τους Μαχάτμα[1], είναι η εφαρμογή της διδασκαλίας τους και η μετάδοσή της σε άλλους». Στην πραγματικότητα οι Μαχάτμα, όπως η Άμμα, δεν επιθυμούν τη λατρεία ή την ευγνωμοσύνη μας. Έχοντας συνειδητοποιή-

---

[1] Μαχάτμα σημαίνει κυριολεκτικά μεγάλη ψυχή. Έτσι ονομάζονται άγιοι, πνευματικοί δάσκαλοι, σοφοί κλπ.

σει τον Εαυτό, είναι πλήρεις και δεν έχουν ανάγκη τίποτα. Η Μπράχμα γιάγκνυα λοιπόν, ωφελεί εκείνον που την εκτελεί, την κοινωνία αλλά και όλη τη Δημιουργία. Όταν μελετάμε τις γραφές μαθαίνουμε να ζούμε αρμονικά με τους συνανθρώπους μας και τη φύση. Όλοι οι άνθρωποι έχουν, από τη γέννησή τους, το δικαίωμα να αποκτήσουν την πνευματική γνώση. Όταν μοιραζόμαστε μαζί τους αυτά που γνωρίζουμε, συμβάλλουμε κι εμείς στη διάδοση της γνώσης αυτής. Αν η πνευματική σοφία πέθαινε μαζί με εκείνους που την κατέχουν, τότε οι μελλοντικές γενιές δεν θα είχαν καμιά ελπίδα να φθάσουν στη φώτιση.

Είναι προφανές ότι όλοι εμείς, ως παιδιά της Άμμα, ασκούμαστε συστηματικά σε αυτό τον τρόπο λατρείας, την Μπράχμα γιάγκνυα. Παρακολουθούμε τις ομιλίες της Άμμα, διαβάζουμε τα βιβλία της και προσπαθούμε να εφαρμόζουμε τις διδασκαλίες της στη ζωή μας. Προκειμένου να δώσει κάποιος δημόσιες ομιλίες για πνευματικά θέματα χρειάζεται βέβαια η άδεια του δασκάλου, αλλά μπορούμε ωστόσο να μιλάμε σε όσους ενδιαφέρονται για τον τρόπο με τον οποίο η Άμμα μας βοηθά στη ζωή μας. Κι αυτό ακόμα είναι μια μορφή της Μπράχμα γιάγκνυα.

Ο επόμενος τρόπος λατρείας είναι η Ντέβα γιάγκνυα, δηλαδή η λατρεία προς το Θεό. Η απαγγελία των μάντρα, ο διαλογισμός, οι λατρευτικοί ύμνοι και άλλες πρακτικές, είναι μέσα λατρείας του Θεού. Στο πλαίσιο αυτής της γιάγκνυα λατρεύεται όμως ειδικότερα ο Θεός με τη μορφή των πέντε στοιχείων και των δυνάμεων της φύσης. Σύμφωνα με τις γραφές, τα στοιχεία της φύσης διαθέτουν συνείδηση και ελέγχονται από πνευματικές δυνάμεις που θεωρούνται ημίθεοι (ντεβάτα). Ολόκληρη η Δημιουργία θεωρείται ότι αποτελεί το σώμα του Κυρίου και γι' αυτό αντιμετωπίζεται με ιδιαίτερο σεβασμό και λατρεία. Όπως είπε η Άμμα το 2007 στην ομιλία που έδωσε στο Παρίσι, με τίτλο «Συμπόνια, ο μόνος δρόμος για την ειρήνη», «την παλιά εποχή, δεν υπήρχε καμιά ιδιαίτερη ανάγκη για προστασία του περιβάλλοντος, γιατί η προστασία της φύσης ήταν μέρος της λατρείας του Θεού και της ίδιας της ζωής. Περισσότερο κι από το να σκέφτονται το Θεό, οι άνθρωποι αγαπούσαν και υπηρετούσαν τη φύση και την κοινωνία. Έβλεπαν τον Δημιουργό μέσα στη Δημιουργία. Αγαπούσαν, λάτρευαν και προστάτευαν τη φύση ως την ορατή μορφή του Θεού». Αν θεωρούμε τον άνεμο, τη βροχή, τον ήλιο και τη γη ως εκδηλώσεις του Θεού, τότε αυθόρμητα θα αναπτύξουμε σεβασμό απέναντί τους. Αν κάποιος βλέπει πραγματικά έναν ποταμό ως τον Βαρούνα Ντέβα (το θεό του νερού), τότε θα είναι αδύνατο να ρίξει τοξικά απόβλητα μέσα σ' αυτόν.

Εδώ και πολλά χρόνια, κατά τη διάρκεια της τελετής που γίνεται πριν από το Ντέβι Μπάβα, η Άμμα μας ζητά πάντοτε να προσευχηθούμε για την παγκόσμια ειρήνη, λέγοντας ότι η Μητέρα Φύση είναι ταραγμένη και ότι μόνο η κατευναστική δύναμη της χάρης του Θεού μπορεί να διαλύσει τα μαύρα σύννεφα που μαζεύονται. Η ισορροπία στη φύση έχει διαταραχθεί γιατί οι άνθρωποι δεν ζουν πια σε αρμονία με τον κόσμο που τους περιβάλλει. Αν παρατηρήσουμε όλες τις φυσικές καταστροφές που συμβαίνουν στην εποχή μας, θα διαπιστώσουμε ότι αυτές οφείλονται άμεσα στην εκμετάλλευση της φύσης από τον άνθρωπο. Η Άμμα έχει επανειλημμένα τονίσει ότι η Μητέρα Φύση αντιδρά και καταστρέφει την ανθρωπότητα, με τα ίδια στοιχεία που κανονικά θα έπρεπε να την βοηθούν να ευημερεί. Οι άνεμοι που θα έπρεπε να μας δροσίζουν και να μεταφέρουν τους σπόρους και τη βροχή, γίνονται αντίθετα, θύελλες και τυφώνες. Ο ήλιος που θα έπρεπε να μας ζεσταίνει, λιώνει τους πάγους στους πόλους της γης. Το νερό που θα έπρεπε να μας ξεδιψά και να ποτίζει τις καλλιέργειες, αποτραβιέται από τα πηγάδια και παίρνει τη μορφή καταστροφικών παλιρροϊκών κυμάτων. Η ίδια η γη που φιλοξενεί πάνω της όλες τις μορφές ζωής, τρέμει συχνά από τους σεισμούς.

Με τον τρίτο τρόπο λατρείας, την Πίτα γιάγκνυα, αποτίνουμε φόρο τιμής στους αποβιώσαντες προγόνους μας, χωρίς τους οποίους δεν θα είχαμε γεννηθεί σ' αυτή τη γη. Ωστόσο, μπορούμε να επεκτείνουμε αυτό το σεβασμό και να τιμούμε όλους τους εν ζωή ηλικιωμένους συγγενείς μας. Οι γραφές άλλωστε μας προτρέπουν:

«...να μεταχειρίζεσαι τη μητέρα σου ως Θεό, τον πατέρα σου ως Θεό»

Τατρίγια Ουπανισάδα 1.11.2

Τι νόημα έχει άλλωστε να τιμούμε τους αποβιώσαντες προγόνους μας αν κακομεταχειριζόμαστε τους εν ζωή γονείς μας; Η Άμμα λέει σχετικά με αυτό: «Εκφράζοντας ευγνωμοσύνη στους προγόνους μας για την αγάπη και τη φροντίδα που μας προσέφεραν, δίνουμε το καλό παράδειγμα στα παιδιά μας. Όταν μας βλέπουν να αγαπούμε και να σεβόμαστε τους γονείς μας, θα κάνουν κι εκείνα το ίδιο με εμάς».

Η Άμμα συμβουλεύει πάντα τα παιδιά να χαιρετούν με σεβασμό τους μεγαλύτερους τους προτού βγουν από το σπίτι. Στην Ινδία το έθιμο είναι να υποκλίνονται μπροστά τους και να ακουμπούν τα πόδια τους. Σε άλλες κουλτούρες υπάρχουν διαφορετικά έθιμα. Σε γενικές γραμμές όμως, τα παιδιά πρέπει να συνηθίσουν να χαιρετούν με σεβασμό τους γονείς τους προτού ξεκινήσουν για το σχολείο. Στα σχολεία της Άμμα στην Ινδία, μια μέρα το χρόνο τα παιδιά τιμούν τις μητέρες τους σε μια ειδική τελετή που ονομάζεται πάντα πούτζα (τελετουργικό πλύσιμο των ποδιών). Τέτοια τελετουργικά έχουν μεγάλη επίδραση στο νου των παιδιών, (αλλά και των γονιών) βοηθώντας τα να βλέπουν το θεϊκό στοιχείο σε κάθε όψη της δημιουργίας. Ο τελικός στόχος είναι να μάθουν να ζουν με την κατανόηση ότι ολόκληρη η δημιουργία είναι ο εκδηλωμένος Θεός.

Ο καλύτερος τρόπος για να ξεκινήσουμε αυτή την εκπαίδευση είναι ο σεβασμός προς τους γονείς, οι οποίοι άλλωστε είναι εκείνοι που μας έφεραν στο κόσμο και μας ανέθρεψαν. Στις μέρες μας δυστυχώς ο σεβασμός προς τους γονείς έχει σε μεγάλο βαθμό ατονήσει. Τα παιδιά συχνά στέλνουν τους ηλικιωμένους γονείς τους σε οίκους ευγηρίας και αρκούνται στο να τους επισκέπτονται μια δυο φορές το μήνα. Αυτή η συνήθεια είναι εκ διαμέτρου αντίθετη με τη διδασκαλία των Βεδών, η οποία μας προτρέπει να τους βλέπουμε σαν τον ίδιο το Θεό.

Ο τέταρτος τρόπος λατρείας, η Μπούτα γιάγκνυα, έχει ως αντικείμενο τα ζώα και τα φυτά, που θεωρούνται και αυτά ως εκδήλωση του Θεού. Η επιβίωσή μας εξαρτάται πράγματι από το φυτικό και το ζωικό βασίλειο, με τα οποία μοιραζόμαστε αυτή τη γη. Χωρίς τα ζώα και τα φυτά δεν θα υπήρχε τροφή για τους ανθρώπους. Ακόμα και το οξυγόνο, που είναι απολύτως απαραίτητο για τη ζωή, προέρχεται από την μετατροπή του διοξειδίου του άνθρακα από τα φυτά.

Η Άμμα μιλά συχνά για τους περιβαλλοντικούς κινδύνους που αντιμετωπίζει στην εποχή μας ο πλανήτης. Μεταξύ άλλων, εξηγεί πως τα χημικά λιπάσματα καταστρέφουν τον πληθυσμό των μελισσών: «Ο ρόλος των μελισσών είναι πολύ σημαντικός για τη διατήρηση της ισορροπίας της φύσης και την ευημερία της κοινωνίας των ανθρώπων. Οι μέλισσες γονιμοποιούν τα φυτά που μας προμηθεύουν φρούτα και καρπούς. Κατά παρόμοιο τρόπο, οι άνθρωποι ωφελούνται απ' όλα τα ζωντανά πλάσματα. Όλα τα όντα αλληλεξαρτώνται για την επιβίωσή τους. Ένα αεροπλάνο με χαλασμένο κινητήρα δεν μπορεί να πετάξει. Αλλά ακόμα κι αν χαλάσει μια μόνο βίδα που συνδέει τα διάφορα μέρη του, το αποτέλεσμα θα είναι πάλι το ίδιο. Παρομοίως, ακόμα και το μικρότερο πλάσμα παίζει ένα σημαντικό ρόλο στη φύση. Όλα τα όντα χρειάζονται τη βοήθειά μας για να επιζήσουν και είναι καθήκον μας να την προσφέρουμε».

Ο τελευταίος τρόπος λατρείας είναι η Μανούσυα γιάγκνυα, η οποία απευθύνεται στους συνανθρώπους μας ως ενσαρκώσεις του Θεού. Παραδοσιακά, ένας από τους τρόπους με τους οποίους εκδηλωνόταν αυτή η λατρεία, ήταν η προσφορά φαγητού, ρούχων και φιλοξενίας σε ξένους που έφθαναν απροειδοποίητα στο σπίτι μας, ιδίως σε προσκυνητές που χρειάζονταν ένα κατάλυμα για το βράδυ. Η ινδική φιλοξενία έχει διατηρήσει τον εγκάρδιο χαρακτήρα της και εντυπωσιάζει πολλούς ξένους που επισκέπτονται τη χώρα. Για να καταλάβουμε τη σημασία αυτής της μορφής λατρείας, αρκεί να αναλογιστούμε πόσα χρωστάμε στους συνανθρώπους μας για όλα όσα έχουμε στη ζωή μας, από το φαγητό που σερβίρουμε στο τραπέζι μας, μέχρι το ηλεκτρικό ρεύμα που φωτίζει τα σπίτια μας και τα παπούτσια που φοράμε.

Απ' όλους τους παραπάνω τρόπους λατρείας, η Άμμα δίνει μεγαλύτερη έμφαση στην τελευταία, τη Μανούσυα γιάγκνυα: «Η επιθυμία της Άμμα είναι όλα τα παιδιά της να αφιερώνουν τη ζωή τους στη διάδοση του μηνύματος της αγάπης και της ειρήνης στον κόσμο. Αληθινή αγάπη και αφοσίωση στο Θεό σημαίνει να δείχνουμε συμπόνια στους φτωχούς και σε εκείνους που υποφέρουν. Παιδιά μου, δώστε τροφή στους πεινασμένους, βοηθήστε τους φτωχούς, παρηγορήστε τους δυστυχισμένους, ανακουφίστε όσους υποφέρουν, δείξτε συμπόνια σε όλους όσους έχουν ανάγκη». Στα γενέθλιά της, η Άμμα συνηθίζει να λέει ότι προτιμά οι πιστοί της να βοηθούν τους φτωχούς, παρά να της πλένουν τα πόδια. Και οι πιστοί της ικανοποιούν πράγματι αυτή την επιθυμία της. Το ορφανοτροφείο του άσραμ, τα νοσοκομεία, τα προγράμματα ανέγερσης κατοικιών για αστέγους, τα γηρο-κομεία, η βοήθεια στα θύματα καταστροφών, οι υποτροφίες σε φτωχά παιδιά.... όλα αυτά είναι μορφές της Μανούσυα γιάγκνυα.

Όταν εκτελούμε αυτές τις μορφές λατρείας είναι σημαντικό να θυμόμαστε ποια είναι η σωστή στάση, που τις κάνει να ξεχω-ρίζουν από την απλή φιλανθρωπική δράση. Πρέπει να έχουμε πάντα στο νου μας ότι σε τελική ανάλυση λατρεύουμε τον ίδιο το Θεό. Όπως έχει γράψει ο Ραμάνα Μαχάρσι[2]:

Η λατρεία όλων των όντων ως εκδηλώσεων του Θεού, είναι η αληθινή λατρεία προς Εκείνον που παίρνει τη μορφή των οκτώ στοιχείων».

Ουπαντέσα Σαράμ, στίχος 5

Τα οκτώ στοιχεία που αναφέρονται εδώ είναι τα εξής: αιθέρας, άνεμος, νερό, φωτιά, γη, ήλιος, σελήνη και όλα τα έμβια όντα. Δεν βοηθάμε λοιπόν τους συνανθρώπους μας επειδή αυτό επιθυμεί ο Θεός, αλλά επειδή κατανοούμε ότι αυτοί είναι ο ίδιος ο Θεός. Αυτό είναι το νόημα της φράσης: «Η υπηρεσία προς τον άνθρωπο

---

[2] Σύγχρονος Ινδός άγιος που έζησε από το 1879 έως το 1950 στην πολιτεία Ταμίλ Ναντού της Ινδίας.

είναι υπηρεσία προς το Θεό». Παρομοίως, καταλαβαίνουμε ότι τα ποτάμια, τα ζώα και τα δέντρα είναι επίσης εκδηλώσεις του Θεού. Το ίδιο και οι γονείς μας. Αυτό είναι σημαντικό, γιατί με αυτή τη στάση όχι μόνο εξαγνίζουμε αλλά και διευρύνουμε το νου μας. Σταδιακά υπερβαίνουμε τις περιοριστικές αντιλήψεις μας για τον κόσμο και το Θεό.

Θα σας δώσω ένα παράδειγμα σχετικό με την Μπούτα γιάγκνυα, τη λατρεία του Θεού μέσω της προστασίας των ζώων και των φυτών. Σε ορισμένα από τα σχολεία της Άμμα, οι δάσκαλοι βάζουν κάθε παιδί να φυτέψει ένα δεντράκι. Το παιδί του δίνει όνομα και το λατρεύει καθημερινά ποτίζοντάς το. Οι δάσκαλοι αυτοί έχουν αναφέρει πολλά όμορφα περιστατικά που προκύπτουν από τη συνήθεια αυτή. Όταν πλησιάζουν οι διακοπές, αρκετά παιδιά πηγαίνουν στα δεντράκια τους και τους μιλούν: «Στις διακοπές δεν θα σε ποτίζω εγώ, αλλά μην στεναχωριέσαι, θα επιστρέψω σε δυο μήνες. Μην κλαις». Κανείς δεν είπε στα παιδιά να μιλούν στα δεντράκια τους, το κάνουν αυθόρμητα. Δίνοντάς τους ονόματα και ποτίζοντάς τα καθημερινά, αναπτύσσουν μια ιδιαίτερη σχέση μαζί τους. Μερικά παιδιά τους έγραψαν ακόμα και γράμματα που κρέμασαν στα κλαδιά τους λέγοντας: «Όταν είσαι στεναχωρημένο διάβαζε το γράμμα μου». Αυτά τα παιδιά θα γνωρίζουν πια σε όλη τους τη ζωή, ότι τα δέντρα δεν είναι άψυχα αντικείμενα, αλλά ζωντανά όντα με συνείδηση. Η αντίληψη των παιδιών αυτών για τον κόσμο αρχίζει να διευρύνεται απ' αυτή την τρυφερή ηλικία. Στο τέλος θα καταλάβουν ότι ολόκληρο το σύμπαν, εσωτερικό και εξωτερικό, διαπερνάται από τη θεϊκή παρουσία.

Αν ασκούμαστε λοιπόν σε αυτούς τους τρόπους λατρείας με το σωστό πνεύμα, θα μπορέσουμε στο τέλος να βλέπουμε τον Εαυτό μας στους άλλους ή, διαφορετικά, τους άλλους ως τον Εαυτό μας. Η κατανόηση αυτή είναι ο αληθινός μας στόχος στο πνευματικό μονοπάτι.

Κεφάλαιο έβδομο:

Καλλιεργώντας θεϊκές αρετές

«Παιδιά μου, ο Θεός μας έχει προικίσει με τις απαραίτητες ικανότητες για να γίνουμε σαν Εκείνον. Η αγάπη, η ομορφιά και όλες οι θεϊκές αρετές υπάρχουν μέσα μας. Πρέπει να χρησιμοποιήσουμε τις ικανότητές μας για να εκδηλώσουμε αυτές τις θεϊκές αρετές στη ζωή μας».

– Άμμα

Όλες οι θρησκείες τονίζουν τη σημασία της καλλιέργειας αρετών, όπως η ευγένεια, η φιλαλήθεια, η αποχή από κλοπή κλπ. Σε τελική ανάλυση μας παρακινούν να ακολουθούμε το χρυσό κανόνα «μην κάνεις στους άλλους αυτό που δεν θα ήθελες να κάνουν σε σένα». Η ιδέα αυτή βρίσκεται, με διαφορετικές μορφές, στις ιερές γραφές όλων των θρησκειών του κόσμου, συμπεριλαμβανομένου και του Ινδουισμού. Για παράδειγμα στο έπος της Μαχαμπαράτα, ο δάσκαλος των ημίθεων Μπριχασπάτι, λέει στον μαθητή του Γιουντίστιρα[1]:

Ποτέ δεν θα πρέπει να κάνουμε στους άλλους κάτι που θεωρούμε επιβλαβές για τον εαυτό μας. Αυτός είναι με λίγα λόγια ο κανόνας του ντάρμα. Κάθε συμπεριφορά

---

[1] Ο Γιουντίστιρα ήταν ένας από τους πέντε Πάνταβα, τους ήρωες τους έπους της Μαχαμπαράτα και αδελφός του Αρτζούνα, στον οποίον ο Κρίσνα μετέδωσε τη διδασκαλία της Μπαγκαβάτ Γκιτά. Τα άλλα τρία αδέρφια ήταν ο Μπίμα, ο Νακούλα και ο Σαχαντέβα.

που δεν σέβεται τον κανόνα αυτό προέρχεται από εγωιστικές επιθυμίες.

Μαχαμπαράτα, 13.114.8

Η διάπλαση ενός ενάρετου χαρακτήρα είναι ένας παράγοντας που επιφέρει την αρμονία σε ατομικό και κοινωνικό επίπεδο. Στις ιερές γραφές αναφέρεται κατ' επανάληψη ότι, χωρίς την καλλι-έργεια των αρετών, δεν υπάρχει ελπίδα να φτάσει ο άνθρωπος στην αυτοπραγμάτωση.

«Κάποιος που συμπεριφέρεται άσχημα, που δεν μπορεί να ελέγξει τις αισθήσεις του, που αδυνατεί να συγκεντρώσει το νου του, που είναι συνεχώς ανήσυχος, είναι αδύνατον να φθάσει στον Εαυτό μέσω της γνώσης».

Κάθα Ουπανισάδα 1.2.24

Αν ο κατάλογος των αρετών που αναφέρονται στα ιερά κείμενα μοιάζει ατελείωτος, αυτό οφείλεται στο γεγονός ότι οι σοφοί και οι άγιοι της αρχαιότητας ερεύνησαν σε βάθος όλες τις πτυχές της ανθρώπινης ύπαρξης. Η ευρύτητα του σανσκριτικού λεξι-λογίου είναι ενδεικτική της σχολαστικότητας και της ακρίβειας που χαρακτήριζε τις μεγάλες διάνοιες της αρχαίας Ινδίας. Για παράδειγμα, υπάρχουν δεκάδες λέξεις που αποδίδουν λεπτές διαφοροποιήσεις του συναισθήματος της θλίψης. Για να μην μιλή-σουμε για τις αποχρώσεις της περηφάνιας και της αγάπης! Έχουν καταγραφεί επίσης έξι τρόποι με τους οποίους ένας άνθρωπος χαμογελά. Στο 13ο κεφάλαιο της Μπαγκαβάτ Γκιτά, ο Κρίσνα αναφέρει πάνω από 20 αρετές τις οποίες πρέπει να καλλιεργήσει ένας ειλικρινής πνευματικός αναζητητής.

Σ' αυτό το κεφάλαιο θα επικεντρωθούμε σε μερικές από τις αρετές, στις οποίες η Άμμα δίνει ιδιαίτερη σημασία. Οι αρετές αυτές είναι οι εξής: η υπομονή, η αθωότητα, η ταπεινότητα, η επίγνωση και η συμπόνια. Ενώ αυτές και άλλες βασικές αρε-τές έχουν παγκόσμιο χαρακτήρα, βλέπουμε ότι διαφορετικές γραφές και διαφορετικοί δάσκαλοι δίνουν έμφαση σε ορισμένες απ' αυτές. Αυτό οφείλεται ίσως στο γεγονός ότι οι ανάγκες των καιρών είναι διαφορετικές, όπως και οι ανάγκες των ανθρώπων στους οποίους απευθύνονται οι δάσκαλοι. Εν πάση περιπτώσει, η Άμμα λέει ότι στην αρχή είναι αρκετό να επικεντρώσουμε τις προσπάθειές μας στην καλλιέργεια μιας μόνο αρετής: «Απλά διαλέξτε μια αρετή, και προσπαθήστε να την καλλιεργήσετε με πίστη και αισιοδοξία. Οι άλλες αρετές θα ακολουθήσουν αυτόματα».

Για να μας βοηθήσει να καταλάβουμε το γεγονός αυτό, η Άμμα διηγείται την παρακάτω ιστορία: Μια γυναίκα κέρδισε έναν υπέροχο κρυστάλλινο πολυέλαιο ως πρώτο βραβείο σε ένα διαγωνισμό. Τον πήρε σπίτι και τον κρέμασε στο σαλόνι της. Καθώς απολάμβανε την ομορφιά του, πρόσεξε ότι η μπογιά σε ένα μέρος του τοίχου είχε αρχίσει να ξεθωριάζει. Αποφάσισε λοιπόν να βάψει τον τοίχο. Όταν τέλειωσε το βάψιμο, κοίταξε το δωμάτιο και πρόσεξε ότι οι κουρτίνες ήταν βρώμικες. Αμέσως έπλυνε όλες τις κουρτίνες. Τότε η ματιά της έπεσε στο παλιό χαλί που υπήρχε στο πάτωμα και πρόσεξε ότι είχε ξεφτίσει. Έτσι λοιπόν, αποφάσισε να αντικαταστήσει το χαλί με ένα καινούρ- γιο. Σύντομα, ολόκληρο το δωμάτιο ήταν σαν καινούργιο. Όλα ξεκίνησαν από μια μικρή αλλαγή, έναν καινούργιο πολυέλαιο, και στο τέλος όλο το σπίτι κατέληξε να είναι πεντακάθαρο και όμορφο, πλήρως μεταμορφωμένο.

Για να καταλάβουμε αυτή την ιδέα ας φέρουμε ένα άλλο παράδειγμα, σχετικό με την εκγύμναση του σώματος αυτή τη φορά. Ας υποθέσουμε ότι ένας άνδρας συνειδητοποιεί ότι η φυσι- κή του κατάσταση είναι άσχημη και αποφασίζει να γυμναστεί. Ξεκινά λοιπόν να κάνει καθημερινά όσο πιο πολλά πους απς μπο- ρεί. Μετά από ένα μήνα περίπου αισθάνεται πραγματικά μεγάλη διαφορά. Κοιτά τον εαυτό του στον καθρέφτη και διαπιστώνει πόσο έχουν δυναμώσει οι ώμοι και το στήθος του. Παρατηρεί όμως ότι οι δικέφαλοι του μοιάζουν συγκριτικά αγύμναστοι. Παίρνει λοιπόν μερικά βαράκια και προσθέτει νέες ασκήσεις για τους δικέφαλους στο πρόγραμμά του. Στη συνέχεια, αποφασίζει να ρίξει λίγο την κοιλιά του και ξεκινά να κάνει κάμψεις του κορμού. Στο τέλος, για να δυναμώσει τους μηρούς του, βάζει στο πρόγραμμά του και μια σειρά από βαθιά καθίσματα. Μετά από ένα χρόνο, θα δυσκολευόμασταν να τον αναγνωρίσουμε. Θα λέγαμε ότι έμοιασε στον Άρνολντ Σβαρτζενέγκερ!

Αυτές οι αλλαγές οφείλονται στη διεύρυνση της επίγνωσής μας. Καλλιεργούμε μια αρετή και ξαφνικά ο νους μας συνειδητοποιεί τα ελαττώματά μας. Τα γνωρίζαμε πιθανώς και πιο πριν, αλλά δεν τους δίναμε ιδιαίτερη σημασία. Ενώ τα ελαττώματα αυτά ήταν προφανή στους άλλους – την οικογένεια, τους φίλους, τους συναδέλφους – σε εμάς πέρναγαν απαρατήρητα λόγω έλλειψης επίγνωσης.

Στις γραφές, οι αρετές αποκαλούνται «*νταϊβι σαμπάτ*», που σημαίνει θεϊκές ιδιότητες[2] και τα ελαττώματα «*άσουρι σαμπάτ*», που σημαίνει δαιμονικά ελαττώματα. Η εσωτερική φύση μας δεν είναι ούτε καλή ούτε κακή. Βρίσκεται πέρα από τη δυαδικότητα, είναι η συνειδητότητα *πάνω* στην οποία εκδηλώνονται τα ζεύγη των αντιθέτων. Επειδή όμως ο νους ανήκει στον κόσμο των αντιθέτων, θα λάβει είτε τη μία ιδιότητα είτε την άλλη. Όταν δεν είναι μέρα, θα είναι αναγκαστικά νύχτα. Γενικά, όπου απουσιάζουν οι αρετές, μόνο τα αντίθετά τους ελαττώματα θα εκδηλώνονται. Για παράδειγμα, αν κάποιος δεν είναι συμπονετικός, τι άλλο θα μπορούσε να είναι εκτός από αδιάφορος και απαθής; Αν κάποιος δεν είναι ταπεινός, αναγκαστικά θα είναι εγωιστής. Η ποιότητα του νου μας βρίσκεται στα χέρια μας. Μπορούμε είτε να τον αφήσουμε να εκφυλίζεται από τα ελαττώματα του χαρακτήρα μας είτε να τον εκλεπτύνουμε σταδιακά καλλιεργώντας τις αρετές, μέχρις ότου να αντανακλάται καθαρά σε αυτόν η θεϊκή δόξα.

Η ιδέα αυτή εμφανίζεται σε έναν από τους μύθους της αρχαίας Ινδίας. Ένας σοφός που λεγόταν Κασυάπα είχε δύο συζύγους, την Αντίτι που γέννησε ημίθεους και την Ντίτι που

---

[2] Αποκαλούνται «θεϊκές» γιατί η καλλιέργειά τους μας επιτρέπει να κατανοήσουμε σταδιακά τη θεϊκή μας φύση.

γέννησε δαίμονες. Αυτή η αλληγορία υποδεικνύει το γεγονός ότι ένα άτομο είναι ικανό για το καλύτερο και για το χειρότερο, ανάλογα με τον τρόπο με τον οποίο χειρίζεται το νου του.

Το γεγονός ότι μια αρετή, ή αντίθετα ένα ελάττωμα, δεν βρίσκουν την ευκαιρία να εκδηλωθούν στη συμπεριφορά ενός ανθρώπου, δεν σημαίνει ότι δεν υπάρχουν στον ψυχισμό του. Κάποιο από τα δύο, αρετή ή ελάττωμα, βρίσκεται στον υποσυνείδητο νου του και όταν δοθεί η ευκαιρία οπωσδήποτε θα εκδηλωθεί. Ένας βασιλιάς που περιτριγυρίζεται πάντα από τους υπηρέτες του, μπορεί να μην έχει πολλές ευκαιρίες να δείξει υπομονή ή ανυπομονησία. Αν όμως κάποια φορά το δείπνο του αργήσει, τότε ο χαρακτήρας του θα εκδηλωθεί. Παρομοίως, ένας ασκητής που ζει μόνος μέσα σε μια σπηλιά μπορεί να μην έχει τα κατάλληλα ερεθίσματα για να εκφράσει συμπόνια ή αδιαφορία. Η μία όμως από τις δύο αντίθετες ιδιότητες θα είναι κυρίαρχη στον ψυχισμό του. Ένας Μαχάτμα θα εκδηλώνει αυθόρμητα μόνο θεϊκές αρετές, διότι έχει υπερβεί τις αρέσκειες και τις αποστροφές του νου του και βλέπει τους πάντες ως επέκταση του Εαυτού του. Επιπλέον, θα ακολουθεί πάντα τις προσταγές του ντάρμα για να δίνει το καλό παράδειγμα στους άλλους. Οι πράξεις ενός κοινού ανθρώπου εξαρτώνται από τη δύναμη της προσκόλλησής του στις αρέσκειες και τις αποστροφές του νου του, έναντι στη δύναμη της προσήλωσής του στο ντάρμα. Είναι σαν να έχουμε στη μια πλευρά μια ζυγαριάς τις αρέσκειες και τις αποστροφές και στην άλλη το ντάρμα. Αν οι πρώτες είναι πιο ισχυρές, ο άνθρωπος εκδηλώνει αρνητικές ιδιότητες, αν επικρατεί το δεύτερο τότε εκδηλώνει θεϊκές αρετές. Αν κάποιος αποσυρθεί σε ένα ερημικό μέρος για να διαλογιστεί προτού υπερβεί τις αρέσκειες και τις αποστροφές του, μπορεί μετά από κάποιο διάστημα να νομίζει ότι τις έχει ξεπεράσει λόγω της έλλειψης ερεθισμάτων που να τις κάνουν να εκδηλώνονται. Μόνο όταν έχουμε συνειδητοποιήσει τα ελαττώματά μας μπορούμε να ξεκινήσουμε την προσπάθεια να τα μετατρέψουμε σε αρετές.

Το γεγονός αυτό παρουσιάζεται εύστοχα και με χιουμοριστικό τρόπο σε μια παιδική ταινία κινουμένων σχεδίων με τίτλο «*Ψάχνοντας τον Νέμο*». Σ' αυτή την ταινία λοιπόν, μερικοί καρχαρίες αποφάσισαν να σταματήσουν να τρώνε ψάρια. Δημιούργησαν μάλιστα μια ομάδα με τίτλο «Ανώνυμοι ψαροφάγοι» (κατά το πρότυπο των Ανώνυμων Αλκοολικών), για να βοηθούν ο ένας τον άλλον να σταματήσουν αυτή τη συνήθεια. Κατά τη διάρκεια των συναντήσεων τους επαναλάμβαναν ξανά και ξανά «τα ψάρια είναι φίλοι μας και όχι φαγητό!» Αρχηγός της ομάδας ήταν ένας τεράστιος λευκός καρχαρίας που περηφανευόταν ότι είχε σταματήσει να τρώει ψάρια για τρεις ολόκληρες εβδομάδες! Όλα έμοιαζαν να πηγαίνουν καλά, μέχρι που ένα ψάρι που κολυμπούσε κοντά τους τραυματίστηκε. Μια σταγόνα από το αίμα του έτυχε να περάσει κοντά από τη μύτη του αρχηγού καρχαρία. Τη στιγμή που εκείνος μύρισε το αίμα, η τάση του να τρώει κρέας αμέσως αφυπνίστηκε και δεν μπόρεσε να συγκρατηθεί ούτε δευτερόλεπτο. Άρχισε αμέσως να καταδιώκει σαν τρελός το ψάρι για να το καταβροχθίσει.

Μέσω του παραδείγματος αυτού, δεν θέλω βέβαια να ισχυριστώ ότι δεν θα πρέπει να αποφεύγουμε τους διάφορους πειρασμούς των αισθήσεων, αλλά ότι είναι εκ φύσεως αδύνατο να αποκλείσουμε για πάντα την επαφή μας μαζί τους. Στην αρχή της πνευματικής ζωής, είναι σημαντικό να ασκούμαστε στην *ντάμα* (τον έλεγχο των αισθήσεων) και να αποφεύγουμε τους πειρασμούς. Στο τέλος όμως, πρέπει να γίνουμε τόσο δυνατοί ώστε να υπερβούμε την ανάγκη για απομόνωση. Όπως λέει η Άμμα «ένα μικρό δέντρο χρειάζεται την προστασία ενός φράχτη μέχρι να μεγαλώσει. Μετά δεν τον έχει πια ανάγκη». Μόνο όταν έρθουμε αντιμέτωποι με ένα αντικείμενο των αισθήσεων, χωρίς να νιώσουμε την παραμικρή επιθυμία γι' αυτό, μπορούμε να πούμε ότι έχουμε υπερβεί πλήρως την επιθυμία αυτή.

Τα ελαττώματα και τα αρνητικά χαρακτηριστικά εκδηλώνονται όταν ταυτιζόμαστε με κάτι περιορισμένο, όπως το σώμα ή ο νους. Οι θεϊκές αρετές καλλιεργούνται όταν ταυτιζόμαστε με κάτι απεριόριστο, την ίδια τη συνειδητότητα. Κατά συνέπεια, όσο περισσότερο ταυτιζόμαστε με το σώμα και το νου μας, τόσα περισσότερα ελαττώματα αναπτύσσουμε. Από την άλλη, όσο περισσότερο ταυτιζόμαστε με τον Εαυτό τόσο πιο ενάρετος γίνεται ο χαρακτήρας μας. Η έσχατη φύση του Εαυτού βρίσκεται πέρα από κάθε δυαδικότητα όπως το καλό και το κακό, αλλά προκειμένου να συνειδητοποιήσουμε αυτή την πραγματικότητα πρέπει πρώτα να εξαγνίσουμε το νου μας καλλιεργώντας τις θεϊκές αρετές. Κατ' αυτόν τον τρόπο, η καλλιέργεια των αρετών μάς δίνει την απαιτούμενη ώθηση για να κάνουμε τη μετάβαση από τον εγωισμό στην ανιδιοτέλεια.

Ας δούμε τώρα μερικές αρετές στις οποίες η Άμμα δίνει ιδιαίτερη έμφαση, καθώς και μερικούς τρόπους που μπορούμε να χρησιμοποιήσουμε για την καλλιέργειά τους. Πρέπει όμως να έχουμε κατά νου ότι η έμφαση σ' αυτές τις αρετές δεν σημαίνει ότι οι υπόλοιπες είναι ασήμαντες και ότι μπορούμε να τις αγνοήσουμε.

Υπομονή

Η Άμμα έχει τονίσει επανειλημμένα ότι η υπομονή είναι μια απαραίτητη αρετή στην πνευματική ζωή από την αρχή ως το τέλος: «Η πνευματική ζωή απαιτεί μεγάλη υπομονή. Διαφορετικά, το αποτέλεσμα θα είναι μόνο η απογοήτευση». Στη σύγχρονη εποχή, όλοι οι άνθρωποι θέλουν να βλέπουν άμεσα τα αποτελέσματα των πράξεών τους, χωρίς καμιά καθυστέρηση. Σε όλες σχεδόν τις διαφημίσεις συναντάμε τη λέξη «άμεσα»: άμεσο δάνειο, άμεσα αποτελέσματα, άμεση επικοινωνία κλπ. Πολλοί μιλούν ακόμα και για «στιγμιαία φώτιση». Η Άμμα λέει ότι η ανάγκη για ταχύτητα εξελίσσεται σε αρρώστια. Η τάση αυτή παρατηρείται ακόμα και στις μεθόδους καλλιέργειας των φυτών. Χρησιμοποιώντας νέες γεωργικές μεθόδους, οι επιστήμονες έχουν καταφέρει να μικρύνουν κατά πολύ το χρόνο ωρίμανσης, με αποτέλεσμα όμως τα λαχανικά και οι καρποί να έχουν μικρότερη θρεπτική αξία. Οτιδήποτε έχει αξία χρειάζεται χρόνο για να ωριμάσει.

Σ' ένα ανέκδοτο που άκουσα, ένας άνθρωπος προσεύχεται στο Θεό λέγοντας: «Θεέ μου σε παρακαλώ χάρισέ μου υπομονή, τώρα!» Δυστυχώς τα πράγματα δεν είναι έτσι. Η πνευματική ανάπτυξη μοιάζει με το άνθισμα ενός λουλουδιού. Είναι μια σταδιακή διαδικασία που απαιτεί φροντίδα και υπομονή. Κανείς δεν μπορεί να ανοίξει ένα σπόρο και να βγάλει από μέσα του το φυτό. Κανείς δεν μπορεί ν' ανοίξει με τη βία τα πέταλα ενός λουλουδιού. Στις μέρες μας οι άνθρωποι αποζητούν την πνευματική εξύψωση όσο το δυνατόν γρηγορότερα. Η Άμμα έχει πει σχετικά με την τάση αυτή: «Είναι σαν μια μητέρα να λέει στο παιδί της: θέλω να μεγαλώσεις αμέσως! Γιατί πρέπει να είσαι παιδί για τόσο πολύ καιρό; Κάνε γρήγορα! Δεν έχω χρόνο να σε περιμένω! Τι άλλο θα λέγαμε για μια τέτοια μητέρα εκτός του ότι είναι ανόητη και ψυχικά διαταραγμένη; Οι άνθρωποι έχουν την απαίτηση να συμβούν θαύματα, δεν διαθέτουν την υπομονή να περιμένουν ή να καταβάλλουν την απαιτούμενη προσπάθεια. Δεν καταλαβαίνουν ότι το μεγαλύτερο θαύμα είναι το άνοιγμα της καρδιάς στη μία και υπέρτατη αλήθεια. Αυτό το εσωτερικό άνθισμα, ωστόσο, είναι πάντα αργό και σταθερό».

Αν δεν διαθέτουμε υπομονή, δεν μπορούμε να ελπίζουμε ότι θα σημειώσουμε πρόοδο στην πνευματική ζωή. Για πολύ καιρό επιτρέπαμε στο νου μας να κάνει οτιδήποτε του άρεσε. Πως είναι δυνατόν τώρα, από τη μια στιγμή στην άλλη, να καταφέρουμε να τον ελέγξουμε; Στο παρελθόν, ο τρόπος ζωής μας ήταν υλιστικός και τώρα προσπαθούμε να πάμε ένα βήμα πιο πέρα. Θέλουμε να αντικαταστήσουμε τα ελαττώματα με αρετές, το μίσος με αγάπη, την αδιαφορία με συμπόνια. Για τους περισσότερους από εμάς, οι νοητικές μας τάσεις είναι βαθιά ριζωμένες και για να τις εξουδετερώσουμε χρειάζεται μεγάλη αποφασιστικότητα και ειλικρίνεια. Προτού φθάσουμε στην κορύφωση της πνευματικής ζωής πρέπει να αναστρέψουμε τον παλιό τρόπο σκέψης σχετικά με τον εαυτό μας, τον κόσμο γύρω μας, αλλά και τον ίδιο το

Θεό. Αυτό σίγουρα δεν είναι κάτι που γίνεται από τη μια μέρα στην άλλη.

Αθωότητα

Η αθωότητα είναι ίσως η αρετή για την οποία η Άμμα μιλά περισσότερο. Σε τελική ανάλυση, η αθωότητα είναι καρπός της γνώσης του Εαυτού που μας κάνει να δεχόμαστε πάντα ό,τι πέφτει στην αντίληψή μας με χαρά, σαν κάτι καινούργιο. Σε ένα πιο σχετικό επίπεδο, όταν η Άμμα χρησιμοποιεί τη λέξη αθωότητα αναφέρεται στην καλλιέργεια της πίστης και της δεκτικότητας που έχουν τα παιδιά, ή με άλλα λόγια, στη στάση που έχει ένας αρχάριος απέναντι στα πράγματα. Χωρίς αυτές τις ιδιότητες, κανείς δεν μπορεί να αναπτυχθεί. Χωρίς πίστη στο δάσκαλο και τις γραφές δεν θα μπορέσουμε καν να ξεκινήσουμε τη διαδρομή μας στο πνευματικό μονοπάτι. Χωρίς δεκτικότητα, θα απορρίπτουμε οτιδήποτε δεν ταιριάζει στη νοοτροπία και τον τρόπο σκέψης μας. Χωρίς τη στάση του αρχάριου, θα απογοητευόμαστε γρήγορα και θα τα παρατάμε. Αυτές οι ιδιότητες μας βοηθούν να βλέπουμε πάντα τη ζωή μέσα από τα μάτια ενός παιδιού, διατηρώντας όσο το δυνατόν περισσότερο το δέος, τον ενθουσιασμό και τη χαρά που χαρακτηρίζουν τη συμπεριφορά του. Η στάση αυτή εμπλουτίζει και κάνει πιο όμορφη τη ζωή μας, όπως και τις ζωές εκείνων που βρίσκονται γύρω μας.

«Αν έχουμε πάντα τη στάση ενός αρχάριου, κάθε κατάσταση θα είναι μια ευκαιρία μάθησης για εμάς», λέει η Άμμα. «Ο αρχάριος δεν γνωρίζει τίποτα και έχει επίγνωση ότι δεν γνωρίζει τίποτα. Γι' αυτό ακούει προσεκτικά. Είναι ανοικτός και δεκτικός. Όταν νομίζετε ότι ξέρετε, τότε δεν ακούτε πια, μόνο μιλάτε. Ο νους σας είναι ήδη γεμάτος».

Το να υιοθετούμε τη στάση του αρχάριου, δεν σημαίνει βέβαια ότι δεν κάνουμε καμία πρόοδο, ή ότι ξεχνάμε συνεχώς αυτά που μαθαίνουμε. Σημαίνει ότι διατηρούμε πάντα υψηλό βαθμό δεκτικότητας, συγκέντρωσης και προσοχής απέναντι σε αυτά που δεχόμαστε από το περιβάλλον μας. Η Άμμα λέει ότι αυτός είναι ο μόνος τρόπος να αφομοιώσει κάποιος τη γνώση και τη σοφία.

Ένα παιδί, χάρη στην αθωότητά του, πάντα συγχωρεί και ξεχνά, χωρίς καν να σκέφτεται ότι αυτό που κάνει είναι «συγχώρεση» των άλλων. Η συμπεριφορά του είναι τελείως αυθόρμητη. Εμείς ως ενήλικες κάνουμε το αντίθετο. Διατηρούμε παράπονα και μνησικακίες για χρόνια, ακόμα και για μια ζωή ολόκληρη. Η Άμμα έχει πει ότι ορισμένοι άνθρωποι φθάνουν στο σημείο να προσεύχονται να επιστρέψουν σε μια άλλη ζωή για να εκδικηθούν περισσότερο τους ανθρώπους που τους έχουν βλάψει. Σε αντίθεση με μας, τα παιδιά μπορεί να τσακωθούν μεταξύ τους τη μια στιγμή και την άλλη να παίζουν χαρούμενα και πάλι μαζί. Η Άμμα λέει ότι κι εμείς πρέπει να καλλιεργούμε ένα νου που να είναι ικανός να συγχωρεί και να ξεχνά.

Η αθωότητα μας κάνει δεκτικούς και γεμάτους πίστη. Αν πείτε σ' ένα παιδί ότι είναι βασιλιάς με μαγικές δυνάμεις, θα το δεχθεί αμέσως. Στην πνευματική ζωή, ο δάσκαλος μας διδάσκει πολλά πράγματα για την αληθινή μας φύση και την αληθινή φύση του κόσμου που μας περιβάλλει, αλλά δυσκολευόμαστε πολύ να πιστέψουμε τα λόγια του. Αν μπορούσαμε λοιπόν να ξαναγίνουμε για λίγο παιδιά και να πιστέψουμε αυτά που μας λέει, θα είχαμε μεγάλο όφελος.

Ένα περιστατικό που συνέβη πριν πολλά χρόνια στο άσραμ είναι πολύ διαφωτιστικό σχετικά με το θέμα της αθωότητας. Ένα βράδυ, ένας από τους πιστούς που έμεναν στο άσραμ ήταν ξαπλωμένος στο κρεβάτι του και σκεφτόταν την Άμμα. Ξαφνικά είδε ένα κουνούπι να πετά προς το μέτωπό του. Ο άνδρας αυτός πίστεψε ότι ήταν η Άμμα που ερχόταν να τον ευλογήσει με τη μορφή κουνουπιού, κι έτσι το άφησε να τον τσιμπήσει χωρίς να κουνηθεί καθόλου από τη θέση του ενώ του ρουφούσε το αίμα. Το κουνούπι του άφησε ένα μεγάλο πρήξιμο στο σημείο που τον τσίμπησε, ακριβώς ανάμεσα από τα φρύδια, στο λεγόμενο «τρίτο μάτι». Την επόμενη μέρα, κάποιος διηγήθηκε το περιστατικό για το ιδιαίτερο «ντάρσαν» που έλαβε ο άνδρας αυτός στην Άμμα, κι εκείνη τον κάλεσε κοντά της για να δει το τσίμπημα του κουνουπιού. Όταν το είδε, γέλασε με την καρδιά της και τον έσφιξε στην αγκαλιά της. Όποτε η Άμμα θυμάται αυτή την ιστορία ακόμα γελά, αλλά πάντα προσθέτει: «Τέτοια αθωότητα δεν θα πρέπει ποτέ να χάνεται».

Μπορεί κι εμείς να γελάμε όταν ακούμε την παραπάνω ιστορία και να σκεφτόμαστε: «Θεέ μου! Πίστεψε ότι η Άμμα πήρε τη μορφή ενός κουνουπιού. Μα καλά, τόσο ανόητος ήταν αυτός ο άνθρωπος;» Οι γραφές όμως μας διδάσκουν ότι τα πέντε στοιχεία από τα οποία αποτελείται ολόκληρο το φυσικό σύμπαν είναι θεϊκά στην ουσία τους. Ένας αληθινός γνώστης της Βεδάντα κατανοεί αυτή την αλήθεια και δέχεται ότι ακόμα κι ένα κουνούπι είναι θεϊκό στην ουσία του (χωρίς αυτό να σημαίνει ότι δεν πρέπει να το αποφεύγουμε ή να το διώχνουμε). Επομένως, μια τέτοιου είδους αθωότητα δεν είναι τόσο ανόητη όσο μπορεί να φαίνεται.

Ταπεινότητα

Η εξάλειψη του εγώ είναι μια διαδικασία που εκτυλίσσεται σε δύο επίπεδα. Σε λεπτοφυές νοητικό επίπεδο είναι η εξάλειψη της ιδέας ότι κάποιος διαθέτει ανεξάρτητη ατομικότητα. Στο εμφανές επίπεδο του χαρακτήρα ενός ατόμου είναι η εξάλειψη των αισθημάτων ανωτερότητας[3]. Όταν κάποιος εκδηλώνει αισθήματα ανωτερότητας στη συμπεριφορά του, αυτό είναι ένδειξη ότι διαθέτει κι ένα δυνατό εγώ στο λεπτοφυές νοητικό επίπεδο. Η εξάλειψη του εγώ είναι ο σκοπός της πνευματικής ζωής. Αυτό γίνεται μόνο με την αφομοίωση της γνώσης ότι δεν είμαστε το σώμα, τα συναισθήματα και η διάνοια, αλλά η αιώνια συνειδητότητα που κατοικεί μέσα στα πάντα. Για να φθάσουμε σε αυτή την κατανόηση, πρέπει πρώτα να εξαλείψουμε, σε κάποιο βαθμό τουλάχιστον, το εγώ που εκδηλώνεται στη συμπεριφορά μας.

---

[3] Πρέπει να επισημάνουμε ότι το ίδιο ισχύει και για τα αισθήματα κατωτερότητας, τα οποία δημιουργούν εξίσου μεγάλα εμπόδια στην πνευματική ζωή.

Γι' αυτό η Άμμα τονίζει τη σημασία που έχει η καλλιέργεια της ταπεινότητας. Χωρίς αυτήν, ποτέ δεν θα σκύψουμε το κεφάλι μπροστά στον πνευματικό δάσκαλο και ποτέ δεν θα παραδεχθούμε ότι οι ιδέες που έχουμε για τον κόσμο είναι λανθασμένες. Όταν το εγώ ενός ανθρώπου είναι φουσκωμένο, αυτός δεν καταδέχεται ούτε καν να πιάσει μια σκούπα για να προσφέρει μια μικρή υπηρεσία στο δάσκαλο. Όπως λέει η Άμμα: «Μέσα σ' ένα σπόρο κρύβεται ένα μεγάλο δέντρο, αλλά μόνο αν ο σπόρος θαφτεί κάτω από το έδαφος το δέντρο αυτό θα φυτρώσει. Αν ο σπόρος σκέφτεται εγωιστικά «γιατί να θαφτώ σ' αυτή τη βρώμικη γη» τότε η αληθινή φύση του δεν θα εκδηλωθεί και θα γίνει τροφή για τα ποντίκια. Παρομοίως, μόνο αν καλλιεργήσουμε την αρετή της ταπεινότητας είναι δυνατόν να συνειδητοποιήσουμε την Υπέρτατη Αλήθεια, η οποία είναι η αληθινή μας Φύση».

Δυστυχώς, ορισμένοι πνευματικοί αναζητητές υποκύπτουν στον πειρασμό της περηφάνιας. Πλήρως ταυτισμένοι με το νου τους και τη διανοητική κατανόηση της πνευματικότητας, αναπτύσσουν λεπτοφυή αισθήματα ανωτερότητας, που μερικές φορές παύουν και να είναι λεπτοφυή. Ο Άντι Σανκαρατσάρυα, στο έργο του «Σάντανα Παντσακάμ» προειδοποιεί ρητά τους πνευματικούς αναζητητές γι' αυτή την παγίδα λέγοντας: «Πάντοτε να αποφεύγετε την αλαζονεία της γνώσης».

Η ταπεινότητα είναι μια φυσική έκφραση της κατανόησης της πνευματικής αλήθειας. Όταν κατανοήσουμε πραγματικά ότι ο κόσμος και τα πάντα μέσα σ' αυτόν είναι θεϊκά, πώς μπορούμε να διατηρούμε αισθήματα ανωτερότητας; Όταν συνειδητοποιήσουμε ότι χωρίς τα πέντε στοιχεία δεν μπορούμε ούτε να φάμε ούτε να πιούμε ούτε καν να αναπνεύσουμε, πώς είναι δυνατόν να μην είμαστε ταπεινοί; Όταν αισθανόμαστε περηφάνια, θα πρέπει αμέσως να την εξουδετερώνουμε με τη σκέψη: «Ό,τι ξέρω το έμαθα από το δάσκαλό μου. Γιατί λοιπόν να περηφανεύομαι; Δεν μπορώ καν να διεκδικήσω την ευθύνη για τη λειτουργία του νου μου και την ικανότητα του να θυμάται και να σκέφτεται!»

Κάποτε, ένας δάσκαλος είχε δυο αδέρφια ως μαθητές του. Ένα πρωί, ο νεότερος αδερφός πλησίασε το δάσκαλο και του είπε: «Δάσκαλε, ξέρω ότι θεωρείς τον μεγαλύτερο αδερφό μου καλύτερο μαθητή από εμένα. Τι το ιδιαίτερο έχει; Όλα όσα κάνει εκείνος μπορώ να τα κάνω κι εγώ».

Ο δάσκαλος του είπε τότε να φωνάξει τον αδερφό του. Σε λίγο παρουσιάστηκαν και οι δύο μπροστά του. Τότε ο δάσκαλος τους είπε: «Ο καθένας σας θα πάει να πλύνει τα πόδια δέκα ανθρώπων που είναι κατώτεροί του και θα δούμε ποιος θα γυρίσει πρώτος».

Και τα δύο αδέρφια υποκλίθηκαν στο δάσκαλο και έφυγαν για να εκτελέσουν την αποστολή που τους ανέθεσε. Μια ώρα αργότερα, ο μικρότερος αδερφός επέστρεψε. «Τα κατάφερα!» είπε. Ο δάσκαλος απλά του χαμογέλασε με συμπόνια.

Ο μεγάλος αδερφός επέστρεψε λίγο μετά τη δύση του ηλίου. Υποκλίθηκε στα πόδια του δασκάλου χωρίς να πει λέξη.

«Λοιπόν τι έγινε;» τον ρώτησε εκείνος.

«Λυπάμαι δάσκαλε», απάντησε. «Ορκίζομαι ότι δεν βρήκα κανέναν κατώτερο από εμένα».

Ο δάσκαλος κοίταξε τότε το νεότερο αδερφό και του είπε: «Αυτή η ταπεινότητα είναι που τον κάνει ανώτερο».

Επίγνωση

Η Άμμα επαναλαμβάνει συχνά ότι ένας πνευματικός αναζητητής πρέπει να εκτελεί την κάθε του πράξη με επίγνωση. Κατ' αυτόν τον τρόπο, όλες του οι πράξεις γίνονται μια μορφή διαλογισμού. Αν προσπαθούμε σοβαρά να αναπτύξουμε τη νοητική μας συγκέντρωση, τότε θα πρέπει να ζούμε με τέτοιο τρόπο ώστε όλες οι λεγόμενες «εγκόσμιες» δραστηριότητές μας να γίνονται το μέσο για τον εξαγνισμό του νου μας. Σε μια από τις Ουπανισάδες[4], η πορεία στο πνευματικό μονοπάτι συγκρίνεται με το «περπάτημα

---

[4] Το φιλοσοφικό μέρος των Βεδών, των αρχαίων γραφών της Ινδίας, στο οποίο επεξηγείται η φύση του Εαυτού, της αιώνιας συνειδητότητας δηλαδή που διαπερνά ολόκληρο το σύμπαν.

στην κόψη ενός ξυραφιού». Η παρομοίωση αυτή υπονοεί ότι πρέπει όχι μόνο να αποκτήσουμε έναν νου οξύ σαν το ξυράφι, αλλά και να τον χρησιμοποιούμε συνεχώς για να διακρίνουμε το αληθινό από το ψεύτικο. Η Άμμα λέει ότι αν δεν αναπτύξουμε επίγνωση στις απλές καθημερινές πράξεις, δεν μπορούμε να ελπίζουμε ότι θα αποκτήσουμε επίγνωση στις σκέψεις μας.

Θυμάμαι ένα αστείο περιστατικό που συνέβη σε έναν μπραχματσάρι στον οποίο είχε ανατεθεί το καθήκον να επιμεληθεί τα κείμενα που θα δημοσιεύονταν σ' ένα βιβλίο του άσραμ. Όταν λοιπόν το βιβλίο βγήκε από το τυπογραφείο, διαπιστώθηκε ότι υπήρχε ένα σοβαρό λάθος σε μια φράση της Άμμα. Η φράση αυτή είχε ειπωθεί από την Άμμα ως εξής: «Αυτό που μας λείπει δεν είναι η γνώση των βιβλίων, αλλά η επίγνωση». Στο βιβλίο όμως η Άμμα φαινόταν να λέει: «Αυτό που μας λείπει δεν είναι η επίγνωση, αλλά η γνώση των βιβλίων». Ακριβώς το αντίθετο! Η επιμέλεια του κειμένου από τον μπραχματσάρι, ή η αμέλεια που έδειξε, επιβεβαιώνει ακριβώς την αρχική φράση της Άμμα. Σίγουρα γνώριζε τη διδασκαλία της Άμμα και είχε ακούσει αυτή τη φράση πολλές φορές. Αλλά δεν είχε αρκετή επίγνωση ώστε να εντοπίσει και να διορθώσει το λάθος. Όταν το βιβλίο εκδόθηκε και το λάθος ανακαλύφθηκε, πέρασε αρκετή ώρα κολλώντας μικρά χαρτάκια με τη σωστή φράση πάνω στο σημείο όπου είχε τυπωθεί το λάθος. Ήταν ένα μάθημα που σίγουρα του έμεινε αξέχαστο.

Συμπόνια

Σύμφωνα με την Άμμα, η συμπόνια είναι η έμπρακτη εκδήλωση της αγάπης. Η αληθινή αγάπη είναι το συναίσθημα που πηγάζει από τη συνειδητοποίηση της ενότητας. Όταν κάποιος που αγαπάμε υποφέρει, αισθανόμαστε τον πόνο του σαν δικό μας και κάνουμε ότι μπορούμε για να τον ανακουφίσουμε. Αυτό άλλωστε είναι και ετυμολογικά το νόημα της λέξης «συμπόνια», πάσχω δηλαδή μαζί με τον άλλον. Η αγάπη των περισσότερων ανθρώπων είναι περιορισμένη και απευθύνεται σε ένα μικρό κύκλο ατόμων. Ένας Μαχάτμα όμως, όπως η Άμμα, έχει συνειδητοποιήσει την ενότητά του με όλη τη Δημιουργία και αυθόρμητα απλώνει τα χέρια προς τους φτωχούς και εκείνους που υποφέρουν για να τους ανακουφίσει. Οι πράξεις της Άμμα έχουν την ίδια ευρύτητα που έχει κι ο νους της. Η συμπόνια της είναι απεριόριστη γιατί και η αντίληψή της για τον Εαυτό είναι απεριόριστη. Αν θέλουμε να διευρύνουμε κι εμείς την αντίληψή μας για τον Εαυτό, θα πρέπει πρώτα, όπως μας συμβουλεύει η Άμμα, να ανοίξουμε την καρδιά μας και να συναισθανθούμε τον πόνο των άλλων. Να αφιερώνουμε χρόνο σε ανιδιοτελή υπηρεσία προκειμένου να τους ανακουφίζουμε και να τους εξυψώνουμε. Ο νους ενός Μαχάτμα δεν γνωρίζει όρια και το ίδιο ισχύει και για τις πράξεις του. Εμείς, ας προσπαθήσουμε τουλάχιστον να διευρύνουμε το πεδίο της δράσης μας και σιγά σιγά θα ακολουθήσει και η διεύρυνση του νου μας.

Είναι προφανές ότι ολόκληρη η ζωή της Άμμα είναι μια έμπρακτη διδασκαλία της συμπόνιας. Οι συμπονετικές πράξεις γεννούν περισσότερη συμπόνια. Το ορφανοτροφείο της Άμμα, που ονομάζεται Αμρίτα Νικετάν και βρίσκεται στην περιοχή Παριπάλι της Κεράλα, προσφέρει ένα όμορφο παράδειγμα αυτής της αρχής. Τα 500 ορφανά που ζουν εκεί τρώνε όλα μαζί τρεις φορές τη μέρα. Αφού σερβιριστούν όλα τα παιδιά, τραγουδούν μαζί το 15ο κεφάλαιο της Μπαγκαβάτ Γκιτά και προσφέρουν συμβολικά δύο μερίδες ρύζι[5]. Η πρώτη είναι για την Άμμα και η δεύτερη για όλα τα πεινασμένα παιδιά του κόσμου. Όταν τα ορφανά κλείνουν τα μάτια και προσεύχονται γι' αυτά τα παιδιά που πεινούν, η ειλικρίνεια της προσευχής τους αντανακλάται στα πρόσωπά τους. Είναι εμφανές ότι προσεύχονται με όλη τους την καρδιά. Μερικές φορές βλέπουμε δάκρυα να κυλούν στα μάγουλά τους. Ας ακολουθήσουμε λοιπόν τη συμβουλή της Άμμα κι ας αφιερώσουμε λίγο χρόνο για να αναλογιστούμε τα βάσανα των

---

[5] Οι μερίδες αυτές προσφέρονται στο τέλος στα ίδια τα παιδιά ως πρασάντ, δηλαδή ως τροφή ευλογημένη από το Θεό.

συνανθρώπων μας. Έτσι θα ανοίξει η καρδιά μας και η συμπόνια θα εκδηλώνεται στις πράξεις μας.

Μέθοδοι καλλιέργειας των αρετών

Εύκολα μπορούμε να απαριθμήσουμε δεκάδες αρετές που θα θέλαμε να αποκτήσουμε. Πώς όμως θα τις καλλιεργήσουμε ώστε να ανθίσουν μέσα μας; Η ευκολότερη μέθοδος είναι το *σάτσανγκ*, η συναναστροφή δηλαδή με ανθρώπους που διαθέτουν αυτές τις αρετές. Όπως ήδη αναφέραμε στο δεύτερο κεφάλαιο, όσο περισσότερο συναναστρεφόμαστε ενάρετους ανθρώπους, τόσο θα αφομοιώνουμε κι εμείς τις αρετές και τα προτερήματά τους. Αντιθέτως, αν συναναστρεφόμαστε ανθρώπους με αρνητική συμπεριφορά, θα έχουμε την τάση να μιμούμαστε τα ελαττώματά τους. Αν επιλέγουμε καλή συντροφιά, θα ωφελούμαστε ανάλογα. Αν έχουμε κακές συναναστροφές, τότε η πορεία μας στη ζωή θα είναι σίγουρα καθοδική. Ακόμα κι αν δεν είναι εύκολο να πλησιάσουμε ενάρετους ανθρώπους, αρκεί να διαβάζουμε ιστορίες για τη ζωή αγίων και σοφών. Και αυτό επίσης θεωρείται σάτσανγκ.

Μια άλλη μέθοδος είναι να παίρνουμε μια ισχυρή απόφαση. Αν για παράδειγμα έχουμε πρόβλημα ανυπομονησίας, θα πάρουμε την απόφαση να μην χάνουμε την υπομονή μας και θα προσπαθούμε να την τηρήσουμε. Στη συνέχεια θα προσπαθήσουμε να έχουμε αυξημένη επίγνωση όταν βιώνουμε καταστάσεις που μας δημιουργούν ένταση και άγχος.

Κάποτε, ένας από τους κατοίκους του άσραμ είχε συχνές εκρήξεις θυμού και επιτιθόταν λεκτικά στους υπόλοιπους με βαριές εκφράσεις. Μετά από ένα τέτοιο επεισόδιο, η Άμμα τον συμβούλεψε να κρατά ημερολόγιο. Κάθε βράδυ προτού πέσει για ύπνο, έπρεπε να κάνει απολογισμό της ημέρας και να καταγράφει τα επεισόδια θυμού που είχε. Η Άμμα του είπε επίσης, να σημειώνει και πόσες φορές έκανε κάποιον άλλον χαρούμενο. Κατ' αυτό τον τρόπο, του είπε ότι θα έμοιαζε με επιχειρηματία που ενημερώνει καθημερινά τα λογιστικά του βιβλία κάνοντας απολογισμό των κερδών και των απωλειών του. Έτσι, θα ανέπτυσσε σταδιακά επίγνωση των πράξεών του. Αυτό συνεχίστηκε για χρόνια και ο άνθρωπος αυτός είναι πλέον ευγενής και γλυκομίλητος, ο χαρακτήρας του κυριολεκτικά μεταμορφώθηκε. Και εμείς μπορούμε λοιπόν να χρησιμοποιήσουμε αυτή τη μέθοδο. Αρκεί να επιλέξουμε ένα από τα ελαττώματά μας και κάθε βράδυ να κάνουμε έναν απολογισμό στο ημερολόγιο μας, σαν να γράφουμε στην ίδια την Άμμα. Αυτό θα μας βοηθήσει επίσης να εμβαθύνουμε το δεσμό μας μαζί της.

Όταν παίρνουμε μια απόφαση είναι καλό να είμαστε συγκεκριμένοι. Μπορούμε να εστιαστούμε σε ένα ή δύο ελαττώματα για αρχή. Διαφορετικά θα νομίζουμε ότι είναι αδύνατο να τα καταφέρουμε. Είναι καλύτερο να θέτουμε σαφείς στόχους. Στη συνέχεια, καθώς θα αποκτάμε μεγαλύτερη αυτοπεποίθηση, θα μπορούμε σταδιακά να τους διευρύνουμε.

Αν θέλουμε να αναπτύξουμε μια θετική ιδιότητα ή μια αρετή, θα πρέπει να στοχαζόμαστε πρώτα πάνω στα οφέλη που θα μας προσφέρει, αλλά και πάνω στις αρνητικές συνέπειες που έχει η απουσία της. Όσο πιο καθαρή είναι στο νου μας η σχέση ανάμεσα στην αρετή που θέλουμε να αναπτύξουμε και στα οφέλη της, τόσο πιθανότερο είναι να διορθώσουμε τη συμπεριφορά μας. Παρομοίως, όσο πιο καθαρά βλέπουμε τις συνέπειες ενός ελαττώματος στη ζωή μας, τόσο πιο πρόθυμοι θα είμαστε να το εξαλείψουμε.

Θυμάμαι κάποτε μια γυναίκα που ζήτησε βοήθεια από την Άμμα για να υπερβεί τον εθισμό της στον καφέ. Η Άμμα αμέσως τη ρώτησε: «Γιατί θέλεις να σταματήσεις να πίνεις καφέ;» Η γυναίκα αυτή δεν μπορούσε να δώσει μια σαφή απάντηση. Η Άμμα ήθελε πιθανότατα να της δώσει να καταλάβει με αυτό τον τρόπο ότι αν δεν ξέρει γιατί θέλει να αλλάξει, τότε δεν πρόκειται να τα καταφέρει. Υπάρχουν πολλοί λόγοι για να σταματήσει κάποιος να πίνει καφέ, όπως, για παράδειγμα, η νευρικότητα που προκαλεί, οι πονοκέφαλοι όταν δεν έχει πιει καφέ, η αϋπνία, ο εκνευρισμός και άλλα προβλήματα υγείας. Αν θέλουμε να σταματήσουμε μια αρνητική συνήθεια, θα πρέπει να γνωρίζουμε ακριβώς τους λόγους. Αν δεν υπάρχει διαύγεια στις σκέψεις μας, τότε και οι πράξεις μας δεν θα έχουν συνοχή.

Ως πνευματικοί αναζητητές, θα πρέπει να στοχαζόμαστε πάνω στον τρόπο με τον οποίο μια αρετή που θέλουμε να καλλιεργήσουμε θα μας βοηθήσει να πλησιάσουμε το στόχο της αυτοπραγμάτωσης. Θα πρέπει επίσης να συνειδητοποιούμε σε ποιο βαθμό το ελάττωμα που υποδηλώνει την έλλειψη αυτής της αρετής βάζει εμπόδια στο δρόμο μας. Είναι καλό να αφιερώνουμε χρόνο για να στοχαζόμαστε πάνω στη σημασία των αρετών. Αυτό μπορεί να γίνεται κατά τη διάρκεια του διαλογισμού, αλλά και σε οποιαδήποτε άλλη στιγμή, ακόμα και όταν εμφανίζεται η αρνητική τάση που θέλουμε να υπερβούμε. Ωστόσο, αν προσπαθούμε να το κάνουμε μόνο σε αυτές τις στιγμές, μπορεί να μας φανεί ότι δεν έχουμε τη δύναμη να τα καταφέρουμε. Όπως με όλα τα πράγματα στη ζωή, η πρακτική είναι απαραίτητη.

Κεφάλαιο όγδοο:

Οξύνοντας το νου

«Σε όποια μέθοδο διαλογισμού κι αν ασκούμαστε,
είτε συγκεντρωνόμαστε στην καρδιά είτε στο
κέντρο των φρυδιών, ο σκοπός είναι ο ίδιος:
απόλυτη συγκέντρωση σε ένα σημείο».

– Άμμα

Για τους περισσότερους ανθρώπους, η λέξη «πνευματικό-τητα» παραπέμπει κυρίως στο διαλογισμό. Δυστυχώς, ο διαλογισμός είναι μια από τις πιο παρεξηγημένες όψεις της πνευματικής ζωής. Τι ακριβώς είναι ο διαλογισμός; Ποιος είναι ο σκοπός του; Είναι ο τελικός στόχος ή ένα μέσο; Πως λει-τουργεί; Προφανώς πρόκειται για μια μυστηριώδη διαδικασία. Εμείς ευτυχώς έχουμε την Άμμα, έναν ζωντανό δάσκαλο που μπορεί να προσφέρει στον καθένα ξεχωριστά την κατάλληλη καθοδήγηση, η οποία πηγάζει από τη δική της εμπειρία.

Σε τελική ανάλυση, υπάρχουν δύο βασικές κατηγορίες διαλογισμού: ο διαλογισμός σε κάποια μορφή του Θεού και ο διαλογισμός στην άμορφη συνειδητότητα που αποτελεί το κέντρο της ύπαρξής μας. Οι δύο αυτές κατηγορίες διαλογισμού ονομάζονται αντίστοιχα στα σανσκριτικά διαλογισμός *σαγκούνα* και διαλογισμός *νιργκούνα*[1]. Οι τεχνικές διαλογισμού ΜΑ-ΟΜ και ΙΑΜ (Ολοκληρωμένη Μέθοδος Διαλογισμού Αμρίτα) που έχει δώσει η Άμμα, η τζάπα (επανάληψη ενός *μάντρα*) και η *μάνασα πούτζα* (λατρεία με οραματισμό), είναι μέθοδοι που

---

[1] Σαγκούνα σημαίνει «με ιδιότητες» και νιργκούνα «χωρίς ιδιότητες».

ανήκουν στην κατηγορία του διαλογισμού σαγκούνα. Ο όρος αυτός υποδεικνύει ότι το αντικείμενο του διαλογισμού έχει συγκεκριμένες ιδιότητες. Στις τεχνικές διαλογισμού αυτής της κατηγορίας, υπάρχει μια σαφής διαφορά ανάμεσα στον εαυτό μας που διαλογίζεται και στο αντικείμενο του διαλογισμού. Για παράδειγμα, στο διαλογισμό ΜΑ-ΟΜ – ένα σύντομο διαλογισμό τον οποίο η Άμμα χρησιμοποιεί στα προγράμματά της – συγκεντρωνόμαστε στην εισπνοή και την εκπνοή σε συνδυασμό με τις συλλαβές ΜΑ και ΟΜ. Στην τεχνική ΙΑΜ συγκεντρωνόμαστε διαδοχικά σε διαφορετικά σημεία του σώματος. Όταν κάνουμε τζάπα ή άρτσανα, εστιάζουμε την προσοχή μας σε ένα ή πολλά μάντρα. Όταν εκτελούμε την μάνασα πούτζα, προσπαθούμε να οραματιστούμε και να λατρέψουμε τη μορφή της αγαπημένης μας Θεότητας.

Όπως η κάρμα γιόγκα αποσκοπεί στον εξαγνισμό του νου μέσω της εξάλειψης των αρεσκειών και των αποστροφών μας, έτσι και ο διαλογισμός σαγκούνα αποσκοπεί κυρίως στη βελτίωση της ικανότητας συγκέντρωσης του νου μας σε ένα σημείο. «Σε οποιοδήποτε σημείο του σώματος κι αν εστιάζουμε την προσοχή μας στο διαλογισμό, ο σκοπός είναι η αδιάσπαστη συγκέντρωση του νου», λέει η Άμμα. Στην πραγματικότητα, αυτός είναι ο σκοπός των περισσότερων πνευματικών πρακτικών.

Στα Ευαγγέλια[2] υπάρχει μια ενδιαφέρουσα ιστορία σχετική με το θέμα αυτό. Όταν ο Ιησούς ταξίδευε στη Γαλιλαία, έφτασε σε ένα μέρος όπου ζούσε ένας άνδρας για τον οποίο έλεγαν ότι είχε καταληφθεί από δαιμόνια. Περιφερόταν ανάμεσα στα μνήματα και τρομοκρατούσε τον κόσμο. Κάποια στιγμή, ο δαιμονισμένος πλησίασε τον Ιησού και εκείνος τον ρώτησε το όνομα του. Τότε ο άνδρας του απάντησε: «Το όνομά μου είναι Λεγεών, γιατί είμαστε πολλοί». Με αυτή την απάντηση άφησε να εννοηθεί ότι δεν είχε καταληφθεί από ένα αλλά από πολλά δαιμόνια. Ο Ιησούς τότε τον ευλόγησε και έδιωξε από μέσα του τη λεγεώνα των δαιμο-

---

[2] Κατά Μάρκον, 5,1.20, Κατά Λουκάν 8,26-39.

νίων. Μερικοί άνθρωποι βλέπουν έναν επιπλέον συμβολισμό σ' αυτό τον εξορκισμό. Η λεγεώνα των δαιμονίων συμβολίζει ένα διασπασμένο νου που διακατέχεται από σωρεία αντιφατικών παρορμήσεων και σκέψεων. Ο νους αυτός δεν διαθέτει ικανότητα συγκέντρωσης και δεν μπορεί να χαλαρώσει ποτέ. Το παράδειγμα αυτό ίσως φαίνεται ακραίο, αλλά αν εξετάσουμε με ειλικρίνεια το νου μας θα διαπιστώσουμε ότι οι περισσότεροι από εμάς έχουμε στο νου μας, σε μικρότερο ή μεγαλύτερο βαθμό, τα σημάδια μιας τέτοιας «κατάληψης». Η συνάντηση με τον Ιησού συμβολίζει επίσης την επαφή με έναν Μαχάτμα, ο οποίος με τη διδασκαλία του μας βοηθά να καλλιεργήσουμε σταδιακά το νοητικό έλεγχο, τη συγκέντρωση και τελικά να αποκτήσουμε έναν ειρηνικό νου.

Αν κάποιος θέλει να επιτύχει σε οποιονδήποτε τομέα, είτε εγκόσμιο είτε πνευματικό, χρειάζεται οπωσδήποτε να αναπτύξει την ικανότητα της συγκέντρωσης. Ένας οικονομολόγος πρέπει να μπορεί να επικεντρώνει την προσοχή του στις αναλύσεις των χρηματιστηριακών αγορών, ένας ποδοσφαιριστής στις κινήσεις της μπάλας, ένας προγραμματιστής υπολογιστών στον κώδικα. Παρομοίως, ένας μαθητής που βαδίζει στο πνευματικό μονοπάτι πρέπει να είναι ικανός να συγκεντρώνεται στην πνευματική άσκηση. Τα πάντα απαιτούν συγκέντρωση.

Οι γραφές συνεχώς επαναλαμβάνουν ότι δεν είμαστε ο νους και ότι αυτός είναι απλά ένα εργαλείο που χρησιμοποιούμε για να αλληλεπιδρούμε με τον κόσμο που μας περιβάλλει. Κατ' αυτή την έννοια, ο νους μοιάζει πολύ με υπολογιστή. Όσοι ασχολούνται με την πληροφορική γνωρίζουν ότι οι υπολογιστές χρειάζονται συστηματική συντήρηση. Πρέπει κατά καιρούς να «φορμάρουμε» τους σκληρούς δίσκους, να διαγράφουμε τα άχρηστα αρχεία, να ενημερώνουμε το λειτουργικό σύστημα, να αναβαθμίζουμε ενδεχομένως τη μνήμη RAM κλπ. Επιπλέον, πρέπει να κρατάμε πάντα ενήμερο και το λογισμικό προστασίας από τους ιούς. Ακριβώς όπως αυτές οι ενέργειες διατηρούν λειτουργικό τον υπολογιστή μας, έτσι και ο συστηματικός διαλογισμός κρατά τον «υπολογιστή» του νου μας χαλαρό και υγιή.

Ο διαλογισμός μπορεί επίσης να παρομοιαστεί με τη σωματική άσκηση. Όλοι γνωρίζουμε ότι για να διατηρήσουμε υγιές το σώμα μας πρέπει να ασκούμαστε συστηματικά. Αυτό είναι κάτι που όλοι οι άνθρωποι χρειάζονται. Εμείς όμως, ως πνευματικοί αναζητητές, δεν θέλουμε να διατηρούμε απλά τη νοητική μας υγεία, αλλά να δημιουργήσουμε ένα νου ικανό να συνειδητοποιήσει την υπέρτατη αλήθεια ώστε να βιώσουμε την ευδαιμονία του Εαυτού.

Σε ένα χωρίο της αρχαίας γραφής *Σριμάντ Μπαγκαβατάμ*, η οποία γράφτηκε πριν από αρκετές χιλιάδες χρόνια, ο σοφός Σούκα αναφέρεται στην επερχόμενη εποχή του υλισμού και κάνει αρκετές προβλέψεις. Όταν τις διαβάζουμε, μένουμε έκπληκτοι από το γεγονός ότι πολλές απ' αυτές έχουν ήδη αποδειχθεί αληθινές, ιδίως αν λάβουμε υπόψη την αγνότητα των ανθρώπων της εποχής που ζούσε ο σοφός αυτός. Ένα από τα πράγματα που αναφέρει ο Σούκα για την εποχή μας είναι:

> [οι άνθρωποι] θα αρκούνται σε ένα απλό μπάνιο για να ξεκινήσουν τη μέρα τους.
>
> *Σριμάντ Μπαγκαβατάμ* 12.2.5

Το νόημα της φράσης αυτής είναι ότι στη σύγχρονη εποχή οι άνθρωποι ασχολούνται μόνο με την εξωτερική καθαριότητα, την καθαριότητα του σώματος, και ελάχιστοι είναι εκείνοι που δίνουν προσοχή στην εσωτερική αγνότητα και τον εξαγνισμό του νου.

Η Άμμα αναφέρει συχνά ότι ο νους μας θα πρέπει να γίνει σαν το τηλεχειριστήριο μιας τηλεόρασης που παραμένει σταθερά στο χέρι μας. Αυτό σημαίνει ότι πρέπει να έχουμε τον πλήρη έλεγχο του νου μας, έτσι ώστε να ανταποκρινόμαστε με τον καλύτερο τρόπο σε οποιαδήποτε εξωτερική κατάσταση. Εάν χρειάζεται να σκεφτούμε κάτι, θα πρέπει να μπορούμε να συγκεντρωθούμε απόλυτα σε αυτό, για πέντε ώρες το ίδιο όπως και για πέντε λεπτά. Αν θέλουμε να ανασύρουμε από τη μνήμη μας ένα γεγονός του παρελθόντος, θα πρέπει να είμαστε ικανοί

146

να το κάνουμε. Και το σημαντικότερο, θα πρέπει να έχουμε την ικανότητα να αποσύρουμε τη στιγμή που θέλουμε τα πάντα από το νου μας και να χαλαρώνουμε! Ακριβώς όπως κλείνουμε την τηλεόραση με το πάτημα ενός κουμπιού. Σ' αυτού του είδους τη νοητική εκπαίδευση αποσκοπεί ο διαλογισμός σαγκούνα. Είναι σαφές λοιπόν ποια είναι η πορεία που ακολουθούμε: από τη σχετική παράνοια ενός νου που μοιάζει με τη «λεγεώνα» της ευαγγελικής περικοπής, σε ένα πειθαρχημένο νου που τον ελέγχουμε σαν να κρατάμε ένα τηλεχειριστήριο στα χέρια μας.

Ο διαλογισμός σαγκούνα δεν οδηγεί άμεσα στην αυτοπραγμάτωση. Η αυτοπραγμάτωση είναι στην πραγματικότητα μια συνειδητοποίηση, μια οριστική δηλαδή μεταστροφή στον τρόπο με τον οποίο βλέπουμε τα πράγματα. Είναι η απόλυτη βεβαιότητα, πέρα από κάθε αμφιβολία, ότι δεν είμαστε το σώμα, τα συναισθήματα ή ο νους, αλλά η αγνή, ευδαιμονική και αιώνια συνειδητότητα. Αυτό είναι κάτι που η Άμμα επαναλαμβάνει καθημερινά. Ξεκινά μάλιστα όλες τις δημόσιες ομιλίες της με την παρακάτω φράση: «Η Άμμα υποκλίνεται σε όλους εσάς που από τη φύση σας είστε εκδηλώσεις του Εαυτού και της θεϊκής αγάπης». Οι περισσότεροι από εμάς έχουμε ακούσει και διαβάσει αυτήν και παρόμοιες φράσεις σχετικά με τη θεϊκή φύση μας χιλιάδες φορές, αλλά παραμένουμε τα ίδια θυμωμένα, απογοητευμένα και δυστυχισμένα άτομα. Αν αυτή η γνώση απελευθερώνει, γιατί τότε συνεχίζουμε να υποφέρουμε; Η Άμμα μας δίνει την απάντηση λέγοντας: «Παιδιά μου, αυτό που σας λείπει δεν είναι οι γνώσεις αλλά η επίγνωση». Τι εννοεί λοιπόν η Άμμα με τη λέξη «επίγνωση»; Εννοεί την ικανότητα να μην ξεχνούμε ποτέ την αλήθεια για το ποιοι είμαστε, ακόμα και κάτω από τις πιο δυσχερείς και αντίξοες συνθήκες. Όπως αναφέρεται στην Μπαγκαβάτ Γκιτά:

Ακόμα κι όταν βλέπει, ακούει, αγγίζει, μυρίζει, τρώει,
περπατά, κοιμάται, αναπνέει, μιλά, ανοίγει και κλείνει
τα μάτια, ο σοφός παραμένει πάντα εδραιωμένος στον

Εαυτό, γνωρίζοντας ότι οι αισθήσεις κινούνται από το ένα αντικείμενο στο άλλο αλλά ο Εαυτός δεν πράττει τίποτα απολύτως».

Μπαγκαβάτ Γκιτά, 5.8.9

Αυτή είναι η επίγνωση την οποία η Άμμα μας καλεί να καλλιεργήσουμε. Οι περισσότεροι από εμάς μπορούμε να καταλάβουμε διανοητικά τη Βεδάντα, αλλά όταν το σώμα μας πονά ξεχνάμε την αλήθεια «δεν είμαι το σώμα». Οι περισσότεροι από εμάς μπορούμε να καταλάβουμε διανοητικά ότι δεν είμαστε τα συναισθήματα, αλλά όταν κάποιος μας προσβάλλει ξεχνάμε την αλήθεια αυτή και χάνουμε την ψυχραιμία μας. Οι περισσότεροι από εμάς μπορούμε ακόμα και να καταλάβουμε ότι το κέντρο της ύπαρξής μας βρίσκεται πέρα από τις σκέψεις που ξεφυτρώνουν στο νου μας, αλλά πόσοι είναι ικανοί να διατηρήσουν αυτή την επίγνωση καθ' όλη τη διάρκεια της ημέρας; Στην πραγματικότητα, το πρόβλημα είναι ότι δεν έχουμε μάθει να εφαρμόζουμε με συνέπεια αυτές τις διδασκαλίες στην καθημερινή μας ζωή. Η δύναμη της επίγνωσής μας, με άλλα λόγια, δεν έχει αναπτυχθεί επαρκώς.

Μέσα από τις διάφορες πνευματικές πρακτικές προσπαθούμε λοιπόν να βελτιώσουμε την ικανότητα της συγκέντρωσης. Όταν αυτή έχει αναπτυχθεί σε ικανοποιητικό βαθμό μπορούμε τότε να τη χρησιμοποιούμε για να διατηρούμε την επίγνωση της αληθινής μας φύσης στην καθημερινή ζωή. Ο Άντι Σανκαρατσάρυα ορίζει, στα σχόλια του πάνω στην Τσαντόγια Ουπανισάδα, τον διαλογισμό σαγκούνα ως «τη διατήρηση μιας ροής παρόμοιων σκεπτομορφών (σκέψεων) προς ένα αντικείμενο, σύμφωνα με τις οδηγίες των γραφών, χωρίς την παρείσφρηση καμίας ξένης προς αυτό ιδέας». Ο Σανκαρατσάρυα μετά αποκαλύπτει ότι η αυτοπραγμάτωση είναι επίσης η αδιάκοπη ροή μιας σκεπτομορφής, η οποία δεν είναι άλλη από τη γνώση ότι η αληθινή μας φύση είναι η ευδαιμονική, αιώνια συνειδητότητα. Λέει επίσης ότι η μοναδική διαφορά ανάμεσα σ' αυτή τη σκεπτομορφή και σ' όλες τις άλλες, είναι ότι η συνεχής επίγνωση της αληθινής μας φύσης διαλύει κάθε αίσθηση διαχωρισμού ανάμεσα σε εμάς, τον κόσμο και το Θεό. Η εξάλειψη τέτοιων διαχωρισμών επιφέρει επίσης και την εξάλειψη όλων των αρνητικών καταστάσεων του νου, όπως ο θυμός, η κατάθλιψη, η μοναξιά, η ζήλεια και η απογοήτευση.

Η όξυνση του νου μέσω του διαλογισμού σαγκούνα με στόχο τη συγκέντρωση στις διδασκαλίες των γραφών, είναι μια διαδικασία που αναπαριστάται συμβολικά και στη Μουντάκα Ουπανισάδα (2.1.4-5) με την εικόνα ενός βέλους που κατευθύνεται στο στόχο του. Οι σοφοί της αρχαιότητας λοιπόν μας συμβουλεύουν να ακονίσουμε το βέλος του νου μέσω του διαλογισμού σαγκούνα και μετά να χρησιμοποιήσουμε το ισχυρό τόξο της σοφίας των ιερών γραφών για να πετύχουμε το στόχο μας, που δεν είναι άλλος από τη συνειδητοποίηση της αιώνιας, αναλλοίωτης, πανταχού παρούσας συνειδητότητας, η οποία είναι η πηγή της ευδαιμονίας.

Η Μπαγκαβάτ Γκιτά αναφέρεται επίσης ρητά στο διαλογισμό σαγκούνα στους παρακάτω στίχους:

«Σε καθιστή στάση, με το νου συγκεντρωμένο σε ένα σημείο και με τις σκέψεις και τα όργανα των αισθήσεων υπό τον έλεγχό του, [ο πνευματικός αναζητητής] πρέπει να ασκείται στη γιόγκα για τον εξαγνισμό του νου».

Μπαγκαβάτ Γκιτά 6.12

Ο διαλογισμός σαγκούνα είναι λοιπόν, ο θεμέλιος λίθος της πνευματικής άσκησης, το «ακόνισμα του βέλους» σύμφωνα με τον παραπάνω συμβολισμό. Ακριβώς όπως και η κάρμα γιόγκα, έτσι και ο διαλογισμός εξαγνίζει το νου μας. Παρόλο που και οι δύο αυτές πρακτικές δεν οδηγούν άμεσα στην αυτοπραγμάτωση, η αξία τους είναι αναμφισβήτητη. Χωρίς αυτές ποτέ δεν θα μπορούσαμε να φτάσουμε στο στόχο μας. Η πιο ευχάριστη ίσως στιγμή σε μια *πούτζα* (λατρευτική τελετή) είναι όταν τρώμε *πρασάντ* (την ευλογημένη τροφή που έχει πρώτα προσφερθεί στο Θεό). Αλλά η τροφή αυτή δεν είναι πραγματικά ευλογημένη αν δεν έχουν ολοκληρωθεί τα προηγούμενα στάδια της τελετής: η επίκληση, οι προσφορές, οι προσευχές κλπ. Παρομοίως, ο καρπός της γνώσης θα έρθει μόνο όταν ολοκληρώσουμε τα πρώτα στάδια της πνευματικής άσκησης. Η Άμμα συχνά φέρνει ως παράδειγμα το πλύσιμο ενός δοχείου (που συμβολίζει το νου) προτού ρίξουμε μέσα του το γάλα (την πνευματική γνώση): «Αν ρίξουμε γάλα σ' ένα βρώμικο δοχείο, το γάλα θα χαλάσει. Είναι απαραίτητο να έχουμε πρώτα καθαρίσει το δοχείο. Εκείνοι που επιθυμούν την πνευματική τους εξύψωση πρέπει πρώτα να προσπαθήσουν να εξαγνίσουν το νου τους. Εξαγνισμός του νου σημαίνει να εξαλείψουμε τις αρνητικές και άχρηστες σκέψεις και να μειώσουμε τον εγωισμό και τις επιθυμίες».

Μερικοί άνθρωποι ισχυρίζονται ότι ο διαλογισμός *σαγκούνα* δεν τους ενδιαφέρει και ότι μπορούν να αναπτύξουν τη συγκέντρωσή τους μέσω του στοχασμού πάνω στην αληθινή τους φύση. Ο Σανκαρατσάρυα όμως αναφέρει ότι, στα πρώτα τουλάχιστον στάδια της πνευματικής άσκησης, είναι προτιμότερο να βελτιώσουμε την ικανότητα της συγκέντρωσης μέσω του διαλογισμού *σαγκούνα.* Ο λόγος γι' αυτό είναι ότι η συγκέντρωση πάνω σε κάτι που δεν έχει όνομα και μορφή είναι εξαιρετικά δύσκολη. Αν ο νους δεν έχει εκλεπτυνθεί αρκετά, οι προσπάθειες διαλογισμού πάνω στην άμορφη πραγματικότητα καταλήγουν συνήθως στον ύπνο ή στην απώλεια της συγκέντρωσης. Αντιθέτως, ο διαλογισμός *σαγκούνα* είναι σχετικά εύκολος, γιατί κατευθύνει τη συγκέντρωση μας σε κάποιο αντικείμενο, είτε αυτό είναι κάποια μορφή του Θεού είτε η αναπνοή είτε διάφορα σημεία του σώματος. Μέχρι λοιπόν να τελειοποιήσουμε την ικανότητα της συγκέντρωσης, είναι προτιμότερο να χρησιμοποιούμε τέτοιες τεχνικές διαλογισμού. Όπως θα δούμε στο ένατο κεφάλαιο, όταν κάποιος έχει προετοιμαστεί κατάλληλα ασκείται αδιάλειπτα στο διαλογισμό *νιργκούνα* (διαλογισμός στον άμορφο Εαυτό), ακόμα και όταν περπατά, μιλά, τρώει, κάθεται κλπ. Για το λόγο αυτό η

Άμμα μας συμβουλεύει να προσπαθούμε να επαναλαμβάνουμε το μάντρα μας με κάθε αναπνοή και όχι μόνο όταν καθόμαστε σε στάση διαλογισμού με τα μάτια κλειστά. Κατ' αυτό τον τρόπο προετοιμάζουμε το νου μας γι' αυτόν τον συνεχή διαλογισμό νιργκούνα, ο οποίος έρχεται ως το αποκορύφωμα της πνευματικής άσκησης.

Ο Σανκαρατσάρυα αναφέρει επίσης ότι καθώς ο διαλογισμός σαγκούνα εκλεπτύνει το νου μας ολοένα και περισσότερο, είναι δυνατόν να βιώνουμε σύντομες αναλαμπές της πραγματικής μας φύσης. Οι εμπειρίες αυτές μας γεμίζουν με έμπνευση και μας ενθαρρύνουν να συνεχίζουμε με ζήλο την πνευματική άσκηση.

Τα Γιόγκα Σούτρα του Πατάντζαλι

Η μεγαλύτερη ίσως αυθεντία σε ό,τι αφορά τον διαλογισμό σαγκούνα, θεωρείται ο σοφός της αρχαιότητας Πατάντζαλι[3], ο οποίος είναι ο συγγραφέας των «*Γιόγκα Σούτρα*», ένα κείμενο που αποτελείται από 196 στίχους (σούτρα) στους οποίους παρουσιάζονται συνοπτικά τα διαδοχικά βήματα της πνευματικής άσκησης που καταλήγουν στο διαλογισμό και στην ένωση με το Απόλυτο. Από το έργο αυτό προέρχεται ο όρος «*αστάνγκα γιόγκα*» που σημαίνει η γιόγκα των οκτώ σταδίων. Σύμφωνα με τον Πατάντζαλι, ο διαλογισμός είναι μια διαδικασία που περιλαμβάνει οκτώ διαδοχικά στάδια: *γιάμα, νιγιάμα, άσανα, πραναγιάμα, πρατυαχάρα, ντάρανα, ντυάνα* και στο τέλος *σαμάντι*. Τα στάδια αυτά μεταφράζονται ως εξής: απαγορεύσεις, καθήκοντα, στάσεις (του σώματος), έλεγχος της αναπνοής, απόσυρση των αισθήσεων, νοητική συγκέντρωση, αδιάλειπτη νοητική συγκέντρωση, απορρόφηση (ένωση με το Απόλυτο).

---

[3] Ο Πατάντζαλι έζησε τον πρώτο ή τον δεύτερο αιώνα π.χ. και εκτός από τα Γιόγκα Σούτρα συνέγραψε σημαντικά έργα πάνω στη γραμματική των σανσκριτικών και την αγιουρβέδα (παραδοσιακή ινδική ιατρική).

Γιάμα

Σύμφωνα με τον Πατάντζαλι, το θεμέλιο του σωστού διαλογισμού είναι η τήρηση των πέντε γιάμα και των πέντε νιγιάμα, που μεταφράζονται όπως είπαμε σε απαγορεύσεις και καθήκοντα, αντίστοιχα. Τα γιάμα είναι τα εξής: *αχίμσα, σάτυα, αστέγια, μπραχματσάρια* και *απαριγκράχα*.

Αχίμσα σημαίνει μη βία. Για να έχουμε επιτυχία στο διαλογισμό πρέπει να απέχουμε από την άσκηση βίας. Αυτός είναι ένας από τους σημαντικότερους κανόνες για όλους τους ανθρώπους. Με λίγες εξαιρέσεις, θα πρέπει πάντα να αποφεύγουμε να βλάπτουμε τους άλλους. Αυτός ο κανόνας είναι σημαντικός όχι μόνο για την αρμονική συνύπαρξη των ανθρώπων στη κοινωνία, αλλά και για την προσωπική μας ανάπτυξη. Η υπέρτατη αλήθεια που διδάσκουν οι σοφοί είναι ότι από τη φύση μας είμαστε όλοι ένα. Αν θέλουμε λοιπόν να συνειδητοποιήσουμε αυτή την αλήθεια, θα πρέπει να μεταχειριζόμαστε τους άλλους όπως τον ίδιο τον εαυτό μας. Θα ήθελε ποτέ ένας ισορροπημένος νοητικά άνθρωπος να βλάψει σκόπιμα τον εαυτό του; Επιπλέον, αν αυτό το επιχείρημα δεν είναι αρκετό για να κάνει τους ανθρώπους να απέχουν από τη βία, υπάρχει ο νόμος του κάρμα που ορίζει ότι οι βίαιες πράξεις επιστρέφουν, αργά ή γρήγορα, σε εκείνον που τις πράττει.

Αν αποφασίσουμε να τηρούμε στη ζωή μας την αρχή της μη βίας, θα πρέπει να έχουμε υπόψη ότι υπάρχουν γενικά τρεις μορφές βίας: φυσική, λεκτική και νοητική. Αν κάποιος, για παράδειγμα, μας κλείσει το δρόμο με το αυτοκίνητό του μέσα στην κίνηση κι εμείς προσπαθήσουμε να τον σταματήσουμε για να χειροδικήσουμε εναντίον του, αυτό είναι μια μορφή φυσικής βίας. Οι περισσότεροι από εμάς είμαστε πιθανόν ικανοί να απέχουμε από τέτοιες ακραίες πράξεις. Πόσοι όμως δεν θα σφίξουν θυμωμένοι το τιμόνι για να ανταποδώσουν, ή δεν θα δεν κάνουν χειρονομίες από το παράθυρο; Η λεκτική βία, στο ίδιο παράδειγμα, θα ήταν να επιτεθούμε σ' αυτόν που μας έβλαψε με βρισιές. Η νοητική βία είναι η πιο δυσδιάκριτη μορφή βίας και γι' αυτό είναι δυσκολότερο να την εξαλείψουμε. Αυτή η μορφή βίας συνίσταται στο να φέρνουμε στο νου μας σκηνές σωματικής ή λεκτικής βίας εναντίον του άλλου, ή ακόμα και να κάνουμε κακοπροαίρετες σκέψεις γι' αυτόν. Συχνά ανεχόμαστε τη νοητική βία γιατί νομίζουμε ότι δεν έχει αρνητικές συνέπειες. Αν την αφήσουμε όμως ανεξέλεγκτη, αυτή κάποια στιγμή θα εκδηλωθεί στο λεκτικό ή στο φυσικό επίπεδο. Όπως είπε η Άμμα στο χαιρετισμό που απεύθυνε στη Γενική Συνέλευση του ΟΗΕ στη Νέα Υόρκη το 2000, στο πλαίσιο της Διάσκεψης Κορυφής για την Ειρήνη: «Ακόμα κι αν συγκεντρώναμε όλα τα πυρηνικά όπλα σε ένα μουσείο, αυτό δεν θα έλυνε το πρόβλημα της παγκόσμιας ειρήνης. Πρέπει πρώτα να εξουδετερώσουμε τα πυρηνικά όπλα του νου μας».

Η δεύτερη απαγόρευση ονομάζεται *σάτυαμ* και σημαίνει αποχή από το ψεύδος, ή με άλλα λόγια, φιλαλήθεια. Πρέπει αναμφισβήτητα να λέμε πάντα την αλήθεια, αλλά προτού μιλήσουμε θα πρέπει να σκεφτόμαστε τις συνέπειες των λόγων μας. Η αλήθεια που θα πούμε θα βοηθήσει ή θα πληγώσει κάποιον; Αν τα λόγια μας πρόκειται να ωφελήσουν περισσότερο παρά να βλάψουν, τότε πρέπει να μιλήσουμε. Στην αντίθετη περίπτωση όμως είναι προτιμότερο να παραμείνουμε σιωπηλοί. Όπως πολύ παραστατικά λέει η Άμμα: «Αν κάποιος μοιάζει με μαϊμού, δεν χρειάζεται να πάμε και να του το πούμε». Αν αυτό που θα πούμε δεν πρόκειται να βοηθήσει κανέναν, τότε καλύτερα να κρατήσουμε το στόμα μας κλειστό. Έτσι δεν θα επιβαρύνουμε και την φοβερή ηχορύπανση που μαστίζει τον πλανήτη μας. Η αλήθεια είναι στη φύση μας. Όταν λέμε ψέματα πάμε ενάντια σε αυτήν και προσθέτουμε νοητικές ακαθαρσίες στον ψυχισμό μας.

Η τρίτη απαγόρευση είναι η *αστέγυα*, που σημαίνει αποχή από κλοπή. Σύμφωνα με ένα γνωμικό η μόνη αμαρτία είναι η κλοπή. Όταν σκοτώνουμε, κλέβουμε το δικαίωμά κάποιου στη ζωή. Όταν λέμε ψέματα, κλέβουμε το δικαίωμα κάποιου στην αλήθεια. Όταν εξαπατούμε, κλέβουμε το δικαίωμα κάποιου στη δίκαιη μεταχείριση. Ως κλοπή εννοείται η απόκτηση οποιουδήποτε πράγματος με αθέμιτα μέσα. Η καταδίκη της κλοπής θεωρείται αυτονόητη σε όλο τον κόσμο. Ακόμα κι ο κλέφτης γνωρίζει ότι κάνει κάτι κακό, διαφορετικά δεν θα τον πείραζε αν έπεφτε και ο ίδιος θύμα κλοπής από κάποιον άλλο κλέφτη.

Το τέταρτο γιάμα είναι η *μπραχματσάρυα*. Ο όρος αυτός σημαίνει σεξουαλική εγκράτεια ή αγαμία, αλλά η απαίτηση αυτή δεν ισχύει για όλους τους ανθρώπους. Επομένως, μπορούμε να ορίσουμε την μπραχματσάρυα ως αποχή από κάθε σεξουαλική δραστηριότητα που δεν αρμόζει στη θέση μας στην κοινωνία. Η εφαρμογή αυτού του γενικού κανόνα διαφέρει επίσης από κοινωνία σε κοινωνία. Ενώ οι μπραχματσάρι (άγαμοι μαθητές) και οι σαννυάσιν (μοναχοί) οπωσδήποτε απέχουν από κάθε τέτοια δραστηριότητα, τα παντρεμένα ζευγάρια είναι φυσιολογικό να εκδηλώνουν την μεταξύ τους οικειότητα και τρυφερότητα μέσω της σεξουαλικής δραστηριότητας. Οφείλουν όμως να παραμένουν πιστοί ο ένας στον άλλον. Η Άμμα έχει πει ότι ο γάμος θα πρέπει να χρησιμεύει για να υπερβαίνει ο άνθρωπος την επιθυμία, όχι για να υποδουλώνεται περισσότερο σε αυτήν.

Το πέμπτο και τελευταίο γιάμα είναι η *απαριγκράχα* που σημαίνει μη κτητικότητα. Η κατοχή πραγμάτων δεν είναι κάτι το κακό, αλλά, και πάλι, δεν θα πρέπει να υπερβαίνουμε ορισμένα όρια. Η Άμμα μας συμβουλεύει να προσπαθούμε, σε γενικές γραμμές, να αρκούμαστε στα απαραίτητα και ιδίως να αποφεύγουμε την άσκοπη πολυτέλεια. Συχνά παροτρύνει τις γυναίκες να προσπαθήσουν να μειώσουν τις αγορές ρούχων και τους άνδρες να σταματήσουν το κάπνισμα και το αλκοόλ. Κατ' αυτό τον τρόπο εξοικονομούνται χρήματα, τα οποία η Άμμα συνιστά να χρησιμοποιούνται σε φιλανθρωπικές δραστηριότητες.

Αυτά τα πέντε γιάμα αποτελούν βασικές ανθρώπινες αξίες και θα πρέπει να τηρούνται από όλους, όχι μόνο από εκείνους που ασκούνται στο διαλογισμό. Ειδικά όμως για όσους ασκούνται πνευματικά, οι κανόνες αυτοί έχουν ιδιαίτερη σημασία. Η παραβίαση κάποιου από τους τέσσερις πρώτους κανόνες - μη βία, φιλαλήθεια, αποχή από κλοπή, εγκράτεια – αφήνει βαθιές εντυπώσεις στο νου μας, οι οποίες εμφανίζονται ξανά όταν προσπαθούμε να διαλογιστούμε εμποδίζοντας τη συγκέντρωση. Αυτό μπορεί να οφείλεται στις ενοχές ή απλά στην επαναφορά στη μνήμη μας των αντίστοιχων περιστατικών. Η παραβίαση του τελευταίου κανόνα, της μη κτητικότητας, διαταράσσει το νου μας γιατί όταν συσσωρεύουμε υλικά αγαθά οι επιθυμίες μας βγαίνουν εκτός ελέγχου. Κατά συνέπεια, οι προσπάθειές μας να διαλογιστούμε παρεμποδίζονται είτε από το φόβο απώλειας των υλικών αγαθών είτε από την επιθυμία απόκτησης ακόμα περισσότερων.

Νιγιάμα

Μετά ακολουθούν τα πέντε *νιγιάμα*, δηλαδή τα καθήκοντα, ή αλλιώς οι κανόνες που πρέπει να τηρούν όσοι ασκούνται στο διαλογισμό. Το πρώτο απ' αυτά ονομάζεται *σόουτσα*, που σημαίνει καθαριότητα. Οι γραφές αναφέρουν ότι οφείλουμε να διατηρούμε καθαρό το σώμα, τα ρούχα και το χώρο που μας περιβάλλει. Η βρωμιά όχι μόνο επιβαρύνει την υγεία μας, αλλά επιπλέον εμποδίζει και τη συγκέντρωση του νου μας. Όταν, για παράδειγμα, ο χώρος εργασίας μας είναι ακατάστατος, διαπιστώνουμε ότι και η προσοχή μας διασπάται εύκολα. Αντίθετα, όταν ο χώρος είναι τακτοποιημένος και καθαρός, η συγκέντρωση του νου γίνεται ευκολότερη. Οι περισσότεροι άνθρωποι δεν μπορούν να βάλουν τάξη στο νου τους αν ο χώρος στον οποίο βρίσκονται είναι βρώμικος και ακατάστατος. Γι' αυτό λοιπόν, προτού καθίσουμε για διαλογισμό, θα πρέπει να είμαστε βέβαιοι ότι τηρείται ο κανόνας της καθαριότητας.

Το δεύτερο νιγιάμα ονομάζεται *σαντόσαμ*, το οποίο σημαίνει ικανοποίηση. Σύμφωνα με την Άμμα, η ικανοποίηση είναι μια νοητική στάση. Δεν μπορούμε πάντοτε να προσαρμόζουμε τον εξωτερικό κόσμο στις προτιμήσεις μας, αλλά ο εσωτερικός μας κόσμος πρέπει οπωσδήποτε να βρίσκεται κάτω από τον έλεγχό μας. Αν κάποιος θέλει να επιτύχει στο διαλογισμό, είναι πολύ σημαντικό να προσπαθεί να παραμένει ικανοποιημένος με ό,τι έρχεται στη ζωή του. Αυτό δεν σημαίνει ότι δεν θα πρέπει να προσπαθούμε να επιτύχουμε τους στόχους μας ή να επιχειρούμε να αλλάξουμε κάποια πράγματα στη ζωή μας. Αντιθέτως, οφείλουμε να κάνουμε ό,τι καλύτερο μπορούμε στο επάγγελμά μας ή στους άλλους τομείς των δραστηριοτήτων μας. Εντούτοις, δεν θα πρέπει να συνδέουμε την επιτυχία ή την αποτυχία στους τομείς αυτούς με τη νοητική μας ειρήνη. Προσπαθήστε σκληρά να πετύχετε τους στόχους σας, αλλά όποιο κι αν είναι το αποτέλεσμα παραμείνετε γαλήνιοι. Η εσωτερική ικανοποίηση βαδίζει χέρι χέρι με την μη κτητικότητα, γιατί αν μάθουμε να είμαστε ικανοποιημένοι με τα βασικά αγαθά, θα είμαστε ικανοί να χρησιμοποιούμε το εισόδημα που μας περισσεύει για το καλό της κοινωνίας. Η καλλιέργεια της ικανοποίησης είναι σημαντική γιατί αν αναλύσουμε σε βάθος τον ανθρώπινο νου, θα διαπιστώσουμε (όπως είδαμε στο πέμπτο κεφάλαιο) ότι ποτέ κανείς δεν κέρδισε αληθινή ικανοποίηση μέσω της συσσώρευσης υλικών αγαθών. Όσα κι αν αποκτήσει κάποιος, πάντα θα επιθυμεί περισσότερα. Μόλις πάρουμε μια αύξηση στη δουλειά, αρχίζουμε να σκεφτόμαστε την επόμενη. Ο βουλευτής θέλει να γίνει υπουργός, ο υπουργός θέλει να γίνει πρωθυπουργός και ο πρωθυπουργός θέλει να κυβερνήσει τον κόσμο ολόκληρο. Μόλις κατανοήσουμε αυτή την αλήθεια θα αρχίσουμε να αναπτύσσουμε ένα αίσθημα ικανοποίησης που δεν βασίζεται στα χρήματα ή στα υλικά αγαθά. Χωρίς έναν ελάχιστο βαθμό ικανοποίησης, ποτέ δεν θα μπορέσουμε να συγκεντρωθούμε στο διαλογισμό.

Το τρίτο νιγιάμα λέγεται *τάπας* και είναι η πειθαρχία που επιβάλλουμε στον εαυτό μας. Χωρίς αυτήν είναι αδύνατο να κρατήσουμε το νου και τα όργανα των αισθήσεων κάτω από τον έλεγχό μας. Όταν δεν βάζουμε όρια στον εαυτό μας, μοιάζουμε με μικρό παιδί που έχει αφεθεί ανεξέλεγκτο μέσα σ' ένα ζαχαροπλαστείο. Το αποτέλεσμα θα είναι χάος στο ζαχαροπλαστείο και ένα παιδί άρρωστο. Παρομοίως, όταν ο άνθρωπος δεν ελέγχει τον εαυτό του, το μόνο που καταφέρνει είναι να προκαλεί κακό στον ίδιο και στη κοινωνία. Υπάρχει ένα ωραίο γνωμικό στην

Ινδία που λέει: «Αν αφήσεις την κατσίκα λυτή θα καταστρέψει τον κήπο σου. Αν τη δέσεις σ' ένα στύλο θα καθαρίσει τα πάντα γύρω της». Μόνο μέσω της πειθαρχίας κερδίζουμε πραγματική νοητική δύναμη. Αυτό είναι το νόημα των διάφορων όρκων που οι άνθρωποι παίρνουν στην πνευματική ζωή. Η Άμμα συνιστά να περνάμε μια μέρα την εβδομάδα σε νηστεία και σιωπή. Όταν καταλάβουμε ότι μπορούμε να στερηθούμε κάτι χωρίς πρόβλημα, τότε αυτό δεν μπορεί πια να μας ελέγξει. Κατά τη διάρκεια του διαλογισμού θέλουμε να συγκεντρωθούμε εκατό τοις εκατό σ' ένα συγκεκριμένο αντικείμενο. Κάτι τέτοιο είναι ανέφικτο αν δεν έχουμε αναπτύξει έναν ικανοποιητικό βαθμό ελέγχου πάνω στο νου και τις αισθήσεις μας. Γι' αυτό, πρέπει να ασκούμαστε στον αυτοέλεγχο ώστε να μην υποκύπτουμε στις παρορμήσεις και τις επιθυμίες μας.

Το τέταρτο νιγιάμα λέγεται *σβαντάγια*, που κυριολεκτικά σημαίνει «μελέτη του εαυτού». Η μελέτη των γραφών και των λόγων του δασκάλου μας δεν είναι μια δραστηριότητα που στρέφεται προς τον εξωτερικό κόσμο. Ο δάσκαλος και οι γραφές είναι ο καθρέφτης με τον οποίο κοιτάμε μέσα μας και βλέπουμε ποιοι πραγματικά είμαστε. Η Άμμα επισημαίνει ότι ένας σοβαρός αναζητητής οφείλει να αφιερώνει λίγη ώρα καθημερινά στη μελέτη των γραφών και των λόγων του δασκάλου του. Αυτή είναι άλλωστε και η πρώτη οδηγία του Άντι Σανκαρατσάρυα στο έργο του *Σάντανα Παντσακάμ*: *«Να μελετάτε τις γραφές καθημερινά!»*. Μόνο μέσω αυτής της μελέτης θα γνωρίσουμε τον υπέρτατο στόχο της ζωής και τον τρόπο με τον οποίο θα τον φτάσουμε. Επιπλέον, ποτέ δεν θα μπορέσουμε να διαλογιστούμε ή να κατανοήσουμε τη θέση του διαλογισμού στο πνευματικό μονοπάτι, αν δεν λάβουμε αυτές τις διδασκαλίες από μια αξιόπιστη πηγή, όπως η Άμμα ή οι παραδοσιακές γραφές.

Ο τελευταίος κανόνας είναι το *ίσβαρα πρανιντάνα*: η παράδοση στο Θεό. Αυτό σημαίνει να προσφέρουμε όλες τις πράξεις μας ως λατρεία προς τον Κύριο. Πρόκειται, στην ουσία, για τη νοητική στάση της κάρμα γιόγκα: προσφέρουμε όλες τις πράξεις μας στο Θεό και δεχόμαστε τα αποτελέσματα τους ως *πρασάντ* (ευλογία) από Εκείνον. Όπως αναφέραμε και στο πέμπτο κεφάλαιο, μέσω της εφαρμογής της κάρμα γιόγκα υπερβαίνουμε τις αρέσκειες και τις αποστροφές μας. Αν δεν τις ελέγξουμε, ο νους μας ποτέ δεν θα είναι αρκετά ειρηνικός, ώστε να συγκεντρωθούμε στο διαλογισμό.

Άσανα

Το επόμενο βήμα στο σύστημα του Πατάντζαλι ονομάζεται *άσανα,* που σημαίνει στάση του σώματος. Προτού ξεκινήσουμε την εξάσκηση στο διαλογισμό θα πρέπει να είμαστε ικανοί να καθόμαστε σταθερά σε μια κατάλληλη στάση. Ακριβώς όπως και ο Κρίσνα συμβουλεύει τον Αρτζούνα στο έκτο κεφάλαιο της Μπαγκαβάτ Γκιτά, έτσι και η Άμμα συμβουλεύει και εμάς να καθόμαστε ακίνητοι με ίσια την πλάτη και την σπονδυλική στήλη, τον αυχένα και το κεφάλι σε μια ευθεία γραμμή. Συνιστά επίσης το πηγούνι να βρίσκεται ελαφριά ανασηκωμένο. Τα χέρια μπορούμε είτε να τα αφήνουμε σταυρωμένα μπροστά από τον κορμό είτε να τα ακουμπάμε πάνω στους μηρούς με τις παλάμες να κοιτούν προς τα πάνω. Η στάση αυτή απελευθερώνει τους πνεύμονες επιτρέποντας στην αναπνοή μας να είναι άνετη και χαλαρή κατά τη διάρκεια του διαλογισμού. Η σωστή στάση των χεριών και της σπονδυλικής στήλης βοηθά επίσης την ανοδική κυκλοφορία της *πράνα* (ζωτικής ενέργειας), κάτι που διευκολύνει το διαλογισμό. Τα πόδια μπορεί να τοποθετηθούν είτε σε απλή στάση σταυροπόδι είτε στη στάση του μισού ή ολόκληρου λωτού, αν αυτό είναι εφικτό. Σε κάθε περίπτωση θα πρέπει να αποφεύγεται η ένταση. Γι' αυτό μην πιέζεστε να καθίσετε σε μια στάση από την οποία θα δυσκολευτείτε να βγείτε. Δεν υπάρχει κανένας λόγος να καθίσετε σε μια στάση που θα σας δημιουργήσει δυσφορία κατά τον διαλογισμό. Μπορείτε επίσης να καθίσετε και σε καρέκλα, αρκεί να μην ακουμπάτε στην πλάτη της γιατί έτσι είναι εύκολο να αποκοιμηθείτε. Ο Κρίσνα αναφέρει στην Μπαγκαβάτ

Γκιτά, ότι το στρώμα ή το μαξιλάρι στο οποίο καθόμαστε δεν θα πρέπει να είναι ούτε πολύ σκληρό ούτε πολύ μαλακό. Επιπλέον, δεν είναι καλό να καθόμαστε απευθείας στο πάτωμα ή στο έδαφος χωρίς κανένα στρώμα ή μαξιλάρι. Οι δάσκαλοι του διαλογισμού επισημαίνουν ότι, όπως ένα ηλεκτρικό κύκλωμα χάνει ενέργεια όταν γειώνεται, έτσι και η ενέργειά μας εξασθενεί όταν το σώμα έρχεται σε άμεση επαφή με το έδαφος.

Ο όρος *άσανα* αναφέρεται επίσης και στις σωματικές ασκήσεις της *χάθα γιόγκα*, η οποία είναι η πιο γνωστή και δημοφιλής μορφή γιόγκα. Ένα βασικό πρόγραμμα *χάθα γιόγκα* είναι ένα εξαιρετικό μέσο για τη διατήρηση της υγείας και της ζωτικότητας σε σωματικό και ενεργειακό επίπεδο. Θα πρέπει όμως να τη διδασκόμαστε μόνο από σωστά καταρτισμένους δασκάλους, γιατί οι στάσεις της *χάθα γιόγκα* περιλαμβάνουν ειδικές διατάσεις του σώματος που αν γίνονται με λανθασμένο τρόπο ενδέχεται να προκαλέσουν τραυματισμούς. Πρέπει ακόμα να διευκρινίσουμε ότι, στο πλαίσιο του συστήματος του Πατάντζαλι, η *χάθα γιόγκα* δεν είναι αυτοσκοπός αλλά ένα μέσο για την προετοιμασία του διαλογισμού.

Η πρακτική της *χάθα γιόγκα* χαλαρώνει το σώμα, ώστε να μπορεί να παραμένει σε καθιστή στάση για αρκετή ώρα, τονώνει τη ροή της ενέργειας και βοηθά στην εσωτερίκευση του νου. Αυτοί είναι οι στόχοι άλλωστε των σωματικών ασκήσεων που περιλαμβάνει η τεχνική διαλογισμού ΙΑΜ της Άμμα.

Πραναγιάμα

Μετά την *άσανα*, το επόμενο βήμα είναι η *πραναγιάμα*, που σημαίνει έλεγχος της αναπνοής. Όπως και η *χάθα γιόγκα*, η *πραναγιάμα* έχει λεπτές επιδράσεις στο σώμα και το νου και μπορεί να επιφέρει ανεπιθύμητα αποτελέσματα, αν δεν γίνεται κάτω από την καθοδήγηση ενός έμπειρου δασκάλου. Στις μέρες μας, διάφοροι δάσκαλοι και σχολές διδάσκουν προχωρημένες τεχνικές σε οποιονδήποτε είναι διατεθειμένος να πληρώσει τα δίδακτρα. Η Άμμα αναφέρεται συχνά σε αυτό το φαινόμενο και προειδοποιεί ότι είναι πολύ επικίνδυνο. Οι απλές αναπνευστικές ασκήσεις είναι κατάλληλες σχεδόν για όλους[4], αλλά οι προχωρημένες τεχνικές μεταδίδονται παραδοσιακά σε προσωπικό επίπεδο, ανάλογα με τη σωματική και νοητική κατάσταση του μαθητή. Η Άμμα μας προειδοποιεί ειδικότερα να αποφεύγουμε το βεβιασμένο κράτημα της αναπνοής, είτε κατά την εισπνοή είτε κατά την εκπνοή. Σχετικά με το θέμα της πραναγιάμα η Άμμα έχει πει: «Στην παλιά εποχή, όταν ένας δάσκαλος επρόκειτο να μυήσει κάποιο μαθητή στην πραναγιάμα, του ζητούσε να φέρει ίνες από το κέλυφος καρύδας ή φυλλαράκια από γρασίδι ή κάποιο ελαφρύ νήμα. Στη συνέχεια, τοποθετούσε ένα απ' αυτά τα αντικείμενα κάτω από τη μύτη του μαθητή και παρατηρούσε προσεκτικά τα χαρακτηριστικά της αναπνοής του, την ένταση, τη διάρκεια, τη ροή από κάθε ρουθούνι κλπ. Στη συνέχεια του υπεδείκνυε τις κατάλληλες για εκείνον αναπνευστικές ασκήσεις, τη διάρκεια και τον αριθμό των επαναλήψεων».

Οι τεχνικές διαλογισμού που διδάσκει η Άμμα δεν περιλαμβάνουν ασκήσεις πραναγιάμα. Εκτός από μερικές γρήγορες εισπνοές και εκπνοές στην αρχή της μεθόδου ΙΑΜ, η Άμμα χρησιμοποιεί κυρίως την φυσική κοιλιακή αναπνοή με συγκέντρωση σε κάθε εισπνοή και εκπνοή. Η αναπνοή αυτή είναι βασικό στοιχείο της τεχνικής ΜΑ-ΟΜ. Οι αναπνοές πρέπει να είναι ισόχρονες και χαλαρές. Στην τεχνική αυτή απαγγέλλουμε νοητικά το μάντρα ΜΑ με κάθε εισπνοή και το μάντρα ΟΜ με κάθε εκπνοή. Πρόκειται για μια κατηγορία πραναγιάμα που ονομάζεται *σαγκάρμπα πραναγιάμα*, δηλαδή αναπνοή εμποτισμένη με ένα μάντρα. Παρόλο που η Άμμα συνέλαβε διαισθητικά τις τεχνικές διαλογισμού που μας διδάσκει, εκπλήσσει το γεγονός ότι αυτές συμβαδίζουν απόλυτα με τις πρακτικές που αναφέρονται σε διάφορες παραδοσιακές γραφές. Αυτό αποδεικνύει ότι ένας σατγκούρου αποτελεί ενσάρκωση των γραφών.

---

[4] Άνθρωποι που υποφέρουν από καρδιακά προβλήματα, άσθμα, υπέρταση ή οι έγκυες γυναίκες θα πρέπει να συμβουλεύονται το γιατρό τους.

Στο σύστημα του Πατάντζαλι, η πραναγιάμα, ακριβώς όπως και η άσανα, δεν θεωρείται αυτοσκοπός αλλά μέσο για ακόμα βαθύτερη εσωτερίκευση του νου. Στη χάθα γιόγκα η επίγνωση βρίσκεται κυρίως στο σώμα. Στην πραναγιάμα η επίγνωση περνά από το υλικό στο ενεργειακό επίπεδο, στη ζωτική δύναμη που ενεργοποιεί το σώμα. Κατ' αυτό τον τρόπο, ο Πατάντζαλι μας οδηγεί βήμα βήμα σ' ένα εσωτερικό ταξίδι, καθώς οι πρακτικές και οι επιδράσεις τους εκλεπτύνονται ολοένα και περισσότερο.

Πρατυαχάρα

Το επόμενο βήμα είναι η *πρατυαχάρα*, η απόσυρση των αισθήσεων. Είναι αυτονόητο ότι είναι αδύνατο να συγκεντρωθούμε σε κάτι, αν ο νους μας είναι ακόμα απασχολημένος με τον εξωτερικό κόσμο μέσω της όρασης, της ακοής, της όσφρησης, της γεύσης και της αφής. Τα μάτια μπορούμε να τα κλείσουμε και βέβαια μπορούμε να μην τρώμε τίποτα κατά τη διάρκεια της πρακτικής. Εντούτοις, αν ο νους μας αποσπάται από τις υπόλοιπες τρεις αισθήσεις (αφή, όσφρηση, ακοή) θα είναι δύσκολο να συγκεντρωθούμε στο διαλογισμό. Γι' αυτό, οι γραφές μας συμβουλεύουν να ασκούμαστε, στο μέτρο του δυνατού, είτε απομονωμένοι από άλλους ανθρώπους είτε κατά τις πρώτες πρωινές ώρες όταν ο υπόλοιπος κόσμος κοιμάται. Ο χώρος μας πρέπει επίσης να είναι καθαρός και απαλλαγμένος από ενοχλητικές οσμές και κουνούπια, τα οποία αποτελούν έναν ορκισμένο εχθρό εκείνων που ασκούνται στο διαλογισμό. Κατ' αυτό τον τρόπο, μπορούμε να αναστρέψουμε την εξωστρεφή τάση των αισθητήριων οργάνων, επιτρέποντας στο νου να συγκεντρωθεί στο επιλεγμένο αντικείμενο του διαλογισμού.

Εντούτοις, η Άμμα επισημαίνει ότι πρέπει να αναπτύξουμε την ικανότητα να διαλογιζόμαστε σε οποιοδήποτε περιβάλλον. Την εποχή που πήγα να εγκατασταθώ στο άσραμ, οι χωρικοί συνήθιζαν να συσσωρεύουν τα σπασμένα κελύφη από τις άδειες καρύδες μέσα στο νερό της λιμνοθάλασσας. Το αλμυρό νερό τα αποσυνθέτει και έτσι μετά είναι ευκολότερο να αποσπάσουν απ' αυτά τις ίνες από τις οποίες φτιάχνουν σκοινί. Οφείλω να ομολογήσω ότι λίγα πράγματα βρωμάνε περισσότερο από τις καρύδες που σαπίζουν μέσα στο νερό! Σαν να μην έφτανε αυτό, ο θόρυβος από τις γυναίκες που χτυπούσαν τις καρύδες ήταν ένα επιπλέον μαρτύριο για τις αισθήσεις. Η Άμμα όμως μας έβαζε να καθόμαστε εκεί και να διαλογιζόμαστε για αρκετή ώρα. Είναι λάθος, σύμφωνα με την Άμμα, να αναβάλλουμε το διαλογισμό μας μέχρι να βρεθεί ένα ήσυχο και απομονωμένο μέρος. Όταν έρθει η προγραμματισμένη ώρα για το διαλογισμό μας, θα πρέπει να μπορούμε να αποσύρουμε το νου μας από τις αισθήσεις και να συγκεντρωνόμαστε, όπου κι αν βρισκόμαστε. Βάζοντάς μας να διαλογιστούμε κοντά στις σαπισμένες καρύδες, η Άμμα μας βοηθούσε να αναπτύξουμε αυτή την ικανότητα.

Ντάρανα

Το επόμενο βήμα είναι η *ντάρανα*, η νοητική συγκέντρωση. Ο νους, που είναι πια απαλλαγμένος από τα εμπόδια που τον διασπούν, μπορεί να εστιαστεί στο αντικείμενο που έχουμε επιλέξει. Αυτό μπορεί να είναι ο οραματισμός της μορφής κάποιας θεότητας ή του δασκάλου μας, η αναπνοή, το μάντρα ή ακόμα και διάφορα σημεία του σώματός μας. Στις Βέδες απαριθμούνται εκατοντάδες τέτοια αντικείμενα για το διαλογισμό. Μπορούμε να επιλέξουμε ό,τι θέλουμε, αρκεί αυτό να *παραπέμπει* στην *παρουσία του Θεού*, όπως συνιστούν και οι ιερές γραφές. Για το λόγο αυτό, στο διαλογισμό ΜΑ-ΟΜ η Άμμα πάντα αναφέρει ότι ο ήχος ΟΜ συμβολίζει το θεϊκό φως (τη συνειδητότητα) και ότι ο ήχος ΜΑ συμβολίζει τη θεϊκή αγάπη. Αυτό δεν σημαίνει ότι κατά τη διάρκεια της τεχνικής στοχαζόμαστε άμεσα πάνω στη συνειδητότητα ή στη θεϊκή αγάπη. Απλά συγκεντρωνόμαστε στην αναπνοή σε συνδυασμό με τους ήχους ΜΑ και ΟΜ, τους οποίους όμως έχουμε συνδέσει νοητικά με αυτό που συμβολίζουν.

Ντυάνα

Ενώ στη ντάρανα πρέπει να συγκεντρωθούμε σε μια σκέψη, στο επόμενο βήμα, την *ντυάνα*, κρατάμε συνεχώς και αδιαλείπτως αυτή τη μια σκέψη. Θυμίζουμε τα λόγια του Σανκαρατσάρυα για το διαλογισμό ως τη «διατήρηση μιας συνεχούς ροής παρόμοιων σκεπτομορφών (σκέψεων) προς ένα αντικείμενο, σύμφωνα με τις οδηγίες των γραφών, χωρίς την παρείσφρηση καμίας ξένης προς αυτό ιδέας». Στο στάδιο της ντυάνα, ο νους διατηρεί μια μόνο σκέψη, αλλά αυτό επιτυγχάνεται μόνο μέσω της προσπάθειας. Η διαδικασία αυτή μοιάζει με πάλη.

Είμαι σίγουρος ότι όλοι είχατε εμπειρίες όπως αυτή που ακολουθεί: Καθόμαστε σε στάση διαλογισμού και προσπαθούμε να συγκεντρώσουμε το νου μας, για παράδειγμα, στη μορφή της Ντέβι (Θεϊκής Μητέρας). Συγκεντρωνόμαστε λοιπόν στην κορόνα της, στα μαλλιά της, μετά στο σάρι της. Βλέποντας το σάρι σκεφτόμαστε: *Ω τι όμορφο σάρι! Βαθύ γαλάζιο σαν τη θάλασσα!* Και μετά ο νους με ύπουλο τρόπο συνεχίζει: *Μου θυμίζει την κρουαζιέρα που έκανα πέρυσι το καλοκαίρι στη Βενεζουέλα...* Και μετά σκεφτόμαστε ένα εστιατόριο στο οποίο φάγαμε εκεί... Και μετά κάποιους ανθρώπους που συναντήσαμε εκεί... *Εκείνος ο τύπος στο εστιατόριο είχε ένα ωραίο ρολόι... Α ναι, πρέπει να αγοράσω ένα καινούργιο ρολόι... Ίσως θα πάω αύριο στο εμπορικό κέντρο... Την τελευταία φορά που πήγα, τσακώθηκα με την αδερφή μου...* Και ξαφνικά θυμόμαστε ότι θα έπρεπε να διαλογιζόμαστε στη Θεϊκή Μητέρα!

Αυτό είναι ο νους, μια συνεχής ροή σκέψεων. Συνήθως η ροή αυτή είναι άναρχη, μια διαδοχή σκέψεων που πηγάζει από τις συνδέσεις μεταξύ διαφόρων αναμνήσεων και από τις νοητικές μας τάσεις. Μέσω της πρακτικής μπορούμε να αναπτύξουμε την ικανότητα να διοχετεύουμε αυτή τη ροή των σκέψεων προς ένα αντικείμενο. Είναι σαν τοποθετούμε το τραίνο πάνω στις ράγες του, για να είμαστε σίγουροι ότι θα παραμείνει στην πορεία του και ότι θα φτάσουμε στον προορισμό μας. Καθώς η επίγνωση μας αυξάνεται, αναπτύσσεται και η ικανότητα να συγκρατούμε το νου όταν πάει να ξεφύγει από την πορεία του. Αυτό που αποκαλούμε ντυάνα, είναι λοιπόν η ικανότητα να συγκεντρώνουμε σταθερά, χωρίς καμία παρέκκλιση, το νου μας στο επιλεγμένο αντικείμενο.

Σαμάντι

Το αποκορύφωμα του διαλογισμού σαγκούνα είναι το *σαμάντι*, η πλήρης και αβίαστη απορρόφηση στο επιλεγμένο αντικείμενο. Τίποτα δεν εμποδίζει πια τη συγκέντρωση του νου. Η εικόνα που αποδίδει παραδοσιακά την κατάσταση του σαμάντι, είναι εκείνη μιας φλόγας που καίει χωρίς να τρεμοπαίζει στο εσωτερικό ενός φαναριού. Μέχρι να φτάσουμε σε αυτό το στάδιο του διαλογισμού υπάρχει πάντα η διάκριση ανάμεσα στον διαλογιζόμενο και στο αντικείμενο του διαλογισμού. Στο σαμάντι όμως, ο διαλογιζόμενος ξεχνά τον εαυτό του τελείως και το αντικείμενο του διαλογισμού γίνεται η μοναδική πραγματικότητα. Αυτό είναι το τελικό στάδιο του διαλογισμού σαγκούνα. Ακόμα και στην καθημερινή μας ζωή υπάρχουν στιγμές, όταν παρακολουθούμε μια ταινία στην τηλεόραση για παράδειγμα, στις οποίες απορροφούμαστε τόσο πολύ, ώστε να ξεχάσουμε πλήρως τον εαυτό μας. Μπορεί να περάσουν δύο ώρες χωρίς να το καταλάβουμε. Υπάρχει βέβαια μια σημαντική διαφορά ανάμεσα στην παρακολούθηση της τηλεόρασης και το διαλογισμό: στην πρώτη περίπτωση επικρατεί η κατώτερη τάση του νου και των αισθητήριων οργάνων για εξωτερίκευση, ενώ στη δεύτερη έχουμε στρέψει, μέσω της πρακτικής, νου και αισθήσεις προς τα μέσα. Επιπλέον, συμβαίνει αρκετές φορές να χανόμαστε στις σκέψεις μας ή σε κάποια ονειροπόληση. Αυτό όμως ποτέ δεν θα μας αποφέρει κανένα από τα οφέλη του διαλογισμού σαγκούνα, γιατί δεν συγκεντρωνόμαστε με τη θέλησή μας.

Είναι σημαντικό να επισημάνουμε ότι η κατάσταση του σαμάντι κατά το διαλογισμό δεν πρέπει να συγχέεται με την αυτοπραγμάτωση, τη συνειδητοποίηση του Εαυτού. Η τελευταία σηματοδοτεί μια οριστική μεταστροφή στην κατανόησή μας, όταν πια έχουμε βιώσει την αληθινή φύση μας, τη φύση του κόσμου γύρω μας και τη φύση του Θεού, ως την ευδαιμονική, αιώνια συνειδητότητα που διαπερνά τα πάντα. Αυτό ονομάζεται μη δυαδική εμπειρία (*αντβάιτα* στα σανσκριτικά) γιατί βλέπουμε μια και για πάντα ότι το μόνο πράγμα που υπάρχει τόσο στον εσωτερικό όσο και στον εξωτερικό κόσμο είναι η συνειδητότητα. Η κατανόηση αυτή είναι μόνιμη και μας ακολουθεί παντού, είτε διαλογιζόμαστε σε καθιστή στάση με τα μάτια κλειστά είτε τρώμε, κοιμόμαστε, περπατάμε, μιλάμε κλπ. Στο σαμάντι, σύμφωνα με τον Πατάντζαλι, η εμπειρία της ευδαιμονίας οφείλεται στην αδιάσπαστη συγκέντρωση του νου σ' ένα σημείο. Εστιασμένος σ' αυτό το σημείο, ο νους γίνεται τόσο γαλήνιος που η ευδαιμονία του Εαυτού αντανακλάται σε αυτόν χωρίς να παρεμποδίζεται από τις σκέψεις και τα συναισθήματα που συνήθως τον διασπούν. Όπως αναφέρει ο Σανκαρατσάρυα, στο σαμάντι «*παίρνουμε μια γεύση από την πραγματικότητα του Εαυτού*». Εντούτοις, όταν ο ασκούμενος σταματά το διαλογισμό και ανοίγει τα μάτια, ο δυαδικός κόσμος επιστρέφει, η «γεύση» του Εαυτού χάνεται και εκείνος συνεχίζει να είναι το ίδιο άτομο, με όλα τα ελαττώματά του. Γι' αυτό, λέγεται ότι η μόνιμη ευδαιμονία κατακτάται μόνο μέσα από τη γνώση του Εαυτού. Η παρανόηση αυτή – ότι δηλαδή το σαμάντι στο διαλογισμό είναι το ίδιο με την αυτοπραγμάτωση – οφείλεται και στο γεγονός ότι η αυτοπραγμάτωση αναφέρεται μερικές φορές, επίσης, ως «σαμάντι». Εντούτοις, η σωστή ορολογία για την αυτοπραγμάτωση είναι «*σαχάτζα σαμάντι*» που σημαίνει φυσικό σαμάντι που πηγάζει από τη κατανόηση ότι όλα είναι ένα.

Η εννοιολογική αυτή διάκριση είναι πραγματικά συναρπαστική. Στο σαμάντι που φθάνουμε μέσω του διαλογισμού περιορίζουμε το νου σε μία σκέψη και βιώνουμε ευδαιμονία που προκύπτει από την αδιάσπαστη συγκέντρωση. Στο σαχάτζα σαμάντι γνωρίζουμε ότι όλα όσα βλέπουμε είναι κατ' ουσίαν ένα και βιώνουμε διαρκή ευδαιμονία. Στο πρώτο περιορίζουμε την πολλαπλότητα στο ένα μέσω της πειθαρχίας, στο δεύτερο κάνουμε το ίδιο μέσω της κατανόησης. Το διαλογιστικό σαμάντι είναι παροδικό, τελειώνει μαζί με το διαλογισμό. Το σαχάτζα σαμάντι όμως που βασίζεται στην κατανόηση, από τη στιγμή που γίνει βίωμα δεν τελειώνει ποτέ.

Η Άμμα αναφέρει συχνά ότι οι περισσότεροι άνθρωποι, σε ένα διαλογισμό που διαρκεί για παράδειγμα μια ώρα, καταφέρνουν να φθάσουν σε κατάσταση αληθινής συγκέντρωσης μόνο για ένα-δυό λεπτά. Λέει επίσης ότι ο αληθινός διαλογισμός είναι «μια κατάσταση αδιάσπαστης συγκέντρωσης σε συνεχή ροή», και όχι το να καθόμαστε απλά με τα μάτια κλειστά. Με τα λόγια αυτά η Άμμα περιγράφει το σαμάντι του Πατάντζαλι. Προσθέτει ακόμα, ότι η δύναμη της συγκέντρωσης αναπτύσσεται με τον καιρό και τη συστηματική πρακτική. Η Άμμα διασαφηνίζει συχνά το σημείο αυτό με το παρακάτω παράδειγμα: «Ας υποθέσουμε ότι ζεσταίνουμε νερό σ' ένα μπρίκι για να φτιάξουμε τσάι. Αν κάποιος μας ρωτήσει τι κάνουμε, θα απαντήσουμε ότι φτιάχνουμε τσάι. Στην πραγματικότητα όμως απλά ζεσταίνουμε το νερό, αυτό είναι το πρώτο βήμα της διαδικασίας. Δεν έχουμε ακόμα προσθέσει τα φύλλα του τσαγιού και τη ζάχαρη. Ακόμα κι όταν το έχουμε κάνει, η απάντηση μας θα είναι πάλι ότι φτιάχνουμε τσάι. Παρομοίως, λέμε ότι διαλογιζόμαστε, αλλά βρισκόμαστε μόνο στην αρχή. Δεν έχουμε ακόμα φτάσει στην κατάσταση του αληθινού διαλογισμού».

Άλλες πνευματικές πρακτικές

Η βελτίωση της ικανότητας της συγκέντρωσης είναι ο στόχος των περισσότερων πνευματικών πρακτικών. Ο διαλογισμός, σε αντίθεση με άλλες πρακτικές, είναι μια καθαρά νοητική διαδικασία. Η συγκέντρωση στο αντικείμενο του διαλογισμού πρέπει να επιτευχθεί μόνο μέσω του νου. Υπάρχουν όμως και άλλες πρακτικές στις οποίες βασιζόμαστε και σε διάφορα αισθητήρια όργανα για να επιτύχουμε τη συγκέντρωση.

Για παράδειγμα, η Άμμα συνιστά ανεπιφύλακτα την καθημερινή απαγγελία του *Λαλίτα Σαχασρανάμα*, των Χιλίων Ονομάτων της Θεϊκής Μητέρας. Σ' αυτή την πρακτική δεν σκεφτόμαστε μόνο τα μάντρα, αλλά επίσης τα απαγγέλλουμε δυνατά, χρησιμοποιώντας επομένως τη γλώσσα και την ακοή. Μπορούμε επίσης να διαβάζουμε τα μάντρα, χρησιμοποιώντας έτσι και την όραση. Μερικοί άνθρωποι, αναπαριστούν με μια κίνηση του χεριού την προσφορά ροδοπέταλων προς τη Θεϊκή Μητέρα με κάθε όνομα που απαγγέλουν. Κατ' αυτό τον τρόπο, και τα χέρια γίνονται ένα ακόμα μέσο που βοηθά στη συγκέντρωση. Γενικά, όσο πιο πολλά όργανα χρησιμοποιούμε, τόσο ευκολότερο είναι να συγκεντρωθούμε. Τα λατρευτικά τραγούδια (μπάτζαν) εξυπηρετούν τον ίδιο σκοπό. Αυτός είναι ο λόγος για τον οποίο πολλοί άνθρωποι που δυσκολεύονται να συγκεντρωθούν κατά το διαλογισμό, προτιμούν την απαγγελία των μάντρα και τα λατρευτικά τραγούδια. Ο γενικός κανόνας είναι ο εξής: Όσες περισσότερες αισθήσεις εμπλέκονται, τόσο ευκολότερη είναι η συγκέντρωση. Αντιθέτως, όσο λιγότερες αισθήσεις χρησιμοποιούμε, τόσο ισχυρότερες είναι οι επιδράσεις της πρακτικής στην οποία ασκούμαστε.

Για να καταλάβουμε το σημείο αυτό ας σκεφτούμε κάποιον που γυμνάζεται σηκώνοντας βάρη. Όσο περισσότερους μυς χρησιμοποιεί για να σηκώσει ένα βάρος τόσο ευκολότερη είναι η άσκηση. Αντιθέτως, όσο λιγότερους μυς χρησιμοποιεί για να σηκώσει το ίδιο βάρος, τόσο δυσκολότερη είναι η άσκηση και τόσο πιο έντονα γυμνάζονται οι μυς αυτοί. Στις πνευματικές πρακτικές δεν μας ενδιαφέρει να οξύνουμε την ακοή, την όραση ή άλλες αισθήσεις. Θέλουμε να δυναμώσουμε το νου μας. Επομένως, όσο λιγότερα αισθητήρια όργανα εμπλέκονται στην πρακτική τόσο περισσότερο θα εξασκηθεί ο νους μας. Γι' αυτό, ο Ραμάνα Μαχάρσι αναφέρει στο έργο του *Ουπαντέσα Σαράμ*:

Η επανάληψη [των μάντρα] με σιγανή φωνή είναι
προτιμότερη από την απαγγελία με δυνατή φωνή.
Ακόμα καλύτερη είναι η ψιθυριστή. Η σωστότερη όμως
είναι η νοητική επανάληψη. Αυτή είναι πραγματικός
διαλογισμός.

Ουπαντέσα Σαράμ, 6

Αυτή είναι και η συμβουλή της Άμμα όταν μας δίνει μύηση σε
κάποιο προσωπικό μάντρα: «Στην αρχή να επαναλαμβάνετε το
μάντρα δυνατά για να ακούτε τον ήχο. Όταν καταφέρετε να το
κάνετε με συγκέντρωση, ξεκινήστε να το ψιθυρίζετε κουνώντας
μόνο τα χείλη. Όταν κατακτήσετε και αυτή την πρακτική, τότε
ξεκινήστε να το επαναλαμβάνετε μόνο νοητικά». Μπορούμε να
ερμηνεύσουμε αυτή τη φράση με δύο τρόπους. Η «αρχή» μπορεί
να σημαίνει την αρχική περίοδο μετά τη μύησή μας στο μάντρα
ή την αρχή της καθημερινής πρακτικής μας στην επανάληψη
του μάντρα (μάντρα τζάπα). Σε γενικές γραμμές λοιπόν, καθώς
η πνευματική μας άσκηση εξελίσσεται, θα πρέπει να προσπα-
θούμε να εκλεπτύνουμε τις πρακτικές μας και να βελτιώνουμε
την ποιότητά τους.

Όπως η νοητική επανάληψη ενός μάντρα είναι ισχυρότερη
από την απαγγελία του με δυνατή φωνή, έτσι και η επανάληψη
ενός μόνο μάντρα είναι πιο ισχυρή από την επανάληψη πολλών
διαφορετικών μάντρα. Αυτό συμβαίνει γιατί ο νους από τη φύση
του ρέει συνεχώς και αναζητά καινούργια πράγματα. Μόλις
δοκιμάσει κάτι καινούργιο αμέσως το αφήνει και αναζητά κάτι
άλλο. Όσο περισσότερο περιορίζουμε το νου, τόσο λιγότερο του
επιτρέπουμε να εξωτερικεύεται και να διασπά την προσοχή του.
Μέσω όλων αυτών των πρακτικών βάζουμε «φρένο» στο νου και
τον κατευθύνουμε εκεί που εμείς επιθυμούμε. Προηγουμένως
δεν είχαμε εμείς τον έλεγχο. Δεν κουνούσε ο σκύλος την ουρά,
αλλά η ουρά τον σκύλο, όπως αναφέρει χιουμοριστικά η Άμμα.
Όταν πατάμε το φρένο του αυτοκινήτου παράγεται θερμότητα.
Έτσι και στην περίπτωση των πνευματικών πρακτικών παράγεται

ενέργεια. Αυτό είναι μια ένδειξη ότι ο νους εξαγνίζεται. Δεν είναι σύμπτωση ότι στα σανσκριτικά οι λέξεις «θερμότητα» και «πειθαρχία» αποδίδονται με τον ίδιο όρο: *τάπας*. Αυτό δεν σημαίνει βέβαια ότι όποιος θέλει να απαγγέλλει δυνατά τα μάντρα πρέπει να σταματήσει να το κάνει. Θα πρέπει να αξιολογούμε με ειλικρίνεια το επίπεδο στο οποίο βρισκόμαστε και να προχωράμε μπροστά, προσπαθώντας σταδιακά να εντείνουμε την πνευματική μας άσκηση.

Σύμφωνα με την Άμμα υπάρχει ένα ειδικό όφελος όταν απαγγέλουμε δυνατά τα Χίλια Ονόματα της Θεϊκής Μητέρας. Όταν η απαγγελία γίνεται με το σωστό ρυθμό μετατρέπεται σε μια μορφή πραναγιάμα, διότι η αναπνοή μας ρυθμίζεται αυτόματα χαλαρώνοντας και εξαγνίζοντας το σώμα και το νου.

Τα εμπόδια στο διαλογισμό

Ο διαλογισμός είναι μια από τις πιο εκλεπτυσμένες πνευματικές πρακτικές. Για μερικούς είναι πηγή μεγάλης χαράς και για άλλους αιτία μεγάλης απογοήτευσης. Οι περισσότεροι άνθρωποι βρίσκονται ανάμεσα σε αυτά τα δύο άκρα. Στα σχόλια του πάνω στην Μαντούκυα Ουπανισάδα, ο Σρι Γκαουπάντα, δάσκαλος του Άντι Σανκαρατσάρυα, περιγράφει τέσσερα μεγάλα εμπόδια για το διαλογισμό, καθώς και τρόπους για να τα υπερβούμε.

Το πρώτο εμπόδιο είναι η υπνηλία (*λάγυα* στα σανσκριτικά). Οι περισσότεροι από εμάς αντιμετωπίζουμε αυτό το πρόβλημα, ειδικά στα πρώτα στάδια της πρακτικής μας. Είναι κάτι το φυσιολογικό. Σε όλη μας τη ζωή έχουμε μάθει να συνδέουμε το κλείσιμο των ματιών και τη χαλάρωση με τον ύπνο. Τώρα, θέλουμε ξαφνικά να μάθουμε να κλείνουμε τα μάτια αλλά να παραμένουμε σε εγρήγορση. Έτσι, πολλές φορές συμβαίνει να μας παίρνει ο ύπνος χωρίς να το θέλουμε. Για να υπερβούμε αυτό το εμπόδιο πρέπει πρώτα να εντοπίσουμε την αιτία της υπνηλίας.

Η υπνηλία κατά τη διάρκεια του διαλογισμού οφείλεται συνήθως σε έλλειψη βραδινού ύπνου ή σε άλλες αιτίες όπως υπερβολική κατανάλωση φαγητού, υπερβολική σωματική κούραση, προβλήματα υγείας όπως υπόταση κλπ. Η Άμμα συμβουλεύει συνήθως τους ασκούμενους που αντιμετωπίζουν το πρόβλημα αυτό, να σηκώνονται όρθιοι και να περπατούν για λίγη ώρα: «Αν αισθάνεστε υπνηλία, σηκωθείτε και περπατήστε για λίγη ώρα επαναλαμβάνοντας το μάντρα σας. Έτσι, θα βγείτε από την *ταμασική* (ληθαργική) κατάσταση. Στα αρχικά στάδια του διαλογισμού όλες οι ταμασικές τάσεις σας θα βγουν στην επιφάνεια. Αν έχετε επίγνωση, οι τάσεις αυτές σταδιακά θα εξαφανιστούν. Όταν αισθάνεστε υπνηλία, να επαναλαμβάνετε το μάντρα σας χρησιμοποιώντας ένα τζάπα μάλα[5]». Αν το αντικείμενο του διαλογισμού μας είναι μια εικόνα, η Άμμα συνιστά να ανοίγουμε τα μάτια και να εστιάζουμε την προσοχή μας στην εξωτερική μορφή. Μόλις η υπνηλία περάσει, μπορούμε να κλείσουμε τα μάτια και να συνεχίσουμε με τον εσωτερικό οραματισμό.

Τον πρώτο καιρό της λειτουργίας του άσραμ, η Άμμα καθόταν μαζί μας στο διαλογισμό κρατώντας κοντά της ένα σωρό από βότσαλα. Αν έβλεπε κάποιον να κοιμάται του πετούσε ένα βότσαλο, με εξαιρετική πάντα ευστοχία. Μερικές φορές, αυτό συμβαίνει ακόμα στα προγράμματα της Άμμα. Καθώς το ντάρσαν συνεχίζεται συνήθως μέχρι τις τρεις ή τέσσερις το πρωί, αρκετοί άνθρωποι που διαλογίζονται κοντά στην Άμμα μερικές φορές αποκοιμούνται. Η Άμμα έχει το δικό της μοναδικό τρόπο να τους ξυπνά, ρίχνοντάς τους μερικές φορές κάποια καραμέλα ως πρασάντ.

Το δεύτερο εμπόδιο είναι η αναστάτωση του νου (*βικσέπα*). Σ' αυτή την περίπτωση, ο νους μας δεν είναι κοιμισμένος αλλά, αντιθέτως, είναι υπερβολικά ταραγμένος. Η ρίζα του προβλήματος αυτού βρίσκεται στις επιθυμίες. Όπως είδαμε σε προηγούμενο κεφάλαιο, οι επιθυμίες οφείλονται στη σύγχυση που επικρατεί στο νου μας σχετικά με την πηγή της ευτυχίας και συγκεκριμένα, στη λανθασμένη αντίληψη ότι η ευτυχία

---

[5] Περιδέραιο ή ροζάριο με χάντρες που χρησιμοποιούνται στην προσευχή και την απαγγελία των μάντρα για μεγαλύτερη συγκέντρωση.

προέρχεται από τα αντικείμενα των αισθήσεων και όχι από τον Εαυτό. Για να υπερβούμε το εμπόδιο αυτό, ο Γκαουπάντα συνιστά να στοχαζόμαστε πάνω στον εφήμερο χαρακτήρα των αντικειμένων που αποσπούν την προσοχή μας, καθώς και στο γεγονός ότι στο τέλος θα μας οδηγήσουν αναγκαστικά στη δυστυχία. Η συμβουλή της Άμμα είναι η ίδια: «Όταν ανεπιθύμητες σκέψεις αναδύονται στο νου κατά τη διάρκεια του διαλογισμού, θα πρέπει να σκεφτόμαστε ως εξής: Ω νου, ποιο το όφελος να σκέφτεσαι αυτά τα πράγματα; Έχουν κάποια αξία; Σκεπτόμενοι κατ' αυτό τον τρόπο, θα πρέπει να απορρίπτετε τις άχρηστες σκέψεις. Πρέπει να αποστασιοποιηθείτε πλήρως από αυτές. Η πεποίθηση ότι τα αντικείμενα των αισθήσεων ισοδυναμούν με δηλητήριο, πρέπει να ριζώσει βαθιά στο νου σας».

Το επόμενο εμπόδιο είναι οι επιθυμίες που βρίσκονται σε λανθάνουσα μορφή στο νου (*κασάγια*). Ο νους δεν είναι ούτε κοιμισμένος, ούτε αναστατωμένος από σκέψεις. Εντούτοις, δεν καταφέρνουμε να μπούμε σε βαθύ διαλογισμό γιατί οι επιθυμίες παραμένουν στο υποσυνείδητο. Εδώ το μόνο που μπορούμε να κάνουμε είναι να παρατηρούμε το νου όταν βρίσκεται σ' αυτή την κατάσταση. Μόλις αυτές οι λανθάνουσες επιθυμίες κάνουν την εμφάνισή τους στο συνειδητό νου, θα πρέπει να τις απορρίπτουμε μέσω της διάκρισης.

Το τελευταίο εμπόδιο που αναφέρει ο Γκαουπάντα είναι η «γεύση της ευδαιμονίας» (*ρασασβάντα*). Όταν ο νους απορροφάται στο επιλεγμένο αντικείμενο του διαλογισμού, τότε βιώνουμε ειρήνη και ευδαιμονία. Όταν συμβαίνει αυτό δεν θα πρέπει να αφήνουμε τον εαυτό μας να παρασύρεται από τη μεθυστική αυτή εμπειρία. Θα πρέπει να διατηρούμε την συγκέντρωσή μας στο αντικείμενο του διαλογισμού. Πρέπει πάντα να θυμόμαστε την πρόθεση πίσω από την πρακτική μας στο διαλογισμό: να οξύνουμε το νου. Η ευδαιμονία που βιώνουμε σε τέτοιες στιγμές είναι πράγματι μια αντανάκλαση της ευδαιμονίας του Εαυτού πάνω στον καθρέφτη του νου. Η εμπειρία αυτή θα έρχεται και θα φεύγει ανάλογα με τη νοητική μας κατάσταση. Η «γεύση της ευδαιμονίας» δεν είναι ο στόχος μας. Στο τέλος θα πρέπει να πάμε ακόμα πιο πέρα και να συνειδητοποιήσουμε την ταυτότητά μας με το Άτμα, την πραγματική πηγή κάθε ευδαιμονίας. Όπως θα εξηγήσουμε στο επόμενο κεφάλαιο, αυτό δεν είναι μια εμπειρία, αλλά μια οριστική μεταστροφή στην κατανόησή μας. Ο διαλογισμός σαγκούνα προετοιμάζει το νου μας γι' αυτή τη μεταστροφή, αλλά δεν μπορεί να την προκαλέσει από μόνος του. Αυτό πρέπει να συμβεί μέσω της γνώσης.

Η Άμμα επισημαίνει ότι οποιαδήποτε πράξη, εφόσον εκτελείται με επίγνωση και με τη σωστή νοητική στάση, μπορεί να μετατραπεί σε πνευματική άσκηση. Αυτό ισχύει για το περπάτημα, τη συζήτηση με άλλους ανθρώπους, το φαγητό, τις δουλειές του νοικοκυριού κλπ. Σε τελική ανάλυση, οτιδήποτε γίνεται με συγκέντρωση και προσήλωση στο στόχο μπορεί να μας βοηθήσει να εκλεπτύνουμε το νου μας.

Ολόκληρη η ζωή της Άμμα αποτελεί το ιδανικό παράδειγμα εφαρμογής αυτής της αρχής. Οτιδήποτε κάνει, το κάνει με τη μέγιστη φροντίδα και συγκέντρωση. Ένας απλός παρατηρητής μπορεί να μην το αντιλαμβάνεται γιατί η Άμμα είναι πολύ φυσική στις κινήσεις της. Αν προσέξουμε όμως πραγματικά, θα δούμε ότι όλα όσα κάνει – οι τυχαίες ματιές της, τα αυθόρμητα χαμόγελα, οι αστείες χειρονομίες, ακόμα και τα δάκρυά της – γίνονται με ακρίβεια, φροντίδα και τέλεια συγκέντρωση.

Θυμάμαι μια ενδιαφέρουσα ιστορία που καταδεικνύει αυτές τις αρετές της Άμμα. Το 2003 ήρθε στο άσραμ ο Γάλλος σκηνοθέτης Ζαν Κουνέν για να γυρίσει ένα ντοκιμαντέρ για την Άμμα. Ήταν η χρονιά που γιορτάζονταν τα πεντηκοστά γενέθλιά της και ο σκηνοθέτης ήθελε να καταγράψει τα μαραθώνια ντάρσαν που η Άμμα έδινε εκείνες τις μέρες σε τεράστια πλήθη. Σε τέτοιες περιπτώσεις η Άμμα αγκαλιάζει ακόμα και 2000 άτομα μέσα σε μια ώρα. Το θέαμα αυτό είναι μοναδικό. Δεξιά κι αριστερά από την Άμμα σχηματίζονται δύο σειρές ανθρώπων, σαν δύο «ιμάντες» μεταφοράς της αγάπης. Ο ίδιος ο σκηνοθέτης μας είπε σχετικά με τα πλάνα που τράβηξε: «Οι κινήσεις της ήταν τόσο γρήγορες!

Στην αρχή τα μάτια δεν μπορούν να την παρακολουθήσουν, βλέπουν ένα χαώδες σκηνικό, όλα γίνονται υπερβολικά γρήγορα. Γι' αυτό αποφάσισα να γυρίσω τη σκηνή σε αργή κίνηση. Μόνο τότε άρχισα πραγματικά να βλέπω τι γινόταν. Όχι, η αρχική εντύπωση ήταν λανθασμένη, υπήρχε τόσο μεγάλη χάρη και ομορφιά! Όλες οι κινήσεις της ήταν χορευτικές, γίνονταν με απόλυτο έλεγχο».

Σαν να θέλει να αποδείξει το βαθμό της επίγνωσης με την οποία ενεργεί σε τέτοιες περιστάσεις, η Άμμα μερικές φορές ξαφνικά σταματά και με παιχνιδιάρικο ύφος λέει σε κάποιον από του ανθρώπους που έρχονται για ντάρσαν: «Ε εσύ κατεργάρη, είναι η δεύτερη φορά που περνάς!» Ο Θεός μονάχα ξέρει πώς η Άμμα μπορεί να θυμάται κάθε πρόσωπο που βλέπει μέσα σ' αυτά τα τεράστια πλήθη. Θα πρέπει να έχουμε υπόψη ότι ο νους της Άμμα είναι απόλυτα αγνός. Δεν έχει καμία ανάγκη να τον εξαγνίσει περισσότερο. Έχει ήδη φθάσει στο Υπέρτατο. Οι πράξεις της έχουν διαλογιστικό χαρακτήρα γιατί ο διαλογισμός είναι η φυσική της κατάσταση. Δίνει λοιπόν το παράδειγμα σ' όλους εμάς και μας εμπνέει να ακολουθήσουμε τα βήματά της με σκοπό την πνευματική μας εξύψωση.

173

Κεφάλαιο ένατο:

Εξαλείφοντας την αιτία της δυστυχίας

«Το σκοτάδι δεν είναι κάτι που μπορούμε να καταστρέψουμε. Όταν όμως αφήσουμε το φως να λάμψει, το σκοτάδι αυτόματα παύει να υπάρχει. Κατά τον ίδιο τρόπο, όταν η αληθινή γνώση ανατείλει, το σκοτάδι της άγνοιας εξαφανίζεται. Τότε αφυπνιζόμαστε στο αιώνιο φως».

– Άμμα

Το τελευταίο βήμα στο μονοπάτι που οδηγεί στην απελευθέρωση είναι η γκυάνα γιόγκα, η γιόγκα της γνώσης. Όλες οι πρακτικές που αναφέρθηκαν μέχρι τώρα – κάρμα γιόγκα, διαλογισμός σαγκούνα, καλλιέργεια αρετών κλπ. – είναι προπαρασκευαστικά βήματα για την γκυάνα γιόγκα. Όπως εξηγήσαμε σε προηγούμενα κεφάλαια, ο σκοπός της κάρμα γιόγκα είναι να μας βοηθήσει να ελαττώσουμε τις αρέσκειες και τις αποστροφές μας, τις σκέψεις που αποσπούν το νου μας παρασύροντάς τον σε διαφορετικές κατευθύνσεις. Ο σκοπός του διαλογισμού σαγκούνα είναι η βελτίωση της ικανότητας συγκέντρωσης του νου. Αν παρομοιάσουμε το πνευματικό ταξίδι με την εκτόξευση ενός πυραύλου, μπορούμε να πούμε ότι ο διαλογισμός αυξάνει την ισχύ του κινητήρα του πυραύλου και η κάρμα γιόγκα του δίνει το κατάλληλο αεροδυναμικό σχήμα. Ένα μόνο πράγμα λείπει σ' αυτή τη μεταφορά: ο προορισμός του πυραύλου. Αυτός είναι η άτμα γκυάνα, η αυτογνωσία δηλαδή, ή με άλλα λόγια η γνώση του Εαυτού. Το ταξίδι αυτό είναι πράγματι παράδοξο, διότι

175

φθάνουμε στον προορισμό μας μόνο όταν συνειδητοποιήσουμε ότι βρισκόμαστε ήδη εκεί! Απ' αυτό και μόνο καταλαβαίνουμε ότι η αυτογνωσία είναι απρόσιτη για ένα νου που δεν έχει εξαγνιστεί και εκλεπτυνθεί στο μέγιστο βαθμό μέσω της κάρμα γιόγκα και του διαλογισμού.

Ο μοναδικός λόγος για τον οποίο οι άνθρωποι ξεκινούν το πνευματικό ταξίδι είναι, πολύ απλά, ότι δεν νιώθουν τόσο ευτυχισμένοι όσο θα ήθελαν. Όπως έχουμε ήδη αναφέρει, η αναζήτηση της ευτυχίας ή περισσότερης ευτυχίας απ' αυτή που έχουμε ή ο φόβος μήπως χάσουμε όποια ευτυχία έχουμε, είναι η κινητήριος δύναμη στη ζωή όλων μας. Προσπαθούμε να εξασφαλίσουμε μια καλή δουλειά γιατί ξέρουμε ότι χρειαζόμαστε χρήματα για να καλύψουμε βασικές ανάγκες όπως η τροφή, τα ρούχα και η κατοικία. Βλέπουμε ταινίες, ακούμε μουσική, αναζητάμε τη συντροφιά άλλων ανθρώπων, γιατί πιστεύουμε ότι όλα αυτά θα εμπλουτίσουν τη ζωή μας. Ακόμα και η τήρηση των ηθικών και κοινωνικών κανόνων και οι ανιδιοτελείς πράξεις μας, έχουν ως στόχο την επίτευξη και διατήρηση μιας αίσθησης εσωτερικής ειρήνης και ολοκλήρωσης. Όλα αυτά μας προσφέρουν σε κάποιο βαθμό προσωρινή ευτυχία, η οποία όμως συνοδεύεται πάντα και από πόνο. Οι περισσότεροι άνθρωποι στον κόσμο συνεχίζουν να ζουν έτσι, ελπίζοντας ότι στο μέλλον, με κάποιο μαγικό τρόπο, θα δημιουργηθούν οι τέλειες συνθήκες ώστε να εξασφαλίσουν τη μόνιμη ευτυχία. Ή απλά συνηθίζουν να ζουν δυστυχισμένοι. Καταλαβαίνουν ότι η ζωή έχει τις διακυμάνσεις της και δέχονται ότι η δυστυχία είναι το αντίτιμο για τις λίγες στιγμές της προσωρινής ευτυχίας.

Οι περισσότεροι άνθρωποι είναι πρόθυμοι να δεχτούν το 90 τοις εκατό της δυστυχίας για το μόλις 10 τοις εκατό της ευτυχίας. Το παράδοξο είναι ότι δεν θα δέχονταν ποτέ ένα τέτοιο ποσοστό αποτυχίας σε οποιονδήποτε άλλο τομέα της ζωής τους. Μπορείτε να φανταστείτε ένα αυτοκίνητο που παίρνει μπρος μόνο μια φορά στις δέκα; Αλλά οι άνθρωποι δεν έχουν πραγματικά την επιλογή γιατί δεν βλέπουν καμία άλλη εναλλακτική λύση.

Οι πνευματικοί δάσκαλοι, όπως η Άμμα, βρίσκονται εδώ για να μας δείξουν ότι υπάρχει κι άλλη επιλογή: η αυτογνωσία, η συνειδητοποίηση της αληθινής μας φύσης. Μας διδάσκουν ότι μόνο αν συνειδητοποιήσουμε ποιοι πραγματικά είμαστε, θα βρούμε την ευτυχία που τόσο πολύ λαχταράμε στη ζωή μας. Κι αυτό γιατί η προσωρινή ευτυχία και η χαρά που βιώνουμε ικανοποιώντας τις επιθυμίες μας, στην πραγματικότητα προέρχονται μόνο από μέσα μας. Αν καταφέρουμε να ταυτιστούμε με αυτή την εσωτερική πηγή, ποτέ πια δεν θα γνωρίσουμε έστω και την παραμικρή θλίψη.

Τώρα μπορώ με σιγουριά να περιγράψω μια από τις πιο ευτυχισμένες στιγμές της ζωής σας. Ας υποθέσουμε ότι η ώρα είναι 10 το βράδυ και πηγαίνετε για ύπνο, γιατί πρέπει να σηκωθείτε στις πέντε για να πάτε στη δουλειά. Βάζετε λοιπόν το ξυπνητήρι σας. Σύντομα μπαίνετε σε βαθύ ύπνο. Κάποια στιγμή, για κάποιο λόγο, ξυπνάτε. Το δωμάτιο είναι σκοτεινό, δεν βλέπετε τίποτα και δεν ξέρετε τι ώρα είναι. Ίσως έχετε κοιμηθεί μια ώρα μόνο, αλλά μπορεί η ώρα να είναι 4:59! Κάνετε μια σύντομη ευχή να είναι ακόμα νωρίς και ψάχνετε το ξυπνητήρι πάνω στο τραπεζάκι που βρίσκεται δίπλα το κρεβάτι. Το βρίσκετε και το φέρνετε μπροστά στα μάτια σας. Κάνετε μια ακόμα ευχή και πατάτε το φως του ρολογιού. Τι βλέπετε; Η ώρα είναι μόλις 10:30! Ναι! Έχετε πεντέμισι ώρες ύπνου ακόμα! Μια τέτοια στιγμή είναι σίγουρα μια από τις πιο ευτυχισμένες της ζωής μας.

Γιατί συμβαίνει αυτό; Στο βαθύ ύπνο δεν υπάρχει ούτε νόστιμο φαγητό, ούτε ξενοδοχείο πέντε αστέρων δίπλα στην παραλία, ούτε διάσημα φωτομοντέλα, ούτε χρήματα, ούτε όνομα, ούτε δόξα. Δεν βλέπουμε καν όνειρα. Υπάρχει μόνο ένα κενό. Και όμως, κατά κάποιο τρόπο, όταν ξυπνάμε ξέρουμε ότι τίποτα δεν ήταν πιο ικανοποιητικό από τον βαθύ ύπνο. Οι άγιοι και οι σοφοί λένε ότι η ανάμνηση αυτού του βαθιού ύπνου – από τον οποίον θυμόμαστε μόνο ότι ήμασταν ευτυχισμένοι και τίποτα άλλο — αποδεικνύει ότι όλη η ευτυχία πηγάζει από μέσα μας και μόνο. Οι επιθυμίες μας είναι εκείνες που την εμποδίζουν να βγει στην επιφάνεια. Κάποτε, έθεσαν στην Άμμα το ερώτημα πώς μοιάζει η εμπειρία του να είναι κάποιος φωτισμένος κι εκείνη απάντησε: «Είναι σαν να βιώνει πάντα την ευδαιμονία του βαθιού ύπνου, μόνο που βρίσκεται σε απόλυτη εγρήγορση».

Στην αυτοπραγμάτωση εδραιωνόμαστε σε αυτή την ευδαιμονία για πάντα, ανεξάρτητα απ' ό,τι συμβαίνει στον εξωτερικό κόσμο. Σύμφωνα με την Άμμα είναι «μια αίσθηση απόλυτης ολοκλήρωσης, δεν επιθυμούμε πια τίποτα άλλο, η ζωή είναι τέλεια όπως είναι». Αυτός είναι ο στόχος που όλοι εμείς, ως πνευματικοί αναζητητές, προσπαθούμε να φθάσουμε. Και είναι μέσω της αληθινής γνώσης, της γνώσης του τι είμαστε και τι δεν είμαστε, που θα τα καταφέρουμε.

Γνωρίζοντας τον γνωστή

Η γνώση του άτμα (του Εαυτού) δεν είναι τόσο απλή υπόθεση, γιατί ο Εαυτός δεν είναι κάποιο αντικείμενο. Γι' αυτό η αυτο-γνωσία θεωρείται ως η πιο εκλεπτυσμένη κατηγορία γνώσης. Σε όλες τις άλλες επιστήμες, ο ερευνητής είναι το υποκείμενο της γνώσης που μελετά κάποια αντικείμενα. Για παράδειγμα, στην αστρονομία το υποκείμενο είναι ο αστρονόμος και το αντικείμενο είναι τα ουράνια σώματα. Στη γεωλογία, το υποκείμενο είναι ο γεωλόγος και το αντικείμενο είναι τα πετρώματα. Στην αυτο-γνωσία όμως αυτό που μελετάμε είναι το ίδιο το υποκείμενο, το «εγώ είμαι». Αυτό το υποκείμενο δεν μπορεί ποτέ να γίνει ένα αντικείμενο γνώσης που να μπορούμε να συλλάβουμε με το νου μας. Ο παρατηρητής ποτέ δεν μπορεί να γίνει το παρατηρούμενο. Μπορεί το μάτι να δει τον εαυτό του; Μπορεί η γλώσσα να γευτεί τη γλώσσα; Κάτι τέτοιο είναι αδύνατον.

Μου διηγήθηκαν κάποτε την παρακάτω παραβολή που μας βοηθά να κατανοήσουμε το σημείο αυτό: Ένας άνδρας βρίσκεται στο σκοτάδι εξαιτίας μιας διακοπής του ηλεκτρικού ρεύματος και ψάχνει για το φακό του. Τον βρίσκει, τον ανάβει και φωτίζει το δωμάτιο όπου βρίσκεται. Το φως είναι τόσο δυνατό που ο άνδρας εντυπωσιάζεται: «Πόσο δυνατός είναι αυτός ο φακός!» σκέφτεται. «Οι μπαταρίες του πρέπει να είναι πολύ μεγάλες». Θέλοντας να δει τι είδους μπαταρίες είναι αυτές, ο άνδρας προσπαθεί να τις βγάλει και να στρέψει τον φακό πάνω τους. Φυσικά, μόλις το κάνει ο φακός σβήνει και ο άνδρας αντιλαμβάνεται την ανοησία του.

Κανένα λοιπόν, από τα γνωστικά αντικείμενα που μελετήσαμε στο παρελθόν δεν μοιάζει με την αυτογνωσία. Το άτμα δεν είναι κάτι που ακούμε με τα αυτιά μας όπως η μουσική. Ούτε είναι κάτι που έχει σχήμα και μορφή για να το δούμε με τα μάτια μας. Παρομοίως, δεν έχει μυρωδιά ή γεύση και δεν μπορούμε επίσης να το ψηλαφίσουμε με τα χέρια μας. Δεν μοιάζει καθόλου με αντικείμενο. Άτμα στα σανσκριτικά σημαίνει κυριολεκτικά «Εαυτός».

Σε όλα τα άλλα γνωστικά αντικείμενα πρώτα συγκεντρώνουμε γνώσεις και μετά πειραματιζόμαστε. Αυτή είναι η τυπική σειρά. Για παράδειγμα, διαβάζουμε ένα βιβλίο για τον πλανήτη Κρόνο. Εκεί βρίσκουμε πληροφορίες για το πώς θα τον εντοπίσουμε με το τηλεσκόπιο. Μόλις πέσει το σκοτάδι, ανεβαίνουμε σ' ένα ψηλό σημείο και στήνουμε το τηλεσκόπιο στη σωστή θέση. Τότε τον βλέπουμε και αποκτούμε τη σχετική εμπειρία. Το ίδιο ισχύει και με τη μουσική. Ίσως διαβάσαμε κάτι για ένα είδος μουσικής που δεν έχουμε ακούσει ποτέ. Αυτό μας κινεί το ενδιαφέρον και φυσικό είναι να θελήσουμε να το ακούσουμε. Τι κάνουμε λοιπόν; Ψάχνουμε στο ίντερνετ, αγοράζουμε μερικά κομμάτια, τα κατεβάζουμε στον υπολογιστή μας και τα ακούμε. Αυτός είναι λοιπόν ο τρόπος με τον οποίο αποκτούμε γνώση πάνω σε αντικείμενα του εμπειρικού κόσμου, πρώτα μαθαίνουμε για κάτι και μετά το γνωρίζουμε μέσα από την εμπειρία μας.

Η αυτογνωσία όμως, η γνώση του υποκειμένου, είναι τελείως διαφορετική διότι αφορά τον ίδιο μας τον εαυτό. Φανταστείτε ότι διαβάζετε ένα άρθρο για το ανθρώπινο είδος σε κάποιο περιοδικό και σκέφτεστε: «Αυτοί οι άνθρωποι φαίνονται εξαιρετικά ενδιαφέροντες, σίγουρα θα ήθελα να γνωρίσω έναν απ' αυτούς!».

179

Θα τρέχατε αμέσως να συναντήσετε κάποιον; Όχι βέβαια, κάτι τέτοιο θα ήταν ανόητο γιατί κι εσείς ανήκετε στο ανθρώπινο είδος. Έτσι λοιπόν και στην αυτογνωσία μαθαίνετε για κάτι που ήδη βιώνετε εδώ και τώρα, τη στιγμή του διαβάζετε αυτές τις γραμμές. Αυτό το κάτι είστε εσείς! Πως θα μπορούσατε να μην το βιώνετε; Δεν είναι λοιπόν η εμπειρία αυτό που λείπει, αλλά η κατανόηση και η αναγνώριση.

Θα σας δώσω ένα παράδειγμα. Είμαι σίγουρος ότι οι περισσότεροι γνωρίζετε τη σειρά ταινιών «Ο πόλεμος των Άστρων». Είναι γνωστές σ' όλο τον κόσμο, και στην Ινδία επίσης. Πρέπει να ομολογήσω ότι δεν τις έχω δει, αλλά ένας πιστός που είναι λάτρης των ταινιών αυτών μου διηγήθηκε το ακόλουθο περιστατικό. Στη δεύτερη ταινία, με τίτλο «Η Αυτοκρατορία αντεπιτίθεται», υπάρχει μια σκηνή όπου ο βασικός χαρακτήρας, ο Λουκ Σκαϊγουόκερ, ψάχνει τον δάσκαλό του, Γιόντα. Θέλοντας να μαθητεύσει κοντά του, ο Λουκ ταξίδεψε σε έναν απομακρυσμένο πλανήτη. Το πρόβλημα είναι ότι δεν έχει συναντήσει ποτέ τον Γιόντα και δεν ξέρει καν πως μοιάζει. Έχοντας προσγειωθεί σ' αυτόν τον παράξενο πλανήτη, συναντά ένα ενοχλητικό, αστείο, πράσινο πλασματάκι με μεγάλα αυτιά. Ο Λουκ ανυπομονεί να βρει το δάσκαλο και να γίνει μαθητής του. Αλλά το μικρό πράσινο πλάσμα συνεχίζει να τον παρενοχλεί και να τον εκνευρίζει. Τελικά ο Λουκ εξοργίζεται τόσο πολύ που αρχίζει να ουρλιάζει, να εκσφενδονίζει πράγματα και να καταριέται τη μοίρα του. Σ' αυτό το σημείο το μικρό πράσινο πλάσμα αποκαλύπτει την ταυτότητά του. Είναι ο Γιόντα, ο δάσκαλος που αναζητούσε ο Λουκ. Επομένως, αυτό που έλειπε στον Λουκ δεν ήταν η «εμπειρία» του Γιόντα, αλλά η «γνώση» του Γιόντα. Το ίδιο συμβαίνει και με το άτμα, τον Εαυτό. Τον βιώνουμε τώρα, αυτή εδώ τη στιγμή. Αυτό συνέβαινε στο παρελθόν και θα συμβαίνει πάντα στο μέλλον. Απλά χρειαζόμαστε κάποιον να κάνει τις «συστάσεις». Αυτός είναι ο ρόλος του δασκάλου. Ο δάσκαλος κρατά μπροστά μας τον καθρέφτη της διδασκαλίας των γραφών, έτσι ώστε να δούμε το πρόσωπό μας μέσα σ' αυτόν. Κατ' αυτόν τον τρόπο, μας βοηθά να γνωρίσουμε τον ίδιο μας τον Εαυτό.

Το πρόβλημα είναι ότι ενώ ήδη βιώνουμε τον Εαυτό, βιώνουμε επίσης και πολλά άλλα πράγματα, τον εσωτερικό και τον εξωτερικό κόσμο. Επιπλέον, συνεχίζουμε να συγχέουμε τις καταστάσεις που βιώνουμε στον εσωτερικό μας κόσμο – συναισθήματα, αναμνήσεις, σκέψεις και το εγώ – με τον Εαυτό. Η διάκριση είναι τόσο λεπτή που μόνο με τη βοήθεια ενός δασκάλου και των γραφών μπορούμε να ελπίζουμε ότι θα καταφέρουμε να την κάνουμε με επιτυχία. Η Άμμα φέρνει συχνά το παράδειγμα ενός σωρού ζάχαρης αναμεμειγμένης με άμμο. Για έναν άνθρωπο θα ήταν σχεδόν αδύνατο να χωρίσει τη ζάχαρη από την άμμο με το χέρι. Ένα μυρμήγκι όμως κάνει εύκολα το διαχωρισμό αυτό. Στο παράδειγμα αυτό, ο άνθρωπος συμβολίζει κάποιον με ανεκπαίδευτο και θολωμένο νου, ενώ το μυρμήγκι συμβολίζει κάποιον που έχει εκλεπτύνει το νου του μέσω της πνευματικής άσκησης και της μελέτης των γραφών κάτω από την καθοδήγηση ενός ζωντανού δασκάλου. Η Άμμα αναφέρεται σε έναν τέτοιο νου χρησιμοποιώντας τον όρο «βιβέκα μπούντχι», που σημαίνει νους που διαθέτει την ικανότητα της διάκρισης.

Για να μπορέσουμε να ξεχωρίσουμε τη ζάχαρη από την άμμο, χρησιμοποιώντας το συμβολισμό του προηγούμενου παραδείγματος, οι γραφές μας προσφέρουν πολλές συστηματικές μεθόδους, οι οποίες διαθέτουν τέλεια λογική δομή. Σ' αυτές τις μεθόδους περιλαμβάνονται η διάκριση ανάμεσα στα πέντε επίπεδα του ανθρώπινου ψυχισμού (*πάντσα κόσα βιβέκα*), η διάκριση ανάμεσα στα τρία σώματα (*σαρίρα τράγια βιβέκα*), η διάκριση ανάμεσα στις τρεις νοητικές καταστάσεις (*αβάστα τράγια βιβέκα*[1]) και η διάκριση ανάμεσα στον παρατηρητή και το παρατηρούμενο (*ντρίσυα βιβέκα*). Όλες αυτές είναι διαφορετικές μέθοδοι αυτοανάλυσης, οι οποίες χρησιμοποιούνται γενικά για να κάνουμε τη διάκριση ανάμεσα στο άτμα και στο ανάτμα,

---

[1] Πρόκειται για τη διάκριση της συνειδητότητας από τις τρεις καταστάσεις του νου (εγρήγορση, ύπνος με όνειρα, βαθύς ύπνος χωρίς όνειρα).

ανάμεσα δηλαδή στον Πραγματικό Εαυτό και σε ό,τι δεν είναι ο Πραγματικός Εαυτός.

Μέσω των μεθόδων αυτών, μπορούμε να συνειδητοποιήσουμε ότι δεν είμαστε όλα όσα νομίζαμε ότι είμαστε: το σώμα, τα συναισθήματα και ο νους. Η πραγματική φύση ενός πράγματος είναι τα χαρακτηριστικά του που παραμένουν πάντα αναλλοίωτα. Για παράδειγμα, οι επιστήμονες ορίζουν τη φύση του νερού ως H_2O, δηλαδή ένα μόριο που αποτελείται από δύο άτομα υδρογόνου και ένα άτομο οξυγόνου. Αν αλλάξετε αυτή τη φόρμουλα έστω και για λίγο, H_3O ή HO_2 για παράδειγμα, τότε δεν θα έχετε πια νερό. Αλλά το H_2O πρέπει οπωσδήποτε να είναι σε υγρή μορφή; Όχι, μπορεί να είναι παγωμένο και να εξακολουθεί να είναι νερό. Μπορεί επίσης να πάρει τη μορφή υδρατμών. Επιπλέον, μπορεί να πάρει οποιοδήποτε σχήμα. Είτε το βάλετε σε στρογγυλό δοχείο είτε σε ορθογώνιο είτε το παγώσετε σε σχήμα ελέφαντα, η φύση του ως H_2O δεν μεταβάλλεται. Παραμένει πάντα νερό. Πάρτε το στην Ινδία, στην Ισπανία, στην Ιαπωνία ή στην Αγγλία... Πείτε το pani, agua, mizu, water, ή ακόμα επινοήστε μια δική σας λέξη για να το ονομάσετε. Εφόσον είναι H_2O παραμένει ίδιο κι απαράλλαχτο.

Αν εξετάσουμε το σώμα και το νου βλέπουμε ότι υπόκεινται πάντοτε σε αλλαγές. Το ύψος και το βάρος μας αλλάζουν. Μπορεί να χρειαστεί να πολεμήσουμε και να επιστρέψουμε με ένα μέλος λιγότερο. Ο δείκτης της νοημοσύνης μας επίσης μεταβάλλεται. Το ίδιο και οι προτιμήσεις μας. Το φαγητό που μας αηδίαζε όταν ήμασταν παιδιά μπορεί τώρα να το απολαμβάνουμε. Μπορεί να αγαπάμε κάποιον τη μια στιγμή και την άλλη να τον μισούμε. Οι ιδέες και οι πεποιθήσεις μας για θέματα όπως η θρησκεία, η πολιτική, τι είναι δίκαιο και τι άδικο, αλλάζουν επίσης. Οι δουλειές μας αλλάζουν, τα μέρη στα οποία ζούμε αλλάζουν... Στον σημερινό κόσμο ακόμα και το φύλο του ανθρώπου είναι δυνατόν να αλλάξει! Το γεγονός αυτό σημαίνει ότι το σώμα, τα συναισθήματα και ο νους είναι επιφανειακά χαρακτηριστικά του είναι μας. Δεν είναι η αμετάβλητη ουσία της ύπαρξής μας, το άτμα, ο Εαυτός.

Αν ρωτήσετε κάποιον ποιος είναι, θα σας δώσει πιθανότατα μόνο περιγραφές που αφορούν το σώμα του, όπως για παράδειγμα: Είμαι 56 χρονών, είμαι ο γιος του τάδε, είμαι εργάτης κλπ. Αν εξετάσουμε αυτές τις φράσεις, διαπιστώνουμε ότι υπάρχει μόνο ένα πράγμα που δεν αλλάζει: το «είμαι». Το «είμαι», το υποκείμενο, παραμένει πάντα σταθερό. Οι γραφές μας διδάσκουν ότι αν εμβαθύνουμε σε αυτό το «είμαι» θα καταλάβουμε ότι είναι ο πυρήνας της ύπαρξής μας. Όπως λέει η Άμμα: «Αυτή η δίχως όνομα και μορφή αρχή που βρίσκεται παντού ως το «εγώ είμαι» είναι το άτμα, το Μπράχμαν[2] ή ο Θεός».

Η φύση της συνειδητότητας

Οι γραφές αναφέρονται στο άτμα με διάφορες ονομασίες – μπράχμαν, πουρούσα, παραμάτμα, πράγκνυα, τσαϊτάνυαμ, νιργκούρα ίσβαρα – αλλά όπως επισημαίνεται και στις Βέδες «η Αλήθεια είναι μία, οι σοφοί όμως της δίνουν διαφορετικές ονομασίες[3]». Όλες οι λέξεις που αναφέραμε, σημαίνουν κατ' ουσίαν «αγνή συνειδητότητα». Η συνειδητότητα είναι η αληθινή μας φύση. Οι γραφές μας διδάσκουν ότι αυτή δεν είναι κάτι που δημιουργείται ή εξαρτάται από το σώμα και το νου, αλλά ότι, αντιθέτως, τα διαπερνά και τους δίνει ζωή. Η συνειδητότητα εκδηλώνεται στο σώμα ως ο παρατηρητής όλων των σκέψεων και των συναισθημάτων, καθώς και της απουσίας τους. Γι' αυτό οι γραφές αναφέρουν:

---

[2] Μπράχμαν ονομάζεται η πανταχού παρούσα, αιώνια, ευδαιμονική συνειδητότητα που διαπερνά όλα τα όντα και το σύμπαν. Το Μπράχμαν είναι η έσχατη πραγματικότητα σύμφωνα με τη φιλοσοφία της Βεδάντα.

[3] Ριγκ Βέδα, 1.164.46

«Εκείνο το οποίο ο νους αδυνατεί να συλλάβει, αλλά
μέσω του οποίου ο νους αποκτά ύπαρξη, αυτό μόνο
είναι το Μπράχμαν και όχι ό,τι ο κόσμος εδώ λατρεύει».

Κένα Ουπανισάδα, 1.6

Στην πραγματικότητα, η συνειδητότητα είναι ανεξάρτητη από το
σώμα. Φαίνεται ωστόσο ότι περιορίζεται από αυτό, γιατί καθώς
είναι τόσο λεπτοφυής γίνεται αντιληπτή μόνο όταν αντανακλάται
σε κάποιο μέσο, όπως το σώμα και ο νους. Για να εξηγηθεί αυτό
το φαινόμενο, συχνά χρησιμοποιείται το παράδειγμα του φωτός[4].
Μπορούμε να δούμε το φως μόνο όταν αυτό αντανακλάται πάνω
σε κάποιο αντικείμενο, έναν τοίχο, ένα πρόσωπο, ένα χέρι κλπ.
Έτσι εξηγείται το γεγονός ότι το διάστημα, όπου δεν υπάρχουν
αντικείμενα πάνω στα οποία να γίνεται αντανάκλαση του φωτός,
φαίνεται σκοτεινό, σαν να μην υπάρχει καθόλου φως. Εντούτοις,
το φως σίγουρα είναι εκεί. Οι ακτίνες του ήλιου που δίνουν
ζωή στη γη μας πρέπει να περάσουν μέσα από το διάστημα για
φτάσουν εδώ. Κι όμως, αν δεν γίνει αντανάκλαση σε κάποιο
αντικείμενο δεν μπορούμε να τις δούμε. Το ίδιο συμβαίνει και με
τη συνειδητότητα. Όπως ήδη έχουμε αναφέρει, η συνειδητότητα
καθεαυτή ποτέ δεν μπορεί να γίνει αντικείμενο της αντίληψής
μας. Μόνο όταν αντανακλάται σε κάποιο μέσο, όπως το σώμα
και ο νους, μπορούμε να την αντιληφθούμε.

Λέγεται επίσης ότι η συνειδητότητα είναι αιώνια, δίχως
αρχή και τέλος. Στην πραγματικότητα, είναι το μοναδικό πράγμα
που είναι αιώνιο. Εφόσον δεν εξαρτάται από το σώμα, συνεχίζει
φυσικά να υπάρχει και μετά το θάνατο του σώματος. Γιατί λοιπόν
τα σώματα φαίνεται να στερούνται συνείδησης όταν πεθαίνουν;
Αυτό οφείλεται και πάλι στο γεγονός ότι δεν υπάρχει πλέον
το κατάλληλο αντικείμενο που να μπορεί να αντανακλάσει τη
συνειδητότητα.

---

[4] Σε όλη την Ινδία το φως χρησιμοποιείται ως σύμβολο της συνειδητότητας
γιατί και τα δύο φωτίζουν ό,τι θα παρέμενε διαφορετικά στο σκοτάδι.

Αυτό δεν σημαίνει ότι η συνειδητότητα είναι απούσα. Για να εξηγήσει το φαινόμενο αυτό, η Άμμα χρησιμοποιεί συχνά τα παρακάτω παραδείγματα: «Όταν μια λάμπα καίγεται ή όταν ένας ανεμιστήρας πάψει να γυρνά, αυτό δεν σημαίνει ότι δεν υπάρχει ηλεκτρισμός. Όταν σβήσουμε έναν ανεμιστήρα η ροή του αέρα σταματά, αλλά αυτό δεν σημαίνει ότι δεν υπάρχει αέρας. Ή όταν ένα μπαλόνι σπάσει, αυτό δεν σημαίνει ότι ο αέρας που υπήρχε μέσα στο μπαλόνι εξαφανίστηκε. Είναι ακόμα εκεί. Παρομοίως, η συνειδητότητα βρίσκεται παντού. Ο Θεός είναι πανταχού παρών. Ο θάνατος έρχεται, όχι εξαιτίας της απουσίας του Εαυτού, αλλά εξαιτίας της φθοράς του μέσου που αποκαλούμε σώμα. Τη στιγμή του θανάτου, το σώμα παύει να εκδηλώνει τη συνειδητότητα του Εαυτού. Ο θάνατος λοιπόν υποδηλώνει την καταστροφή του μέσου και σε καμία περίπτωση οποιαδήποτε ατέλεια του Εαυτού».

Η συνειδητότητα εξακολουθεί να περιβάλλει το σώμα ακόμα και μετά το θάνατό του, γιατί σύμφωνα με τις γραφές είναι πανταχού παρούσα. Η αλήθεια είναι ότι δεν είμαστε ένα ανθρώπινο σώμα που διαθέτει συνειδητότητα, αλλά η ίδια η συνειδητότητα που έχει εκδηλωθεί σε ανθρώπινο σώμα.

Για να εξηγήσουν το γεγονός αυτό, οι γραφές χρησιμοποιούν συχνά το παράδειγμα της απεραντοσύνης του διαστήματος σε αντιδιαστολή με το χώρο που βρίσκεται μέσα σ' ένα δοχείο. Το διάστημα περιβάλλει ολόκληρη τη Δημιουργία. Αν όμως πάρουμε ένα δοχείο από πηλό, τότε αρχίζουμε να αναφερόμαστε στο χώρο που περικλείεται σ' αυτό σαν να είναι κάτι το διαφορετικό, «χώρος μέσα στο δοχείο». Στην πραγματικότητα αυτό δεν έχει κανένα νόημα. Είναι το δοχείο που βρίσκεται μέσα στο χώρο και όχι ο χώρος που βρίσκεται μέσα στο δοχείο. Για να το εξακριβώσετε, απλά σπάστε το δοχείο ρίχνοντάς το στο έδαφος. Που είναι τότε ο χώρος που βρισκόταν μέσα στο δοχείο; Μπορείτε να πείτε ότι συγχωνεύθηκε με το συνολικό χώρο; Όχι, γιατί ο χώρος ήταν πάντα κάτι το ενιαίο. Το ίδιο συμβαίνει και με τη συνειδητότητα. Είναι πανταχού παρούσα. Προς το παρόν τη βιώνουμε σαν να εξαρτάται από τα περιορισμένα σώματά μας, αλλά δεν είναι αυτή η έσχατη πραγματικότητα.

Η επιστήμη θεωρεί παραδοσιακά τη συνείδηση ως προϊόν της ύλης. Πιστεύει ότι όταν το οξυγόνο κυκλοφορεί μέσω του αίματος και τροφοδοτεί το μυστηριώδες όργανο που ονομάζεται εγκέφαλος, δημιουργείται ένα ενσυνείδητο ον. Η παραδοχή αυτή συνοδεύεται από το φόβο ότι αν το οξυγόνο σταματήσει να κυκλοφορεί μέσω του αίματος, τότε ο εγκέφαλος θα σταματήσει να λειτουργεί και το ον που διέθετε συνείδηση θα εξαφανιστεί μια για πάντα. Οι άγιοι και οι σοφοί όμως πάντα υποστήριζαν το ακριβώς αντίθετο: δεν είναι η συνειδητότητα προϊόν της ύλης, αλλά η ύλη προϊόν της συνειδητότητας. Για να το πούμε με άλλα λόγια, η ύλη δεν είναι η προϋπόθεση για την ύπαρξη της συνειδητότητας, η συνειδητότητα είναι η προϋπόθεση για την ύπαρξη της ύλης. Με την εμφάνιση της κβαντικής φυσικής, ορισμένοι επιστήμονες έχουν αρχίσει να ερευνούν αυτή την παραδοχή. Ένας από αυτούς, ο θεωρητικός της πυρηνικής φυσικής Αμίτ Γκοσβάμι του πανεπιστημίου του Όρεγκον στις Ηνωμένες Πολιτείες, έχει δημοσιεύσει μελέτες στις οποίες δηλώνει ότι «όλα τα παράδοξα της κβαντικής φυσικής μπορούν να εξηγηθούν αν δεχτούμε ότι η συνειδητότητα αποτελεί το υπόβαθρο της ζωής».

Αυτή η παραδοχή μας μεταφέρει στο επόμενο ερώτημα. Αν η συνειδητότητα διαπερνά ολόκληρο το σύμπαν, τότε η συνειδητότητα που βρίσκεται πίσω από τις σκέψεις και τα συναισθήματά μου δεν είναι η ίδια με τη συνειδητότητα που βρίσκεται πίσω από τις σκέψεις και τα συναισθήματα όλων των υπόλοιπων όντων στο σύμπαν; Και αν υπάρχει πράγματι Θεός – ο δημιουργός, συντηρητής και καταστροφέας του σύμπαντος – η δική μου και η δική του συνειδητότητα δεν είναι επίσης η ίδια; Και το τελικό ερώτημα: μήπως η συνειδητότητα δεν διαπερνά απλά το σύμπαν, αλλά στην πραγματικότητα είναι το ίδιο το σύμπαν; Μήπως είναι η έσχατη πραγματικότητα, το δομικό στοιχείο ολόκληρης της Δημιουργίας; Αυτές είναι μερικές από τις βασικές αρχές της

Βεδάντα. Για να τις κατανοήσουμε και να τις αφομοιώσουμε σωστά απαιτείται χρόνος, προσπάθεια και συστηματική μελέτη.

Οι τρεις φάσεις μελέτης της βεράντα

Η μελέτη της αυτογνωσίας χωρίζεται παραδοσιακά σε τρία στάδια, τα οποία ονομάζονται στα σανσκριτικά σράβανα, μανάνα και νιντιντυάσανα, δηλαδή μετάδοση της διδασκαλίας, διάλυση κάθε αμφιβολίας σχετικά με τη διδασκαλία και αφομοίωση της διδασκαλίας αντίστοιχα.

Σράβανα

Η λέξη σράβανα κυριολεκτικά σημαίνει «ακούω» και αναφέρεται στη προφορική μετάδοση της πνευματικής γνώσης. Προκύπτει λοιπόν το ερώτημα γιατί προφορική και όχι γραπτή (μέσω βιβλίων) μετάδοση της διδασκαλίας. Ο λόγος είναι ότι η προφορική μετάδοση προϋποθέτει την ύπαρξη ενός ζωντανού δασκάλου. Οι γραφές επισημαίνουν ότι όποιος ενδιαφέρεται για την αυτογνωσία πρέπει οπωσδήποτε να αναζητήσει την καθοδήγηση ενός ζωντανού δασκάλου. Η σωστή μελέτη των γραφών γίνεται με συστηματικό τρόπο. Αρχίζει με τον ορισμό των διάφορων όρων που χρησιμοποιούνται σε αυτές και τελειώνει με την έσχατη αλήθεια «τζιβάτμα παραμάτμα εκυάμ»: ότι η συνειδητότητα που αποτελεί την ουσία της ύπαρξης του ατόμου είναι ίδια με τη συνειδητότητα που αποτελεί την ουσία του Θεού (ή του σύμπαντος). Αν ένας μαθητής ξεκινούσε τη μελέτη των μαθηματικών διαβάζοντας για τον απειροστικό λογισμό θα είχε καμιά πιθανότητα επιτυχίας; Σίγουρα όχι. Το ίδιο συμβαίνει και με τη Βεδάντα. Πρέπει να αρχίσουμε από τα βασικά και μετά να προχωρούμε βήμα βήμα.

Μόνο ένας ζωντανός δάσκαλος μπορεί να αξιολογήσει το επίπεδο του μαθητή και το βαθμό κατανόησης *που έχει αναπτύξει* για κάθε σημείο της διδασκαλίας. Η σχέση του δασκάλου με τους μαθητές δεν περιορίζεται μόνο στις ώρες της προφορικής διδασκαλίας αλλά είναι συνεχής, καθώς οι μαθητές, σύμφωνα με την παράδοση, πάνε να ζήσουν στο άσραμ μαζί του. Κατ' αυτό τον τρόπο, ο δάσκαλος είναι σε θέση να γνωρίζει πολύ καλά τις αδυναμίες και τα προτερήματά τους και να τους καθοδηγεί ανάλογα.

Όπως προαναφέραμε, η αυτογνωσία είναι η πιο εκλεπτυσμένη κατηγορία γνώσης. Γι' αυτό η μελέτη της πρέπει να αποτελεί αναπόσπαστο μέρος της καθημερινής μας ζωής. Ο χρόνος που απαιτείται για τη μελέτη αυτή δεν είναι εύκολο να προσδιοριστεί εκ των προτέρων, γιατί εξαρτάται από το επίπεδο του κάθε μαθητή. Συχνά όμως, η μελέτη της Βεδάντα κοντά σε κάποιο δάσκαλο υπερβαίνει και τα δώδεκα χρόνια. Οι γραφές και οι διδαχές του δασκάλου μας πρέπει να είναι στενά συνυφασμένες με τη ζωή μας.

Η Άμμα επισημαίνει ότι η σράβανα δεν είναι η απλή παρακολούθηση μιας ομιλίας, αλλά η συμμετοχή του μαθητή με αδιάσπαστη συγκέντρωση, με την καρδιά και όλο του το είναι. Κατ' αυτό τον τρόπο, ο νους του μαθητή ταυτίζεται πλήρως με το νου του δασκάλου. Όταν γίνεται αυτό, οι σκέψεις του δασκάλου καθώς μιλά, εμφανίζονται ταυτόχρονα και μέσα στο νου του μαθητή. Αυτή δεν είναι άλλωστε η ουσία της επικοινωνίας;

Παραδοσιακά λέγεται ότι για να γίνει κάποιος δάσκαλος πρέπει πρώτα να έχει γίνει μαθητής. Αυτό ισχύει διότι η αυτογνωσία επιτυγχάνεται ακούγοντας τα λόγια ενός ζωντανού δασκάλου. Και πώς ο δάσκαλος αυτός έλαβε τη γνώση που κατέχει; Προφανώς μαθητεύοντας κοντά στο δικό του δάσκαλο. Αυτές οι γενεαλογίες δασκάλων και μαθητών χάνονται στα βάθη του χρόνου, πολλές φορές διαρκούν εκατοντάδες και χιλιάδες χρόνια. Στην πραγματικότητα, ξεκινούν από τον ίδιο το Θεό, γιατί στην αρχή κάθε κύκλου της Δημιουργίας, είναι ο Θεός που αναλαμβάνει το ρόλο του πρώτου δασκάλου, αποκαλύπτοντας τις πνευματικές διδασκαλίες με τη μορφή των ιερών γραφών.

Η Άμμα όμως αποτελεί εξαίρεση, με την έννοια ότι ποτέ δεν είχε κάποιον συγκεκριμένο δάσκαλο. Εντούτοις, πληροί όλες τις προϋποθέσεις για να οδηγήσει τους μαθητές στην απελευθέρωση. Πρώτα απ' όλα, η Άμμα είναι μία μπράχμα νίστα, δηλαδή ένα άτομο που έχει πλήρως συνειδητοποιήσει την έσχατη πραγματικότητα του εαυτού του και του σύμπαντος και είναι μόνιμα εδραιωμένο σε αυτήν. Δεύτερον, μολονότι δεν εκπαιδεύτηκε ποτέ από κάποιο δάσκαλο, η Άμμα είναι σε θέση να εξηγήσει με απλά λόγια ακόμα και τις πιο δυσνόητες πνευματικές αλήθειες. Η Άμμα ποτέ δεν μελέτησε την Μπαγκαβάτ Γκιτά, ή τις Ουπανισάδες. Παρόλα αυτά διδάσκει τις ίδιες ακριβώς ιδέες με αυτές που περιέχονται στις ιερές γραφές με τη μέγιστη ακρίβεια και σαφήνεια. Για τους λόγους αυτούς, είναι αναμφισβήτητο ότι η Άμμα αποτελεί εξαίρεση στον κανόνα.

Εντούτοις, τέτοιες εξαιρέσεις είναι εξαιρετικά σπάνιες και δεν θα πρέπει να νομίζουμε ότι είμαστε κι εμείς μια απ' αυτές. Η ίδια η Άμμα έχει δώσει την ακόλουθη απάντηση όταν ρωτήθηκε για το θέμα αυτό: «Ένα άτομο που έχει έμφυτο ταλέντο στη μουσική, μπορεί να είναι ικανό να τραγουδά όλες τις παραδοσιακές μελωδικές παραλλαγές των ράγκα χωρίς καμιά ειδική εκπαίδευση. Αλλά φανταστείτε τι θα γινόταν αν όλοι οι υπόλοιποι προσπαθούσαν να τραγουδήσουν τα ράγκα χωρίς καμιά εξάσκηση! Έτσι λοιπόν, η Άμμα δεν ισχυρίζεται ότι ο πνευματικός δάσκαλος δεν είναι απαραίτητος. Μόνο μερικά σπάνια άτομα προικισμένα με έναν ασυνήθιστα υψηλό βαθμό επίγνωσης και συγκέντρωσης δεν χρειάζονται έναν εξωτερικό δάσκαλο».

Ένα φυτό μπορεί με θαυμαστό τρόπο να φυτρώσει πάνω σ' έναν ξερό βράχο, αλλά θα ήταν ανόητο κάποιος γεωργός να προσπαθήσει να φυτέψει σπόρους πάνω σ' αυτόν.

Μανάνα

Το επόμενο βήμα για την απόκτηση της αληθινής γνώσης είναι η μανάνα, η διάλυση όλων των αμφιβολιών μας. Ένας ζωντανός δάσκαλος είναι το μόνο εξωτερικό στήριγμα για έναν αναζητητή στο στάδιο αυτό. Είναι αδύνατο να βάλουμε όλες τις απορίες μας μέσα σε κάποιο βιβλίο. Αν μελετήσετε τις γραφές, θα δείτε ότι σχεδόν όλες οι απορίες εξηγούνται σε μορφή ερωτήσεων και απαντήσεων ανάμεσα σε ένα δάσκαλο και τους μαθητές του. Στο στάδιο της μανάνα πρέπει να βεβαιωθούμε ότι δεν παραμένει κανένα σκοτεινό σημείο που να μην έχουμε κατανοήσει σε όλα όσα μάθαμε στο προηγούμενο στάδιο. Ο σκοπός είναι να γίνει η κατανόησή μας πλήρης. Ο μαθητής πρέπει να στοχάζεται πάνω στα λόγια του δασκάλου του και να τα κρατά συνεχώς στο νου του. Έχουν πραγματικό νόημα για εκείνον; Αν όχι, θα πρέπει να ζητά από το δάσκαλο να του τα εξηγήσει ξανά. Οι ερωτήσεις είναι όχι μόνο θεμιτές αλλά και απαραίτητες. Ο μαθητής θα πρέπει να δοκιμάζει στη ζωή του τις αλήθειες που του μεταδίδει ο δάσκαλος, προσπαθώντας να δει αν υπάρχουν κενά σε αυτές. Η ζωή του θα πρέπει να μοιάζει με επιστημονικό πείραμα. Κάθε φορά που εκτελεί μια πράξη, παρατηρεί αν οι αρχές που διδάχτηκε αποδεικνύονται αληθινές. Μόνο όταν έχουμε πειστεί πλήρως ότι οι διδασκαλίες είναι αληθινές, μπορούμε να ελπίζουμε ότι θα προχωρήσουμε στο επόμενο στάδιο, την νιντιντυάσανα, την αφομοίωση των διδασκαλιών.

Ο μαθητής θα πρέπει να διαθέτει σράντα, πίστη δηλαδή και εμπιστοσύνη στο δάσκαλο και τις γραφές. Ο πειραματισμός μας θα πρέπει να ξεκινά από την παραδοχή ότι η διδασκαλία έχει θεϊκή πηγή και επομένως είναι αψεγάδιαστη. Οι απορίες είναι πλήρως αποδεκτές, αλλά θα πρέπει να καταλάβουμε ότι οφείλονται στην ελλιπή κατανόησή μας και όχι σε κάποια ατέλεια της διδασκαλίας. Οι ερωτήσεις μας θα πρέπει να πηγάζουν από τη δίψα για μάθηση και πληρέστερη κατανόηση και όχι από την επιθυμία να βρούμε ψεγάδια στη λογική του δασκάλου και των γραφών. Ο μαθητής θα πρέπει να έχει υπόψη ότι ο δάσκαλος γνωρίζει πολύ περισσότερα από εκείνον. Κατά συνέπεια, αν υπάρχει κάποια σύγχυση, το πρόβλημα προέρχεται από τη δική του πλευρά. Δυστυχώς, πολλοί μαθητές δεν υιοθετούν αυτή την στάση.

Ένας άνδρας αποφάσισε να καταταγεί στο στρατό. Τις πρώτες μέρες τον πήγαν στο πεδίο βολής, του έδωσαν ένα γεμάτο όπλο και του ζήτησαν να σκοπεύσει και να ρίξει δέκα βολές στο στόχο. Όταν τελείωσε, τον ειδοποίησαν ότι είχε αστοχήσει σε όλες τις βολές του. Ο άνδρας κοίταγε σαστισμένος μια το όπλο και μια το στόχο. Μετά έβαλε το δάχτυλο του στην κάννη του όπλου και πάτησε τη σκανδάλη. Όπως ήταν αναμενόμενο, το δάχτυλό του έγινε κομμάτια. Τότε εκείνος, σφαδάζοντας από τον πόνο, φώναξε προς την άλλη πλευρά του πεδίου βολής: «Εδώ δουλεύουν όλα καλά, οπότε το πρόβλημα το έχετε εσείς!»

Συχνά ο τρόπος σκέψης μας μοιάζει με αυτόν του άνδρα στο πεδίο βολής. Έχουμε την τάση να προβάλλουμε τις αδυναμίες μας, την έλλειψη επίγνωσης και τις παρανοήσεις μας στις διδασκαλίες και τις πρακτικές που μας δίνει ο δάσκαλός μας. Όταν γίνεται αυτό, εμείς είμαστε οι μόνοι που υποφέρουμε.

Όπως αναφέρθηκε στο έβδομο κεφάλαιο, η Άμμα μας προτρέπει να υιοθετούμε τη στάση του αρχάριου. Αυτή η στάση είναι πολύ σημαντική όταν θέτουμε ερωτήσεις στον πνευματικό δάσκαλο. Θα πρέπει να ξεκαθαρίζουμε τις αμφιβολίες μας με τη στάση ενός παιδιού που θέλει να μάθει και όχι με τη στάση ενός πολιτικού που θέλει να στριμώξει τον αντίπαλό του σε μια συζήτηση. Μόνο έτσι θα μπορούμε να ακούμε και να καταλαβαίνουμε τι θέλει να πει πραγματικά ο δάσκαλος. Εκείνος που προσπαθεί να υπερασπίσει τις θέσεις του δεν ακούει πραγματικά όταν ο δάσκαλος μιλά. Αν σκεφτόμαστε τα επιχειρήματα που θα χρησιμοποιήσουμε για να αντικρούσουμε το δάσκαλο, πώς θα κατανοήσουμε αυτά μας λέει εκείνη τη στιγμή;

Καθώς μελετάμε συστηματικά τη Βεδάντα, λύνουμε σταδιακά τις απορίες που εμφανίζονται στο νου μας. Αλλά ο δάσκαλος συχνά θέτει τις δικές του ερωτήσεις σε εμάς, τις οποίες μπορεί να μην είχαμε καν σκεφτεί προηγουμένως. Κάνοντας το «δικηγόρου του διαβόλου» μπορεί ακόμα και να χρησιμοποιήσει επιχειρήματα από άλλες θεωρίες. Αυτό γίνεται για να βεβαιωθεί ότι η κατανόησή μας είναι σταθερή και πλήρης. Όπως προαναφέραμε, το στάδιο της μανάνα ολοκληρώνεται μόνο όταν έχει διαλυθεί και η τελευταία αμφιβολία, όταν έχει αποσαφηνιστεί και η τελευταία λεπτομέρεια της διδασκαλίας σχετικά με τον Εαυτό. Τότε μόνο είμαστε έτοιμοι να προχωρήσουμε στην αφομοίωση όσων έχουμε μάθει.

Νιντιντυάσανα

Η νιντιντυάσανα, η πλήρης αφομοίωση και πρακτική εφαρμογή της διδασκαλίας είναι μια από τις πιο παρεξηγημένες πτυχές της πνευματικής ζωής. Ας υποθέσουμε ότι μαθαίνουμε μια ξένη γλώσσα, τα Μαλαγιάλαμ για παράδειγμα. Μια μέρα ο δάσκαλος λέει στην τάξη: «Το πρώτο μάθημα για σήμερα είναι η λέξη πουστακάμ». Πουστακάμ σημαίνει βιβλίο». Η προφορική παράδοση αυτού του μαθήματος αντιστοιχεί στο στάδιο της σράβανα. Η επίλυση όλων των αποριών των μαθητών σχετικά με την προφορά και τη χρήση της λέξης αυτής, αντιστοιχεί στο στάδιο της μανάνα. Νιντιντυάσανα σημαίνει όμως ότι η γνώση αυτή έχει εντυπωθεί σε τέτοιο βαθμό μέσα μου, ώστε τη στιγμή που ακούω τη λέξη «πουστακάμ», αμέσως η εικόνα του βιβλίου σχηματίζεται στο νου μου. Επιπλέον, κάθε φορά που βλέπω ένα βιβλίο αμέσως σκέφτομαι τη λέξη «πουστακάμ». Επίσης, αν κάποιος μου δώσει ένα βιβλίο και πει «πατζχάμ» (μπανάνα) ή μου δώσει μια μπανάνα και πει «πουστακάμ», θα αντιληφθώ αμέσως το λάθος. Μόνο όταν όλα αυτά συμβαίνουν μπορούμε να πούμε ότι έχει γίνει πλήρης αφομοίωση της γνώσης.

Στην αυτογνωσία μαθαίνουμε για την φύση του ίδιου μας του Εαυτού, του Άτμα. Όπως προαναφέραμε σε αυτό το κεφάλαιο, οι γραφές μας διδάσκουν ότι η αληθινή μας φύση είναι η αιώνια συνειδητότητα, η οποία είναι η πηγή κάθε ευδαιμονίας. Επιπλέον, μας διδάσκουν ότι η συνειδητότητα που βρίσκεται μέσα στον καθέναν από εμάς είναι η ίδια με τη συνειδητότητα που υπάρχει σε όλα τα όντα – από ένα μικροσκοπικό μυρμήγκι μέχρι τον ίδιο το Θεό – και ότι η συνειδητότητα αυτή αποτελεί το θεμέλιο λίθο ολόκληρης της Δημιουργίας. Αν έχουμε αφομοιώσει τη γνώση αυτή, τότε θα ταυτίζουμε τον εαυτό μας με τη συνειδητότητα και όχι με το σώμα και το νου. Όταν ερχόμαστε σε επαφή με άλλους ανθρώπους θα γνωρίζουμε ότι είμαστε ένα με αυτούς και όχι διαφορετικοί, έχοντας κατανοήσει ότι η συνειδητότητα που βρίσκεται μέσα σε όλους είναι η ίδια. Όταν κοιτάμε τον κόσμο γύρω μας, μολονότι θα εξακολουθούμε να βλέπουμε δέντρα, ποτάμια, κτίρια, ζώα, αυτοκίνητα, βουνά κλπ., θα θυμόμαστε πάντα ότι η ουσία όλων των πραγμάτων είναι αυτή η μία συνειδητότητα. Αυτή η κατανόηση θα αντανακλάται στις σκέψεις, τα λόγια και τις πράξεις μας.

Κάποτε, ένας δάσκαλος ταξίδευε περπατώντας μαζί με 40 μαθητές του. Όλοι τους, δάσκαλος και μαθητές, ήταν ντυμένοι με άσπρα ρούχα και μαντήλια και είχαν το κεφάλι ξυρισμένο. Εξωτερικά λοιπόν, δεν υπήρχε καμία διαφορά ανάμεσα στο δάσκαλο και τους μαθητές.

Λίγο πριν το ηλιοβασίλεμα, η ομάδα σταμάτησε να ξαποστάσει. Ο δάσκαλος και οι 40 μαθητές κάθισαν μαζί να απολαύσουν μια κούπα τσάι. Μετά από λίγο, ένας μοναχικός ταξιδιώτης πήγε κοντά τους και άρχισε να τους παρατηρεί. Ξαφνικά, πλησίασε το δάσκαλο και υποκλίθηκε στα πόδια του με σεβασμό. Ο δάσκαλος έσκυψε και τον ευλόγησε ακουμπώντας τον με το χέρι του. Μετά ο άνδρας σηκώθηκε, τους χαιρέτισε και συνέχισε το δρόμο του.

Ένας μαθητής που παρακολούθησε τη σκηνή αυτή, αναρωτήθηκε: «Είμαστε όλοι ίδια ντυμένοι, έχουμε ξυρισμένα κεφάλια και πρόσωπα. Όταν ο άνδρας μας πλησίασε, κανείς από εμάς δεν έδειχνε κάποιο ιδιαίτερο σεβασμό προς το δάσκαλο. Πώς λοιπόν ο άνδρας αυτός κατάλαβε ποιος ήταν ο δάσκαλος ανάμεσά μας;» Έχοντας αυτή την απορία στο νου του, άφησε κάτω την κούπα με το τσάι κι έτρεξε να προλάβει τον ταξιδιώτη.

Όταν τελικά τον έφτασε, ο νεαρός μαθητής του έθεσε αμέσως το ερώτημά του. Ο ταξιδιώτης χαμογέλασε και του απάντησε:

193

«Όταν σας αντίκρισα, κατάλαβα ότι είστε όλοι μοναχοί, αλλά δεν μπορούσα να διακρίνω ποιος ήταν ο δάσκαλος. Μετά παρατήρησα τον τρόπο με τον οποίο όλοι σας πίνατε το τσάι. Για τους 40 δεν υπήρχε κάτι το ιδιαίτερο, απλά μια ομάδα ανδρών που απολαμβάνει μια κούπα τσάι. Όταν όμως τα μάτια μου έπεσαν πάνω στο δάσκαλό σας, αντίκρισα κάτι το τελείως διαφορετικό. Ο τρόπος με τον οποίο κρατούσε την κούπα του μου θύμισε τον τρόπο με τον οποίο μια μάνα κρατά το παιδί της. Ήταν σαν να μην υπήρχε αντικείμενο τόσο αγαπητό σε αυτόν μέσα σε ολόκληρο το σύμπαν, σαν να μην ήταν η κούπα αυτή ένα άψυχο αντικείμενο, αλλά ο ίδιος ο Θεός εκδηλωμένος σε μορφή κούπας. Βλέποντας αυτή τη σκηνή, δεν είχα καμία αμφιβολία ότι εκείνος ήταν ο δάσκαλος, γι' αυτό πήγα αμέσως κοντά του και του υπέβαλα τα σέβη μου».

Η αφομοίωση της πνευματικής γνώσης μας μεταμορφώνει ριζικά. Εφόσον βλέπουμε τους άλλους όπως τον εαυτό μας, με ποιον θα θυμώσουμε; Ή ποιόν θα ζηλέψουμε; Ποιόν θα φοβηθούμε; Ποιον θα μισήσουμε;

Εκείνος που βλέπει όλα τα όντα στον Εαυτό και τον
Εαυτό σε όλα τα όντα, δεν αισθάνεται κανένα μίσος.

Ίσα Ουπανισάδα, 6

Όπως σχολιάζει και ο Σανκαρατσάρυα: «Η φράση αυτή επαναδιατυπώνει μια γνωστή αλήθεια. Η εμπειρία αποδεικνύει ότι όποιος θεωρεί κάτι κακό και διαφορετικό από τον εαυτό του, αισθάνεται μίσος και απέχθεια γι' αυτό. Εκείνος όμως που βλέπει παντού τον πάναγνο Εαυτό σαν μια ενιαία οντότητα, δεν μπορεί να νιώσει απέχθεια για τίποτα. Γι' αυτό και δεν υπάρχει τίποτα που να μισεί».

Παρομοίως, αν γνωρίζουμε ότι η φύση μας είναι αιώνια, ποιος ο λόγος να φοβόμαστε το θάνατο; Αν ξέρουμε ότι είμαστε η πηγή κάθε ευδαιμονίας, για ποιο λόγο να τρέχουμε πίσω από τις εφήμερες απολαύσεις των αισθήσεων που προσφέρει ο κόσμος;

Θα είμαστε πάντοτε πλήρεις. Θα εξακολουθούμε να παίρνουμε από τον κόσμο ό,τι χρειάζεται για τη συντήρηση του σώματος, όπως τροφή, νερό, στέγη κλπ., αλλά δεν θα αναζητάμε στον κόσμο την πηγή της ευχαρίστησης, της ασφάλειας, της ευτυχίας ή της ειρήνης. Θα είμαστε, όπως λέει ο Κρίσνα στην Μπαγκαβάτ Γκιτά[5], «ικανοποιημένοι στον Εαυτό από τον Εαυτό».

Για διάφορους λόγους πολλοί άνθρωποι πιστεύουν ότι η νιντιντυάσανα, η αφομοίωση της αλήθειας, είναι κάτι που απαιτεί διαλογισμό σε πλήρη απομόνωση, 24 ώρες το 24ωρο, ίσως μέσα σε κάποια σπηλιά στα Ιμαλάια. Τα πράγματα όμως δεν είναι έτσι. Η άσκηση στη νιντιντυάσανα σίγουρα μπορεί να γίνεται σε στάση διαλογισμού με τα μάτια κλειστά, αλλά μπορεί επίσης να γίνεται στην καθημερινή μας ζωή, καθώς εργαζόμαστε, περνάμε χρόνο με τους φίλους μας, τρώμε, περπατάμε, μιλάμε κλπ. Κάτι τέτοιο είναι όχι μόνο εφικτό αλλά και απαραίτητο. Εξάλλου, όταν οι γραφές μας προτρέπουν να «διαλογιζόμαστε ακατάπαυστα», αυτή την κατάσταση πρακτικής εφαρμογής της αλήθειας εννοούν. Όπως αναφέραμε και στο όγδοο κεφάλαιο, η συμβουλή της Άμμα να προσπαθούμε να επαναλαμβάνουμε το μάντρα μας με κάθε αναπνοή, αποσκοπεί στην προετοιμασία του νου μας γι' αυτή την κατάσταση όπου η αφομοίωση της αλήθειας γίνεται τρόπος ζωής.

Στο στάδιο της νιντιντυάσανα λοιπόν, η πνευματική διδασκαλία εδραιώνεται μέσα μας, όλη μας η ύπαρξη βασίζεται σε αυτήν. Είναι δυνατόν βέβαια, κάποιος να εξασκείται διαλογιζόμενος με τα μάτια κλειστά πάνω στις πνευματικές αλήθειες και την πρακτική εφαρμογή τους. Δεν είναι τα λόγια που έχουν σημασία αλλά η συγκέντρωση πάνω σε κάποια όψη της διδασκαλίας και η συνεχής εμβάθυνση σε αυτήν. Ο τελικός στόχος είναι να εδραιωθούμε απόλυτα σε αυτό που πραγματικά είμαστε – αιώνια, πανταχού παρούσα και ευδαιμονική συνειδητότητα – και να απορρίψουμε αυτά που δεν είμαστε – το θνητό σώμα και ο νους. Αυτή η ριζική

---

[5] Μπαγκαβάτ Γκιτά, 2.55.

αλλαγή στη νοοτροπία μας σηματοδοτεί και την ολοκλήρωση της διαδικασίας της νιντιντυάσανα. Δεν θεωρούμε πλέον ότι είμαστε ένα σώμα και ένας νους προικισμένος με συνειδητότητα, αλλά ότι είμαστε η ίδια η συνειδητότητα που προσωρινά έχει πάρει μια συγκεκριμένη μορφή και διαθέτει ένα νου. Η κατανόηση αυτή έχει εντυπωθεί βαθιά και στο υποσυνείδητο.

Συνεχίζουμε λοιπόν τη ζωή μας με βάση αυτή την κοσμοθεωρία, η οποία γίνεται ένα τραγούδι που μας συνοδεύει, ένας σκοπός που παίζει πάντα στο παρασκήνιο. Πριν από αρκετά χρόνια, κάποιος ρώτησε την Άμμα πώς είναι δυνατόν να θυμόμαστε το Θεό καθώς εκτελούμε τις πράξεις μας στον κόσμο. Εκείνη την ώρα βρισκόμασταν κοντά στη λιμνοθάλασσα και η Άμμα έδειξε με το χέρι της έναν άνδρα που στεκόταν πάνω σε ένα κανό και ακολουθούσε μερικές πάπιες που κολυμπούσαν στο νερό. Η απάντησή της στην παραπάνω ερώτηση ήταν η εξής: «Αυτός ο άνδρας στέκεται πάνω σ' ένα μικρό κανό. Καθώς κρατά την ισορροπία του, κωπηλατεί με ένα μακρύ κουπί και ακολουθεί τις πάπιες μέσα στη λιμνοθάλασσα. Χτυπώντας το κουπί πάνω στον νερό, τις καθοδηγεί και τις επαναφέρει στο δρόμο τους αν αλλάξουν πορεία. Που και που καπνίζει και ένα τσιγάρο. Αν μπουν νερά στο κανό τα βγάζει γρήγορα με το πόδι του. Τυχαίνει επίσης να ανταλλάξει μερικές κουβέντες με συγχωριανούς του που βρίσκονται στην όχθη. Καθώς κάνει όλα αυτά τα πράγματα, ο νους του παραμένει πάντα στο κανό. Μια στιγμή αφηρημάδας είναι αρκετή για να χάσει την ισορροπία του και να πέσει στο νερό. Παιδιά μου, κι εμείς πρέπει να ζούμε κατ' αυτόν τον τρόπο στον κόσμο. Ό,τι δουλειά κι αν κάνουμε, ο νους μας πρέπει να είναι προσηλωμένος στο Θεό. Μέσω της πρακτικής μπορούμε να το καταφέρουμε χωρίς δυσκολία».

Καθώς λοιπόν αλληλεπιδρούμε με τον κόσμο στην καθημερινή μας ζωή, μπορούμε να χρησιμοποιήσουμε τις προκλήσεις που αντιμετωπίζουμε ως ευκαιρίες να εφαρμόσουμε στην πράξη τις διδασκαλίες των γραφών. Θυμηθείτε ότι, αν έχουμε πραγματικά αφομοιώσει τις διδασκαλίες αυτές, ποτέ δεν θα αντιδράσουμε με τρόπο που να είναι αντίθετος σε αυτές, κάτω από οποιεσδήποτε συνθήκες. Πρέπει πάντα η συμπεριφορά μας να είναι σύμφωνη με τις πνευματικές αλήθειες σχετικά με τη θεϊκή μας φύση, τη θεϊκή φύση των συνανθρώπων μας και τη θεϊκή φύση του κόσμου. Η Άμμα φέρνει συχνά το παράδειγμα του θυμού. Αν κάποιος θυμώσει μαζί μας και μας μιλήσει με προσβλητικό τρόπο, εμείς, αν έχουμε αφομοιώσει την αλήθεια, αντί να αντιδράσουμε και να οργιστούμε θα σκεφτούμε ως εξής: «Αν η συνειδητότητα που κατοικεί μέσα μου είναι ίδια με τη συνειδητότητα που κατοικεί μέσα σ' αυτόν τον άνθρωπο, ποιος άλλος υπάρχει για να θυμώσει μαζί του; Έτσι κι αλλιώς, τα λόγια του δεν επηρεάζουν την αληθινή μου φύση ως Άτμα». Αν για κάποιο λόγο αρχίζουμε να νιώθουμε μοναξιά, θα σκεφτούμε: «Εφόσον όλη η ευτυχία κατοικεί πραγματικά μέσα μου, ποιος ο λόγος να αισθάνομαι θλίψη και μοναξιά;».

Όποτε εμφανίζονται αρνητικές αντιδράσεις στο νου μας, θα πρέπει να τις αποβάλλουμε μέσω της πνευματικής διδασκαλίας που μάθαμε. Αυτή είναι η εφαρμογή της νιντιντυάσανα στην καθημερινή μας ζωή. Αν η διδασκαλία έχει πραγματικά αφομοιωθεί, ακόμα κι αν ο γιατρός μας ανακοινώσει, για παράδειγμα, ότι πάσχουμε από μια σοβαρή ασθένεια, εμείς δεν θα φοβηθούμε ούτε θα ταραχτούμε. Αντιθέτως, θα πάρουμε δύναμη και κουράγιο εφαρμόζοντας την πνευματική αλήθεια που μάθαμε, ότι δηλαδή «αυτό το σώμα δεν είναι τίποτα παραπάνω από ένα προσωρινό ένδυμα. Τώρα ήρθε η ώρα να το βγάλω από πάνω μου. Δεν είμαι το σώμα, είμαι αθάνατος! Είμαι ευδαιμονία! Είμαι συνειδητότητα!»

Στο πέμπτο κεφάλαιο, εξετάσαμε διάφορες νοητικές στάσεις που μπορούμε να υιοθετήσουμε καθώς δραστηριοποιούμαστε στον κόσμο. Μια από τις νοητικές στάσεις που συνιστά η Άμμα είναι να θεωρούμε τον εαυτό μας ως το όργανο της δράσης και όχι ως εκείνον που δρα ή απολαμβάνει τα αποτελέσματα της δράσης. Όταν ο πνευματικός αναζητητής φτάσει στο επίπεδο της νιντιντυάσανα, μπορεί να χρησιμοποιεί αυτή τη νοητική στάση στην κάρμα γιόγκα. Στο στάδιο αυτό, ακόμα κι όταν εκτελούμε τις πράξεις μας, θυμόμαστε ότι στην πραγματικότητα δεν είμαστε το σώμα, τα συναισθήματα ή ο νους, αλλά η αγνή συνειδητότητα. Επιπλέον, θεωρούμε το σώμα και το νου ως αδρανή όργανα που αλληλεπιδρούν με τον κόσμο ακολουθώντας τη ροή της κοσμικής ενέργειας (ή «το χέρι του Κυρίου» με άλλα λόγια). Εμείς, ως αγνή συνειδητότητα, απλά παρακολουθούμε όλα αυτά τα φαινόμενα.

Κατ᾽ αυτό τον τρόπο, η ζωή μας γίνεται μια πρακτική δοκιμασία. Κάθε φορά που ανταποκρινόμαστε σε μια κατάσταση σύμφωνα με τις πνευματικές αλήθειες που μάθαμε από τις γραφές, περνάμε τις «εξετάσεις». Κάθε φορά που δεν τα καταφέρνουμε, συνειδητοποιούμε ότι χρειαζόμαστε περισσότερη εξάσκηση και αφομοίωση της διδασκαλίας. Η ευθυγράμμισή μας με τις πνευματικές αλήθειες των γραφών δεν περιορίζεται στο σωματικό ή το λεκτικό επίπεδο. Και αυτά είναι σίγουρα σημαντικά, αλλά σημαντικότερη είναι η νοητική ευθυγράμμιση με τη διδασκαλία. Όταν κάποιος μας προσβάλλει, μπορεί εξωτερικά να χαμογελάμε, αλλά ποια πραγματικά είναι η αντίδραση στο νου μας;

Πριν από μερικά χρόνια, ένας ηλικιωμένος κάτοικος του άσραμ πληροφορήθηκε από τους γιατρούς ότι έπασχε από μια ανίατη μορφή καρκίνου. Ήταν 79 ετών και ζούσε στο Αμριταπουρί από το 1987. Η διάγνωση αυτή ήταν ένα σοκ για όλους. Ήταν σαφές ότι του απέμεναν δυο τρεις μήνες ζωής. Μετακόμισε λοιπόν σε ένα δωμάτιο στο μικρό νοσοκομείο που βρίσκεται μέσα στο άσραμ, ώστε να περάσει εκεί τους τελευταίους μήνες της ζωής του. Εκατοντάδες πιστοί και κάτοικοι του άσραμ τον επισκέπτονταν για να τον αποχαιρετίσουν. Αυτό που αντίκριζαν στο δωμάτιο του νοσοκομείου ήταν ένα λαμπρό παράδειγμα εφαρμογής της διδασκαλίας της Βεδάντα. Είχαν μπροστά στα μάτια τους έναν χαρούμενο άνθρωπο που έλεγε ότι η μόνη επιθυμία του ήταν να γεννηθεί ξανά χωρίς καθυστέρηση για να βοηθήσει την Άμμα στο ανθρωπιστικό έργο της. Δεν ανησυχούσε καθόλου για το σώμα ή την αρρώστια του και έλεγε: «Αυτή η αρρώστια μου προσφέρει την τέλεια ευκαιρία να εφαρμόσω όλες τις διδασκαλίες της Άμμα». Έτσι λοιπόν, πέρασε τις τελευταίες μέρες του χαιρετώντας χαρούμενος όλους τους φίλους του και εφαρμόζοντας στην πράξη την υπέρτατη αλήθεια ότι σε καμία περίπτωση δεν ήταν το σώμα.

Η Άμμα αναφέρει συχνά ότι η ίδια η ζωή γίνεται ο δάσκαλός μας. Εκτός όμως από τις προκλήσεις της ζωής, και η ίδια η Άμμα μερικές φορές μας υποβάλλει σε προσωπικές δοκιμασίες για να παραμένουμε πάντα σε εγρήγορση! Θυμάμαι μια πιστή από κάποια χώρα της Δύσης, στην οποία η Άμμα είχε δώσει ένα πνευματικό όνομα[6]. Η γυναίκα αυτή μελετούσε ιδιαίτερα τη διδασκαλία της Βεδάντα σχετικά με την αληθινή φύση του Εαυτού. Για να διηγηθούμε την ιστορία αυτή, ας υποθέσουμε ότι το όνομα που της είχε δώσει η Άμμα ήταν «Σάρβα Βυάπινι» που σημαίνει «εκείνος που διαπερνά τα πάντα», «εκείνος που είναι πανταχού παρών» με άλλα λόγια. Κάποια μέρα η Άμμα αποφάσισε να δώσει το όνομα «Σάρβα Βυάπινι» και σε μια άλλη γυναίκα. Όταν το έμαθε η «πρώτη» Σάρβα Βυάπινι ταράχτηκε. Πήγε να βρει την Άμμα με δάκρυα στα μάτια και της είπε γεμάτη θυμό: «Όταν η Άμμα μου έδωσε αυτό το όνομα, ήταν σαν να με παντρεύτηκε. Τώρα που το έδωσε και σε κάποιον άλλον, είναι σαν να μου ζητά διαζύγιο!» Όταν η Άμμα το άκουσε αυτό ξέσπασε σε γέλια. Μετά εξήγησε σε όλους τους πιστούς που βρίσκονταν κοντά της ότι εκείνη η γυναίκα στοχαζόταν πάνω στη φύση του Εαυτού προκειμένου να κατανοήσει ότι η συνειδητότητα που κατοικεί μέσα της είναι ίδια με τη συνειδητότητα που κατοικεί στους άλλους, ότι είναι δηλαδή «πανταχού παρούσα». Όταν όμως η Άμμα έδωσε το όνομα «πανταχού παρών» και σε κάποιον άλλον, αναστατώθηκε. Πώς ήταν δυνατόν να υπάρχουν δύο «πανταχού παρόντες»; Προφανώς η γυναίκα αυτή χρειαζόταν να αφομοιώσει περισσότερο τη διδασκαλία.

Πλήρης αφομοίωση της διδασκαλίας σημαίνει ότι δεν υπάρχει κανένα κενό ανάμεσα στη γνώση σχετικά με το ποιοι είμαστε

---

[6] Η Άμμα δίνει συχνά σανσκριτικά πνευματικά ονόματα στους Δυτικούς πιστούς που το ζητούν.

και τις σκέψεις, τα λόγια και τις πράξεις μας. Αν επιστρέψουμε στο παράδειγμα της εκμάθησης μιας ξένης γλώσσας, μπορούμε να πούμε ότι κατέχουμε καλά τη γλώσσα μόνο όταν τη μιλάμε με άνεση και οι λέξεις έρχονται αυθόρμητα στο νου μας χωρίς προσπάθεια. Δεν χρειάζεται να σταματάμε το λόγο μας για να ψάχνουμε σε κάποιο λεξικό. Δεν σκεφτόμαστε πρώτα στη μητρική μας γλώσσα και μετά προσπαθούμε να μεταφράσουμε νοητικά αυτό που θέλουμε προτού το πούμε. Μιλάμε αβίαστα με συνεχή ροή του λόγου. Το ίδιο πρέπει να ισχύει και με τη γνώση του Εαυτού. Όταν κάποιος αφομοιώσει πραγματικά μια γλώσσα, φτάνει στο σημείο να ονειρεύεται και στη γλώσσα αυτή. Παρομοίως, η νιντιντυάσανα κορυφώνεται σε μια επίγνωση της αληθινής μας φύσης η οποία διατηρείται όχι μόνο όταν είμαστε ξύπνιοι, αλλά ακόμα και στον ύπνο μας. Η επίγνωση αυτή πρέπει να υπάρχει ακόμα και στον βαθύ ύπνο! Αυτή είναι άλλωστε η εμπειρία της Άμμα. Όπως η ίδια έχει αναφέρει, ακόμα κι όταν κοιμάται απλά παρατηρεί το νου της που κοιμάται.

Πως να αξιολογούμε την πρόοδο μας

Η Άμμα έχει πει ότι υπάρχουν δύο μόνο κριτήρια για να αξιολογούμε την πνευματική μας πρόοδο: η ικανότητα να διατηρούμε τη νοητική μας αταραξία σε δύσκολες καταστάσεις και η συμπόνια που νιώθουμε στην καρδιά μας μπροστά στη δυστυχία των άλλων. Αυτά άλλωστε είναι τα άμεσα αποτελέσματα της αφομοίωσης των δύο βασικών διδασκαλιών της Βεδάντα: ότι δηλαδή η αληθινή μας φύση μας είναι η συνειδητότητα και ότι η συνειδητότητα που κατοικεί μέσα μας είναι ίδια με τη συνειδητότητα που κατοικεί μέσα σε όλα τα όντα.

Αν έχουμε αφομοιώσει σωστά την πρώτη διδασκαλία, τότε θα διατηρούμε πάντα έναν γαλήνιο νου κάτω από οποιεσδήποτε συνθήκες. Ο τραπεζικός λογαριασμός μας μπορεί να αδειάσει, οι αγαπημένοι μας να μας εγκαταλείψουν, το σπίτι μας να πιάσει φωτιά, να αρρωστήσουμε βαριά, να χάσουμε τη δουλειά μας...

Οτιδήποτε κι αν συμβεί θα παραμείνουμε ατάραχοι, γιατί θα έχουμε αφομοιώσει πλήρως τη διδασκαλία ότι η αληθινή μας φύση δεν είναι το σώμα και ο νους αλλά η αιώνια ευδαιμονική συνειδητότητα. Τι μπορεί να πάθει η συνειδητότητα αν δεν έχουμε χρήματα ή αν το σπίτι καεί ή αν το σώμα αρρωστήσει και πεθάνει; Η συνειδητότητα είναι αιώνια, πανταχού παρούσα και πάντοτε ευδαιμονική από τη φύση της. Τίποτα δεν την επηρεάζει. Αν έχουμε φθάσει στο σημείο να ταυτιζόμαστε πλήρως με αυτήν, καμιά αντιξοότητα στον εξωτερικό κόσμο δεν πρόκειται να μας αναστατώσει. Η ικανότητά μας να παραμένουμε γαλήνιοι στη μέση μιας καταιγίδας που λυσσομανά, εξαρτάται άμεσα από το βαθμό στον οποίο έχουμε αφομοιώσει αυτή την αλήθεια.

Αν έχουμε αφομοιώσει σωστά και τη δεύτερη αλήθεια – ότι η συνειδητότητα μας είναι η ίδια με εκείνη των άλλων όντων – τότε θα εκδηλώνουμε αυθόρμητα τη συμπόνια μας μπροστά στη δυστυχία των άλλων. Η Άμμα συνηθίζει να φέρνει το παρακάτω παράδειγμα σχετικά με αυτό: Αν τραυματιστούμε στο αριστερό χέρι τότε το δεξί αμέσως θα τρέξει να βοηθήσει, να καθαρίσει την πληγή, να απλώσει κάποια αλοιφή και να το δέσει. Το δεξί χέρι δεν αγνοεί το αριστερό, δεν σκέφτεται «αυτό είναι το αριστερό χέρι, τι με νοιάζει εμένα τι θα πάθει;» Όχι, γνωρίζει ότι είναι άμεσα συνδεδεμένο με το αριστερό χέρι και ότι και τα δύο μαζί είναι μέρος του ίδιου ζωντανού οργανισμού, οπότε ενεργεί ανάλογα. Ή αν κατά λάθος τραυματίσουμε το μάτι με το δάχτυλό μας δεν θα κόψουμε το δάχτυλο για τιμωρία. Το ίδιο το δάχτυλο θα τρίψει το μάτι και θα προσπαθήσει να απαλύνει τον πόνο του. Έτσι λοιπόν, όταν συνειδητοποιήσουμε πλήρως την ενότητά μας με τους άλλους, αυθόρμητα θα θεωρούμε ότι η δυστυχία τους είναι και δική μας δυστυχία και ότι η χαρά τους είναι και δική μας χαρά. Όσο περισσότερο κατακλύζει η συμπόνια την καρδιά μας, τόσο περισσότερο έχουμε αφομοιώσει την αρχή της ενότητας.

Ο Κρίσνα εξηγεί στη Μπαγκαβάτ Γκιτά αυτή την αλήθεια στον Αρτζούνα λέγοντας:

Αυτός που βλέπει τη χαρά ή τη λύπη όλων των όντων
ως δική του, αυτός ο γιόγκι, ώ Αρτζούνα, θεωρείται
μέγιστος.

Μπαγκαβάτ Γκιτά, 6.32

Η Άμμα λέει ότι θα πρέπει, στο πλαίσιο της προσπάθειάς μας να
αφομοιώσουμε τις πνευματικές αλήθειες, να αντιδρούμε εξωτε-
ρικά τουλάχιστον με το σωστό τρόπο. Αυτό σημαίνει ότι αν δεν
αισθανόμαστε πραγματικά συμπόνια, θα πρέπει τουλάχιστον να
φερόμαστε με συμπόνια. Ίσως δεν αισθανόμαστε πραγματικά τη
δυστυχία κάποιου που υποφέρει, αλλά θα πρέπει να ενεργούμε
σαν να τη νιώθαμε, δηλαδή να προσπαθούμε να τον βοηθήσουμε
με κάθε τρόπο. Σύμφωνα με την Άμμα, ο νους μας θα ακολουθή-
σει τις πράξεις μας και σταδιακά θα διευρύνουμε τους ορίζοντες
μας. Αυτός είναι αναμφίβολα ένας από τους στόχους των προ-
γραμμάτων παροχής ανθρωπιστικής βοήθειας που διοργανώνει
η Άμμα. Βοηθώντας τους φτωχούς, τους άρρωστους και όσους
υποφέρουν, η Άμμα δημιουργεί ευκαιρίες για τους μαθητές και
τους πιστούς της να συμμετέχουν σε δραστηριότητες που θα
τους βοηθήσουν να μεταμορφώσουν το νου τους.

Πράξη έναντι απραξίας

Αρκετοί άνθρωποι πιστεύουν λανθασμένα ότι όποιος ακολου-
θεί το μονοπάτι της γιόγκα της γνώσης (γκυάνα γιόγκα) απέχει
από κάθε δράση. Ακόμα και στην αρχαιότητα υπήρχε αυτή η
σύγχυση. Στην ίδια την Μπαγκαβάτ Γκιτά ο Κρίσνα λέει κατη-
γορηματικά στον Αρτζούνα:

«Τι είναι πράξη; Τι είναι απραξία; Η απάντηση σ' αυτό
το ερώτημα δημιουργεί σύγχυση ακόμα και στους
σοφούς».

Μπαγκαβάτ Γκιτά, 4.16

Ο Κρίσνα συνεχίζει εξηγώντας ότι «εγκατάλειψη των πράξεων» σημαίνει ουσιαστικά εγκατάλειψη της ιδέας ότι είμαστε το σώμα και ο νους και όχι αποχή από κάθε δράση. Εξηγεί δε αυτό το σημείο σ' ένα στίχο που μοιάζει με γρίφο:

«Εκείνος που στην πράξη βλέπει απραξία και στην απραξία πράξη, αυτός είναι σοφός ανάμεσα στους ανθρώπους, αυτός είναι γιόγκι, ακόμα κι αν εκτελεί οποιαδήποτε εργασία».

Μπαγκαβάτ Γκιτά, 4.18

Σύμφωνα με τον παραπάνω στίχο, εκείνος που διαθέτει πνευματική κατανόηση γνωρίζει ότι, μολονότι το σώμα δρα και ο νους σκέφτεται, η συνειδητότητα, ως η αληθινή του φύση, παραμένει πάντα αδρανής. Γνωρίζει επίσης ότι, ακόμα κι αν φαινομενικά κάποιος είναι αδρανής, όταν για παράδειγμα κοιμάται, διαλογίζεται ή κάθεται ακίνητος, στην πραγματικότητα εξακολουθεί να πράττει εφόσον ταυτίζεται με το σώμα και το νου του.

Για να κλείσει το θέμα της πράξης και της απραξίας στην πνευματική ζωή, ο Κρίσνα καταλήγει με τα παρακάτω λόγια:

«[ο σοφός] ακόμα κι όταν με έργα ασχολείται, στην πραγματικότητα τίποτα δεν κάνει».

Μπαγκαβάτ Γκιτά 4.20

Η Άμμα ανέκαθεν προσπαθούσε να διαλύσει την παρανόηση ότι το αποκορύφωμα της πνευματικής ζωής είναι το να κάθεται κάποιος άπραγος σε μια κατάσταση «νιρβάνα». Μέσα από τις ομιλίες της συχνά στηλιτεύει τους αυτοαποκαλούμενους «Βεδαντιστές» που διατυμπανίζουν «είμαι το Μπράχμαν», αλλά αμέσως διαμαρτύρονται αν τύχει να μην σερβιριστεί το γεύμα ή το τσάι τους στη κατάλληλη ώρα. Αυτούς τους αποκαλεί «βιβλιοφάγους Βεδαντιστές». Εκτός από το γεγονός ότι οι γνώσεις τους περιορίζονται μόνο στα βιβλία, η συμπεριφορά τους έρχεται, επιπλέον, σε αντίθεση με το πνεύμα των ίδιων των βιβλίων που μελετούν εξαιτίας της υποκρισίας τους. Πραγματικός υπέρμαχος της Βεδάντα είναι εκείνος που εφαρμόζει τη διδασκαλία της στην πράξη.

Χωρίς την καθοδήγηση ενός αληθινού δασκάλου, το πανούργο εγώ εύκολα μπορεί να μας ξεγελάσει και να αρχίσει να αλλοιώνει τις διδασκαλίες των γραφών, ώστε να ταιριάζουν στις αρέσκειες και στις αποστροφές του νου μας. Κάποτε, η τροχαία σταμάτησε έναν ιερέα που έτρεχε με υπερβολική ταχύτητα. Όταν ο τροχονόμος πλησίασε στο ανοιχτό παράθυρο του αυτοκινήτου του για να του κόψει την κλήση, ο ιερέας είπε: «Μακάριοι οι ελεήμονες ότι αυτοί ελεηθήσονται». Μετά από λίγο, ο τροχονόμος, δίνοντάς του την κλήση, του απάντησε: «Ύπαγε και μην αμαρτάνεις πια!».

Η Άμμα λέει ότι ένας αληθινός γνώστης του Εαυτού θα είναι ταπεινότερος κι απ' τον πιο ταπεινό, γιατί βλέπει την θεϊκότητα που ενυπάρχει παντού. Αυτή την αρετή δεν βλέπουμε άλλωστε και στην Άμμα; Κατά τη διάρκεια του Ντέβι Μπάβα η Άμμα ραίνει με άνθη όλους όσους περνούν από μπροστά της. Για ποιο λόγο το κάνει αυτό; Εμείς το θεωρούμε ως μια μορφή ευλογίας, αλλά η Άμμα απλά λατρεύει με αυτό τον τρόπο το Θεό, προσφέροντας άνθη σε χιλιάδες από τις εκδηλώσεις του. Όταν ένας δημοσιογράφος τη ρώτησε αν οι πιστοί της τη λατρεύουν, η Άμμα απάντησε: «Όχι, όχι, το αντίθετο συμβαίνει. Εγώ τους λατρεύω». Η ταπεινότητα της Άμμα πηγάζει από την κατανόηση ότι «όχι μόνο εγώ αλλά και όλοι οι υπόλοιποι είναι το Μπράχμαν». Γι' αυτό την βλέπουμε να υποκλίνεται συνεχώς – σε πράγματα που της προσφέρουν, στους πιστούς και στους επισκέπτες, στο ποτήρι με το νερό που της δίνουν, σε όλα. Δυστυχώς, βλέπουμε πολλούς παραπλανημένους αναζητητές να γίνονται όλο και περισσότερο αλαζόνες με κάθε φράση των γραφών που απομνημονεύουν. Το σφάλμα αυτό δεν οφείλεται βέβαια στις γραφές, αλλά στους ίδιους τους αναζητητές.

Κάποτε, ένας νεαρός μπραχματσάρι ρώτησε την Άμμα αν έρχεται κάποια στιγμή στο πνευματικό μονοπάτι που ο αναζητητής πρέπει να πάρει την απόφαση να σταματήσει να πράττει, ή αν η δράση σταματά από μόνη της με φυσικό τρόπο. Η Άμμα για να διαλύσει αυτή την παρανόηση του νέου, είπε: «Ο Σρι Κρίσνα ποτέ δεν σταμάτησε τη δράση, το ίδιο και η Άμμα. Δεν είναι η ίδια η δράση αυτό που εγκαταλείπουμε, αλλά η ιδέα ότι είμαστε το σώμα που εκτελεί τις πράξεις».

Η Άμμα όμως προσπαθεί να εξαλείψει αυτή την παρανόηση όχι τόσο με λόγια, αλλά με την ίδια τη ζωή της, το παράδειγμά της. Στην Άμμα βλέπουμε έναν άνθρωπο που ακτινοβολεί πραγματικά την υπέρτατη γνώση με κάθε λέξη, ματιά και κίνηση. Η γνώση της είναι αψεγάδιαστη. Για την Άμμα δεν υπάρχει τίποτε άλλο παρά θεϊκή ευδαιμονία. Τα βουνά, ο ουρανός, ο ήλιος, το φεγγάρι, τ' αστέρια, οι άνθρωποι, τα ζώα και τα έντομα, για την Άμμα όλα είναι ακτίνες φωτός που αντανακλούν τις άπειρες όψεις του διαμαντιού της συνειδητότητας, την οποία αναγνωρίζει ως τον Εαυτό της. Στην πραγματικότητα, η Άμμα θα μπορούσε εύκολα να κλείσει τα μάτια της και να αγνοήσει τα πράγματα του κόσμου που εμείς γνωρίζουμε με όνομα και μορφή, θεωρώντας τα το ίδιο ασήμαντα με τα παροδικά σύννεφα που σχηματίζονται και διαλύονται αδιάκοπα πάνω στον απέραντο ουρανό. Ποτέ όμως δεν το έκανε και ποτέ δεν θα το κάνει. Αντίθετα, κατεβαίνει στο επίπεδο εκείνων που δεν έχουν αποκτήσει ακόμα την κατανόησή της. Μας κρατά στην αγκαλιά της, σκουπίζει τα δάκρυά μας, ακούει τα προβλήματά μας και αργά αλλά σταθερά μας εξυψώνει. Για την Άμμα αυτή η αδιάκοπη δράση δεν είναι στην πραγματικότητα δράση. Παρά το γεγονός ότι αφιερώνει κάθε στιγμή της ζωής της στην υπηρεσία της ανθρωπότητα, η Άμμα γνωρίζει βαθιά στην καρδιά της, ότι πάντα ήταν, είναι και θα είναι η άπειρη συνειδητότητα η οποία, ακίνητη, παρατηρεί τα πάντα. Για την Άμμα, αυτή είναι η πραγματική Βεδάντα.

Κεφάλαιο δέκατο:

Η απελευθέρωση όσο ζούμε σε αυτό τον κόσμο και μετέπειτα

«Η απελευθέρωση δεν είναι κάτι στο οποίο φτάνουμε μετά θάνατον, ούτε κάτι που βιώνουμε ή μας δίνεται ως χάρη σε κάποιον άλλο κόσμο. Είναι μια κατάσταση τέλειας επίγνωσης και αταραξίας, η οποία μπορεί να γίνει βίωμα εδώ και τώρα σ' αυτό τον κόσμο, όσο ζούμε σε αυτό το σώμα. Τέτοιες ευλογημένες ψυχές που έχουν βιώσει την υπέρτατη αλήθεια της ενότητας με τον Εαυτό, δεν χρειάζεται να γεννηθούν ξανά. Συγχωνεύονται με την άπειρη συνειδητότητα ».

– Άμμα

Τη στιγμή που θα αφομοιώσουμε πλήρως την *Άτμα Γκυάνα*, τη γνώση του Εαυτού, έχουμε φθάσει στο απόγειο της πνευματικής ζωής, στην υπέρβαση της θλίψης και της δυστυχίας. Όταν εδραιωθούμε στην κατανόηση ότι δεν είμαστε το σώμα και ο νους αλλά η πανταχού παρούσα, αιώνια, ευδαιμονική συνειδητότητα, οι νοητικές διαταραχές που αποτελούν την κατάρα της ανθρωπότητας δεν μπορούν πια να μας αγγίξουν. Γνωρίζοντας ότι ο Εαυτός μας είναι η πηγή της ευδαιμονίας, τι άλλο μπορούμε να επιθυμήσουμε; Βλέποντας όλα τα όντα ως επεκτάσεις του Εαυτού μας, με ποιον μπορούμε να θυμώσουμε; Ποιον να ζηλέψουμε; Δεν έχουμε πια καμιά ψευδαίσθηση για τον κόσμο. Ζούμε πάντα ελεύθεροι και ευτυχισμένοι. Από κει και πέρα, ποτέ δεν θα ξαναδούμε τον εαυτό μας και τον κόσμο όπως πριν. Το «μάτι της σοφίας» έχει ανοίξει και δεν θα κλείσει ποτέ ξανά.

Οι ψευδαισθήσεις μας για τον κόσμο μοιάζουν πολύ με κάποιες οπτικές ψευδαισθήσεις, στις οποίες υπάρχει κρυμμένη μια εικόνα μέσα σε μια άλλη. Εκ πρώτης όψης, βλέπουμε αυτό που είναι προφανές, την πρώτη εικόνα, ένα δάσος για παράδειγμα. Όσο προσεκτικά κι αν κοιτάξουμε δεν μπορούμε να διακρίνουμε το πρόσωπο ενός άνδρα μέσα στα δέντρα. Άλλοι άνθρωποι μπορεί να στέκονται δίπλα μας και να μας λένε: «Τι εννοείς ότι δεν το βλέπεις; Εκεί μπροστά σου είναι», αλλά εμείς εξακολουθούμε να βλέπουμε ένα δάσος. Προσπαθούμε ξανά και ξανά αλλά τα μάτια μας βλέπουν μόνο δέντρα. Και τότε, ξαφνικά, διακρίνουμε το πρόσωπο ενός άνδρα. Από τη στιγμή αυτή, κάθε φορά που κοιτάμε την εικόνα βλέπουμε το πρόσωπο του άνδρα ανάμεσα στα δέντρα. Μετά έρχεται κάποιος άλλος που προσπαθεί να το δει αλλά δεν μπορεί. Αυτή τη φορά εμείς είμαστε με τους άλλους που στέκονται δίπλα του λέγοντας: «Έλα τώρα! Βρίσκεται μπροστά στα μάτια σου! Δεν το βλέπεις;» Το ίδιο συμβαίνει και με την αυτοπραγμάτωση. Όταν η γνώση αφομοιωθεί πλήρως, δεν υπάρχει πια επιστροφή. Είμαστε για πάντα ελεύθεροι και γαλήνιοι. Η κατάσταση αυτή ονομάζεται *τζιβανμούκτι*, απελευθέρωση ενόσω ακόμα ζούμε σε αυτό τον κόσμο.

Η τζιβανμούκτι είναι μια αλλαγή στην κατανόηση, όχι στη φυσική όραση. Εξακολουθούμε να βλέπουμε τον κόσμο της πολλαπλότητας, βουνά, ποτάμια, δέντρα, ηλικιωμένους ανθρώπους, νέους ανθρώπους, άνδρες, γυναίκες κλπ., αλλά η κατανόηση ότι όλα αυτά είναι εφήμερες εκδηλώσεις της αιώνιας συνειδητότητας δεν μας εγκαταλείπει. Συμβαίνει λοιπόν περίπου το ίδιο με την «εικόνα μέσα στην εικόνα» του παραπάνω παραδείγματος. Όταν καταφέρουμε να δούμε το πρόσωπο, εξακολουθούμε να βλέπουμε και τα δέντρα. Ενώ τα βλέπουμε, το πρόσωπο του άνδρα είναι επίσης πάντα ευδιάκριτο. Η Άμμα συχνά συγκρίνει αυτή την κατανόηση της ενότητας με την κατανόηση ότι όλα τα χρυσά κοσμήματα είναι κατ' ουσίαν μόνο χρυσός. Όταν το ξέρουμε αυτό, εξακολουθούμε να αναγνωρίζουμε τη μορφή και τη χρήση του κάθε κοσμήματος. Το περιδέραιο είναι για το λαιμό, τα δαχτυλίδια για τα δάχτυλα των χεριών, τα βραχιόλια για τους καρπούς, τα σκουλαρίκια για τ' αυτιά κλπ. Επιπλέον, γνωρίζοντας ότι όλα είναι χρυσός, τα μεταχειριζόμαστε με προσοχή και φροντίδα γιατί τα θεωρούμε όλα πολύτιμα. Αυτό άλλωστε δεν κάνει και η Άμμα; Βλέπει όλες τις διαφορές μας και μας μεταχειρίζεται με διαφορετικούς τρόπους ανάλογα με την προσωπικότητα και την ιδιοσυγκρασία μας. Ταυτόχρονα όμως βλέπει πάντα και τον χρυσό μέσα μας. Γι' αυτό, στα μάτια της καθένας από εμάς είναι εξίσου πολύτιμος. Αυτός είναι ο τρόπος με τον οποίο ένας *τζιβανμούκτα* βλέπει τον κόσμο γύρω του.

Ο παρακάτω στίχος της Μπαγκαβάτ Γκιτά, ο οποίος παραδοσιακά απαγγέλλεται πριν από το φαγητό, αποδίδει ποιητικά τη θεώρηση του τζιβανμούκτα για τον κόσμο:

Μπράχμαν είναι το σκεύος της προσφοράς. Μπράχμαν είναι η προσφορά, Μπράχμαν είναι η φωτιά που από το Μπράχμαν αυτή προσφέρεται. Το Μπράχμαν πραγματικά θα γνωρίσουν εκείνοι που μόνο το Μπράχμαν βλέπουν στην κάθε τους πράξη.

Μπαγκαβάτ Γκιτά, 4.24

Η ομορφιά αυτού του στίχου είναι ότι δείχνει με παραστατικό τρόπο πως όλα τα στοιχεία που συνθέτουν μια πράξη είναι στην ουσία τους η ίδια η συνειδητότητα. Χρησιμοποιεί δε το παράδειγμα ενός βεδικού τελετουργικού, λέγοντας ότι το όργανο της πράξης (το σκεύος της προσφοράς), το άμεσο αντικείμενο της πράξης (η ίδια η προσφορά), το υποκείμενο της (ο άνθρωπος που την εκτελεί), ο τόπος όπου εκτελείται (ο λάκκος της φωτιάς όπου ρίχνονται οι προσφορές), καθώς και το αποτέλεσμα της τελετουργίας (το όφελος για εκείνον που την εκτελεί) είναι όλα μορφές της ίδιας συνειδητότητας (*Μπράχμαν*). Εμείς καλούμαστε να επεκτείνουμε αυτή τη θεώρηση σε όλους τους τομείς της ζωής και τα αντικείμενα όλων των πράξεων, στους τόπους όπου συμβαίνουν και στα αποτελέσματα τους, με λίγα λόγια σε όλα όσα συμβαίνουν στο σύμπαν. Συνηθίζουμε να απαγγέλουμε τον παραπάνω στίχο πριν από το φαγητό σαν μια μορφή *νιντιντυάσανα* (αφομοίωσης της αλήθειας), για να θυμίσουμε στον εαυτό μας ότι το κουτάλι είναι Μπράχμαν, η τροφή είναι Μπράχμαν, εκείνος που τρώει την τροφή είναι Μπράχμαν, το πεπτικό σύστημα είναι Μπράχμαν και η ικανοποίηση που βιώνουμε από την τροφή είναι Μπράχμαν επίσης. Εκατομμύρια άνθρωποι καθημερινά απαγγέλουν αυτό το μάντρα κάθε φορά που κάθονται για φαγητό, αλλά πόσοι στοχάζονται πραγματικά πάνω στο νόημα του; Αν διαθέτουμε λίγη επίγνωση, τέτοια μάντρα είναι ισχυρά εργαλεία που μας βοηθούν να θυμόμαστε τη δόξα της αληθινής μας φύσης.

Ένα παράδειγμα που εμπνέει

Το γεγονός ότι έχουμε το ζωντανό παράδειγμα μιας φωτισμένης ψυχής, όπως η Άμμα, είναι για εμάς μεγάλη ευλογία. Η κάθε λέξη και πράξη της Άμμα μας υπενθυμίζει τον υπέρτατο στόχο της ζωής και μας εμπνέει να προχωράμε μπροστά. Αν ένα παιδί μεγαλώσει σε μια γειτονιά όπου κανείς δεν κατάφερε να πετύχει κάτι σημαντικό στη ζωή του, τότε είναι εξαιρετικά δύσκολο και για το ίδιο να θέσει υψηλούς στόχους και να πιστέψει ότι θα τους πετύχει. Αν όμως κάποιος απ' αυτή τη γειτονιά καταφέρει να πετύχει κάτι, αν γίνει για παράδειγμα πρόεδρος της χώρας, τότε θα αποτελέσει πηγή έμπνευσης για όλους όσους ζουν εκεί. Τέτοια είναι και η περίπτωση του Ρότζερ Μπάνιστερ, του αθλητή που έσπασε το φράγμα των τεσσάρων λεπτών στον αγώνα δρόμου του ενός μιλίου. Πριν απ' αυτόν, όλοι πίστευαν ότι είναι αδύνατον να τρέξει ο άνθρωπος το μίλι σε χρόνο κάτω από τέσσερα λεπτά. Όταν όμως ο Μπάνιστερ έσπασε το φράγμα αυτό, σύντομα τον ακολούθησαν και αρκετοί άλλοι αθλητές. Γι' αυτό λοιπόν, ποτέ δεν πρέπει να υποτιμούμε τη δύναμη του ζωντανού παραδείγματος.

Επομένως, η απλή παρατήρηση ενός φωτισμένου όντος έχει τη δύναμη να μας μεταμορφώσει. Όταν βλέπουμε την αγάπη που ακτινοβολεί η Άμμα, τη συμπόνια που εκπέμπει το χαμόγελο της, την τρυφερότητα της ματιάς της, τότε σίγουρα κάποια αλλαγή θα συμβεί μέσα μας. Κι αυτό, γιατί βλέπουμε μπροστά μας τη ζωντανή απόδειξη ότι μπορούμε να αξιοποιήσουμε πλήρως το δυναμικό μας. Μέχρι να συναντήσουμε κάποιον σαν την Άμμα, ποιος μπορεί να μας κατηγορήσει αν πιστεύουμε ότι η κατάσταση της αυτοπραγμάτωσης είναι ένας μύθος;

Στην Άμμα, βλέπουμε έναν άνθρωπο που έχει εδραιωθεί στην *Άτμα γκυάνα*, τη γνώση του Εαυτού. Κάποιον που δεν γνωρίζει θυμό, μίσος, ζήλεια, εγωιστικές επιθυμίες, που είναι γεμάτος συμπόνια για όλους, που βιώνει εσωτερική γαλήνη και ευτυχία κάτω απ' όλες τις εξωτερικές συνθήκες. Αυτά είναι τα αποτελέσματα της ξεκάθαρης κατανόησης της Άμμα σχετικά με το ποια είναι και ποια δεν είναι η αληθινή φύση της.

Η αληθινή ελευθερία

Στις μέρες μας, οι άνθρωποι μιλούν συνεχώς για ελευθερία. Κανείς δεν θέλει να του λένε τι πρέπει να κάνει. Θέλουμε να κάνουμε οτιδήποτε μας ευχαριστεί, να αποφασίζουμε τι ρούχα θα φορέσουμε, πως θα κόβουμε τα μαλλιά μας, τι φίλους θα έχουμε, ποιον θα παντρευτούμε, ποιον θα χωρίσουμε κλπ. Θεωρούμε λοιπόν ότι η δυνατότητα να κάνουμε τέτοιες επιλογές για τον εαυτό μας είναι ελευθερία. Είμαστε όμως πραγματικά ελεύθεροι; Αν στοχαστούμε λίγο πάνω σ' αυτό, θα διαπιστώσουμε ότι όταν κάνουμε αυτές τις επιλογές στην πραγματικότητα ακολουθούμε τυφλά τις αρέσκειες και τις αποστροφές μας. Εφόσον η πραγματική μας φύση είναι πέρα από το νου, γιατί τον αφήνουμε να καθορίζει τη ζωή μας;

Η Άμμα επισημαίνει ότι μπορεί να είμαστε «ελεύθεροι» να πράττουμε ανάλογα με τις αρέσκειες και τις αποστροφές μας, όταν όμως αντιδρούμε στα αποτελέσματα που φέρνουν οι πράξεις μας δεν έχουμε καμία ελευθερία. Για παράδειγμα, μπορεί να είμαστε ελεύθεροι να κουρέψουμε τα μαλλιά μας σε στυλ «μοϊκανού» και να τα βάψουμε μωβ, αλλά όταν οι άλλοι γελάσουν σε βάρος μας θα έχουμε την ελευθερία να αποφασίσουμε πώς θα αντιδράσουμε; Όχι, θα αισθανθούμε θυμό, θλίψη, αμηχανία κλπ. Δεν έχουμε την ελευθερία να αντιδράσουμε με χαρά όταν μας γελοιοποιούν. Γι' αυτό, λέει η Άμμα, η ελευθερία μας είναι, στην καλύτερη περίπτωση, περιορισμένη. Ένας τζιβανμούκτα όμως, είναι ελεύθερος να επιλέξει όχι μόνο τις πράξεις του αλλά και τις αντιδράσεις απέναντι στα αποτελέσματα των πράξεών του.

Θυμάμαι ένα αστείο που διηγήθηκε κάποτε η Άμμα σχετικά με το θέμα αυτό. Έχοντας δει αρκετούς αμερικανούς πιστούς να έρχονται για ντάρσαν με τα μαλλιά τους κουρεμένα σε στυλ «μοϊκανού», είπε: «Στις μέρες μας, οι ηλικιωμένοι βλέπουν τα παράξενα κουρέματα των νέων και γελούν. Παρομοίως, οι νέοι βλέπουν την παραδοσιακή κόμμωση των παλαιότερων – όπως ο κότσος για παράδειγμα – και γελούν. Και οι δύο όμως, νέοι και γέροι, γελούν όταν βλέπουν το ξυρισμένο κεφάλι ενός σαννυάσιν! Γι' αυτό στην πνευματική ζωή πρέπει να γινόμαστε σαν αυτούς με το ξυρισμένο κεφάλι, να θυσιάζουμε δηλαδή την περηφάνια μας για να κάνουμε τους άλλους χαρούμενους».

Μόνο όταν φτάσουμε στην κατάσταση του τζιβανμούκτι και αποταυτιστούμε πλήρως από το νου, μπορούμε πραγματικά να πούμε ότι είμαστε ελεύθεροι. Σ' αυτή την κατάσταση, οι εμπειρίες και οι εντυπώσεις του παρελθόντος δεν μας ελέγχουν πια. Αυτό δεν σημαίνει βέβαια ότι γινόμαστε αναίσθητοι ή ότι ξεχνάμε ότι η φωτιά καίει, αλλά ότι είμαστε ικανοί να βιώνουμε κάθε εμπειρία σαν κάτι το καινούργιο χωρίς προκαταλήψεις από το παρελθόν και προσδοκίες για το μέλλον. Όταν φτάσουμε σε αυτή την κατάσταση, η ζωή μας δεν περιστρέφεται γύρω από ατομικές επιδιώξεις και στόχους. Αντίθετα, είναι επικεντρωμένη στην προσφορά και την υπηρεσία προς τους άλλους. Παλιότερα, είχαμε εγωιστικούς στόχους και υλιστικές επιδιώξεις. Τώρα, εργαζόμαστε ευτυχισμένοι για την ευημερία των άλλων. Παλιότερα, ακολουθούσαμε το ντάρμα στην προσπάθειά μας να φτάσουμε στην απελευθέρωση. Τώρα, ακολουθούμε το ντάρμα για να δώσουμε ένα φωτεινό παράδειγμα στον κόσμο, για να χαρίσουμε ειρήνη και ευτυχία στους άλλους. Όπως λέει ο Κρίσνα:

«Όπως ο κοινός άνθρωπος πράττει εξαιτίας της προσκόλλησής του στην πράξη, ω Αρτζούνα, έτσι και ο φωτισμένος πράττει χωρίς προσκόλληση, επιθυμώντας μόνο την ευημερία του κόσμου.

Μπαγκαβάτ Γκιτά, 3.25

Η Άμμα έχει αναφέρει ότι από τη στιγμή της γέννησής της είχε πλήρη επίγνωση της θεϊκής της φύσης κι αυτό ήταν *πάντα* εμφανές σε όλες τις πράξεις της. Ακόμα κι όταν ήταν μικρό κορίτσι υπηρετούσε τους άρρωστους και τους φτωχούς, παίρνοντας όσο το δυνατόν λιγότερα από τον κόσμο και δίνοντας όσο το δυνατόν περισσότερα. Και σήμερα ακόμα όλη η ζωή της είναι αφιερωμένη στην ανθρωπότητα. Όχι μόνο ευλογεί *προσωπικά* μέσω του ντάρσαν της όλους όσους πηγαίνουν να την συναντήσουν, αλλά επίσης διοικεί μια τεράστια φιλανθρωπική οργάνωση με παραρτήματα σε πολλές χώρες. Είναι υπεύθυνη για τη λειτουργία νοσοκομείων, ασύλων ανιάτων, γηροκομείων, ορφανοτροφείων, πανεπιστημίων, σχολείων, προγραμμάτων για αστέγους και για θύματα φυσικών καταστροφών... ο κατάλογος είναι ατελείωτος. Καμία απ' αυτές τις δραστηριότητες δεν γεννιέται από κάποιο εσωτερικό κενό που προσπαθεί η Άμμα να καλύψει, αλλά από την ανιδιοτελή επιθυμία της να εμπνεύσει τον κόσμο με το παράδειγμά της. Έτσι περνά ένας τζιβανμούκτα το υπόλοιπο της ζωής του· όντας εδραιωμένος στην ευδαιμονία του Εαυτού, υπηρετεί και εξυψώνει την ανθρωπότητα.

Το γεγονός ότι ένας άνθρωπος φτάνει στο σημείο να συνειδητοποιήσει πλήρως ότι όλη η ευτυχία που προηγουμένως αναζητούσε στον εξωτερικό κόσμο στην πραγματικότητα βρίσκεται μέσα του, δεν σημαίνει ότι σταματά να πράττει. Σημαίνει, αντίθετα, ότι σταματά να πράττει επιδιώκοντας να βρει την ευτυχία στον εξωτερικό κόσμο. Όταν κάποιος καταλάβει ότι η πένα του δεν είναι ένα απλό φτερό αλλά διαθέτει το δικό της μελάνι, θα συνεχίσει να τη βουτάει στο δοχείο του μελανιού; Σίγουρα όχι. Παρόλα αυτά θα συνεχίσει να γράφει. Αυτό συμβαίνει και στην περίπτωση ενός τζιβανμούκτα.

Βιντέχα μούκτι

Οι γραφές αναφέρουν ότι όταν ένας τζιβανμούκτα φτάσει στο τέλος της ζωής του περνά στην κατάσταση του *βιντέχα μούκτι*, που σημαίνει «ελευθερία από το σώμα». Για να το καταλάβουμε αυτό σωστά, πρέπει πρώτα να δούμε τι συμβαίνει μετά το θάνατο σε έναν κοινό άνθρωπο, που δεν έχει φτάσει στην αυτοπραγμάτωση.

Οι άγιοι και οι σοφοί μας διδάσκουν ότι η πορεία της ζωής ενός ανθρώπου καθώς και οι μελλοντικές ζωές του, καθορίζονται από τους καρπούς των πράξεών του. Σύμφωνα με την Άμμα, κάθε πράξη που εκτελούμε επιφέρει δύο είδη αποτελεσμάτων, ένα ορατό και ένα αόρατο. Το ορατό αποτέλεσμα προσδιορίζεται από τους νόμους της κοινωνίας και της φύσης, ενώ το αόρατο καθορίζεται από αδιόρατους πνευματικούς νόμους και εξαρτάται από την πρόθεση που κρύβεται πίσω από την πράξη. Αν η πρόθεση είναι αγνή και ανιδιοτελής, τότε ο αόρατος καρπός θα είναι *πούνυα*, ένα θετικό αποτέλεσμα δηλαδή. Αν η πρόθεση είναι εγωιστική και επιζήμια για τους άλλους, τότε ο καρπός της θα είναι *πάπα*, αρνητικός. Τα ορατά αποτελέσματα εμφανίζονται, λίγο πολύ, άμεσα. Η εκδήλωση όμως των αόρατων αποτελεσμάτων δεν μπορεί να προβλεφθεί. Αυτά θα εμφανιστούν την κατάλληλη στιγμή, σ' αυτήν εδώ τη ζωή ή στην επόμενη, με τη μορφή ευνοϊκών ή αντίξοων καταστάσεων, ανάλογα με το χαρακτήρα της πράξης που τα δημιούργησε.

Ας δούμε ένα παράδειγμα. Αν σπρώξω έναν άνθρωπο, το ορατό αποτέλεσμα θα είναι να μετακινηθεί με ορμή ανάλογη της δύναμης που χρησιμοποίησα. Ας υποθέσουμε ότι τον έσπρωξα έξω από ένα τρένο για να του κάνω κακό. Σ' αυτή την περίπτωση το κίνητρο ήταν αρνητικό, οπότε την κατάλληλη στιγμή θα φέρει σίγουρα ένα κακό αποτέλεσμα. Ίσως σε μια μελλοντική ζωή, κάποιος θα πετάξει εμένα έξω από ένα τρένο. Αν όμως το έκανα γιατί το τρένο επρόκειτο να εκραγεί και ήθελα έτσι να του σώσω τη ζωή, τότε ήταν μια καλή πράξη που θα φέρει ένα θετικό αποτέλεσμα για μένα στο μέλλον. Ίσως κάποιος θα με σώσει από κάποιο κίνδυνο στο μέλλον.

Όπως λέει η Άμμα, «κατά τη διάρκεια της ζωής μας όλες οι σκέψεις και οι πράξεις μας καταγράφονται σ' ένα λεπτοφυές περίβλημα, το οποίο λειτουργεί όπως ένα μαγνητόφωνο. Ανάλογα με τις καταγραφές που συγκεντρώθηκαν σε όλη του τη ζωή, ο *τζίβα* (η ατομική ψυχή) θα πάρει νέο σώμα κατά τη διάρκεια της ζωής του οποίου το κάρμα του θα εκδηλωθεί ξανά».

Οι καταγραφές αυτές αποτελούν το κάρμα κάθε ανθρώπου, το οποίο διακρίνεται σε τρεις κατηγορίες: *πράραμπντα κάρμα, σαντσίτα κάρμα* και *αγκάμι κάρμα*. Το σαντσίτα κάρμα είναι το σύνολο του κάρμα μας, καλό και κακό. Περιλαμβάνει τις καταγραφές από τις πράξεις μας σε αμέτρητες ζωές. Το πράραμπντα κάρμα είναι το τμήμα εκείνο του σαντσίτα κάρμα που έχει επιλεγεί για να ωριμάσει σε αυτήν εδώ τη ζωή. Είναι αυτό το κάρμα που καθορίζει που θα γεννηθούμε, από ποιους γονείς, με ποια αδέρφια, τη φυσική μας εμφάνιση κλπ. Καθορίζει επίσης πότε και πώς θα πεθάνουμε. Τέλος, το αγκάμι κάρμα περιλαμβάνει τα αποτελέσματα των πράξεων που εκτελούμε σε αυτή τη ζωή. Κάποιες απ' αυτές θα καρποφορήσουν στην ίδια ζωή και οι υπόλοιπες θα συγχωνευθούν με το σαντσίτα κάρμα μετά το θάνατο του φυσικού σώματος

Αν εξετάσουμε αυτόν τον κύκλο, εύκολα καταλαβαίνουμε ότι δεν έχει τέλος. Είναι αδύνατον να εξαντλήσει κανείς όλο το κάρμα του, γιατί συνεχώς δημιουργεί καινούργιο καθημερινά. Επομένως, η έκφραση «καίω όλο το κάρμα μου» είναι λανθασμένη. Είναι κάτι που δεν συμβαίνει ποτέ. Ο δρόμος μιας μη φωτισμένης ψυχής είναι ένας αιώνιος κύκλος γέννησης και θανάτου, ο οποίος ονομάζεται *κύκλος της σαμσάρα*.

Ο τζιβανμούκτα όμως είναι ικανός να υπερβεί το κάρμα. Καθώς ο κύκλος της σαμσάρα συνεχίζεται, εκείνος βγαίνει έξω από αυτόν. Αυτό συμβαίνει γιατί δεν ταυτίζεται πλέον με το σώμα και το νου αλλά με τη συνειδητότητα. Στη συνειδητότητα δεν υπάρχει «εγώ», ο τζιβανμούκτα δεν έχει την αίσθηση ότι είναι μια ξεχωριστή ατομικότητα που κάνει αυτό και απολαμβάνει εκείνο. Το θετικό και το αρνητικό κάρμα (*πούνυα* και *πάπα* στα σανσκριτικά) δημιουργούνται μόνο όταν κάποιος λειτουργεί στο επίπεδο της ατομικότητας. Για το λόγο αυτό, ο άνθρωπος που φτάνει στη φώτιση σταματά αμέσως να δημιουργεί νέο κάρμα.

Σε αντίθεση με τους υπόλοιπους από εμάς, ο τζιβανμούκτα μετά το θάνατο του φυσικού του σώματος δεν γεννιέται ξανά. Καθώς είναι ήδη ταυτισμένος με την αιώνια και πανταχού παρούσα συνειδητότητα, δεν υπάρχει κάποια άλλη διάσταση για να πάει μετά το θάνατό του. Απλά συγχωνεύεται στην υπέρτατη πραγματικότητα, με την οποία ήταν πάντα ταυτισμένος. Ακόμα κι αν χρειάζονταν χιλιετίες για να εξαντλήσει το σαντσίτα κάρμα του, δεν υπάρχει πλέον το υποκείμενο που θα βιώσει το κάρμα αυτό. Έχει εξαφανιστεί. Αν κάποιος ονειρευτεί ότι έχει πάρει δάνεια, χρειάζεται άραγε να τα εξοφλήσει όταν ξυπνήσει; Σίγουρα όχι. Το ίδιο ισχύει και για το σαντσίτα κάρμα όταν πεθαίνει το σώμα του τζιβανμούκτα.

Μένει μονάχα το *πράραμπντα* κάρμα. Σύμφωνα με τις γραφές, ο τζιβανμούκτα θα συνεχίσει να βιώνει το *πράραμπντα* κάρμα μέχρι το θάνατό του φυσικού του σώματος. Για να εξηγήσει το σημείο αυτό, η Άμμα αναφέρει συχνά το παράδειγμα του ανεμιστήρα που συνεχίζει να περιστρέφεται για λίγο αφότου κλείσουμε το διακόπτη του ρεύματος. Στην πραγματικότητα, μόνο εξαιτίας του πράραμπντα κάρμα ζούμε σε αυτό τον κόσμο. Αυτό προσδιορίζει, όπως είπαμε, το χρόνο και την αιτία του θανάτου μας. Η τελευταία μας αναπνοή σηματοδοτεί την εξάντλησή του. Ο τζιβανμούκτα όμως, χάρη στην ταύτισή του με τη συνειδητότητα και όχι με το σώμα και το νου, δεν επηρεάζεται από οποιοδήποτε πράραμπντα. Τον φυσικό πόνο θα πρέπει να τον υφίσταται, αλλά χάρη στην αποταύτισή του από το σώμα, ακόμα κι αυτός ο πόνος μετριάζεται σε μεγάλο βαθμό. Επιπλέον, η Άμμα λέει ότι ο τζιβανμούκτα έχει την ικανότητα να αποσύρει κατά βούληση το νου του από τις αισθήσεις.

Αν παρατηρήσουμε τον εαυτό μας, μπορούμε να δούμε ότι ο σωματικός πόνος δεν είναι η κυριότερη αιτία της δυστυχίας. Αυτή προέρχεται κυρίως από τον συναισθηματικό πόνο που συνήθως συνοδεύει τον σωματικό, δηλαδή από το φόβο, την ένταση και την ανησυχία. Για παράδειγμα, ας υποθέσουμε ότι μια μέρα καθώς επιστρέφουμε σπίτι από τη δουλειά κάποιος μας επιτίθεται, μας χτυπά στο κεφάλι και κλέβει το πορτοφόλι μας. Ο σωματικός πόνος δεν είναι τόσο έντονος. Μετά από λίγες μέρες θα έχει περάσει. Ο φόβος όμως μπορεί να παραμείνει στον ψυχισμό μας για χρόνια, ίσως και σε ολόκληρη τη ζωή μας. Ή, για να φέρουμε ένα άλλο παράδειγμα, ας υποθέσουμε ότι οι γιατροί μας ανακοινώνουν ότι πάσχουμε από μια ανίατη ασθένεια. Μπορεί να περάσουν χρόνια μέχρι να εμφανιστούν κάποια σοβαρά εξωτερικά συμπτώματα. Ο φόβος όμως και η ανησυχία για το μέλλον θα μας τυραννούν κάθε λεπτό, καταστρέφοντας την ικανότητα μας να απολαμβάνουμε τη ζωή. Ο τζιβανμούκτα λοιπόν, βιώνει τον πόνο της στιγμής, αλλά όχι το άγχος και το φόβο που συνήθως προηγούνται και τον επιδεινώνουν.

Αν εξετάσουμε το θέμα αυτό από μια άλλη οπτική γωνία, μπορούμε επίσης να πούμε ότι δεν υπάρχει πράραμπντα κάρμα για τον τζιβανμούκτα, γιατί αυτός δεν θεωρεί σε καμία περίπτωση πια το σώμα ως εαυτό του. Η ταυτότητά του είναι πλέον η αιώνια, ευδαιμονική συνειδητότητα, η οποία *πάντα ήταν και πάντα θα* είναι ελεύθερη από κάθε είδους κάρμα. Στην πραγματικότητα, για κάποιον που έχει αληθινά ταυτιστεί με τον Εαυτό, δεν μπορούμε να μιλήσουμε ούτε για «απελευθέρωση» ούτε για «σκλαβιά». Φαίνεται ίσως παράδοξο, αλλά στην *άτμα γκυάνα*, τη φώτιση, ο άνθρωπος συνειδητοποιεί ότι στην πραγματικότητα ποτέ δεν ήταν δέσμιος του κύκλου της σαμσάρα. Η συνειδητότητα δεν μπορεί να υποδουλωθεί ποτέ. Υπήρχε μόνο ένας νους που ήταν δέσμιος και ο τζιβανμούκτα συνειδητοποίησε ότι δεν είναι νους, ούτε υπήρξε ποτέ. Απ' αυτή την άποψη, η διαφορά ανάμεσα σε έναν τζιβανμούκτα και έναν βιντέχα μούκτι υπάρχει μόνο για εκείνους που δεν έχουν ακόμα φτάσει στην αυτοπραγμάτωση. Ο γνώστης του Εαυτού καταλαβαίνει ότι είναι ελεύθερος από το σώμα, ακόμα κι όταν το σώμα του συνεχίζει να είναι ζωντανό. Για εκείνον όλα τα σώματα είναι ίδια. Δεν ταυτίζεται με το «δικό» του σώμα περισσότερο απ' ότι με τα σώματα των άλλων. Σύμφωνα με τη δική του θεώρηση, δεν βρίσκεται μέσα σ' ένα σώμα, αλλά όλα τα σώματα βρίσκονται μέσα σ' εκείνον. Αυτό εννοεί η Άμμα λέγοντας: «Ο κόσμος αποκαλεί αυτή τη μορφή «Άμμα» ή «Μάτα Αρμιτάνανταμαΐ Ντέβι», αλλά ο Εαυτός που κατοικεί μέσα της δεν έχει όνομα ή διεύθυνση, είναι πανταχού παρών». Όλοι θα φθάσουμε κάποτε σε αυτή την κατανόηση. Αυτό το υπόσχονται οι γραφές και η Άμμα. «Είναι μόνο θέμα χρόνου» λέει η Άμμα. «Μερικοί έχουν ήδη φτάσει σ' αυτή την κατανόηση, άλλοι θα φτάσουν από στιγμή σε στιγμή και άλλοι αργότερα στο μέλλον. Μην νομίζετε ότι δεν θα συμβεί ποτέ επειδή δεν συνέβη ακόμα ή δεν πρόκειται να συμβεί σ' αυτή τη ζωή. Μέσα σας, υπάρχει απέραντη γνώση που περιμένει την άδειά σας για να εκδηλωθεί».

Δεν υπάρχει τίποτα πολυτιμότερο από την παρουσία και τις διδασκαλίες ενός ζωντανού *σατγκούρου* όπως η Άμμα. Η επαφή μας μαζί της περιβάλλει τη ζωή μας με θεϊκή χάρη. Ο βαθμός στον οποίο όμως αξιοποιούμε αυτή τη χάρη, εξαρτάται αποκλειστικά από εμάς. Η «άδειά μας να εκδηλωθεί» η γνώση είναι η ειλικρίνεια και οι προσπάθειές μας να συντονίσουμε το νου μας με την Άμμα, να συνδέσουμε τη ζωή μας μαζί της, να διαλύσουμε τον εγωισμό μας μέσα στην ανιδιοτελή, θεϊκή της βούληση. Όταν κάνουμε αυτά τα βήματα, θα συνειδητοποιήσουμε ότι η Άμμα έχει καταλυτική επίδραση πάνω μας, ότι επιταχύνει την εξέλιξή μας και μας ενθαρρύνει να βαδίζουμε σταθερά επάνω στο αιώνιο μονοπάτι.

ΟΜ Λοκά Σαμαστά Σουκινό Μπαβαντού

«ΟΜ. Είθε όλα τα όντα, σε όλους τους κόσμους, να είναι ευτυχισμένα και μακάρια».

www.ingramcontent.com/pod-product-compliance
Lightning Source LLC
LaVergne TN
LVHW051729080426
835511LV00018B/2961